Marianne Bossard/Sarah Wabnitz

Beratungsprozesse mit Eltern partizipativ gestalten

Das 8-Schritte-Verfahren für die Frühe Kindheit

VANDENHOECK & RUPRECHT

Bibliografische Information der Deutschen Nationalbibliothek:
Die Deutsche Nationalbibliothek verzeichnet diese Publikation in der Deutschen Nationalbibliografie; detaillierte bibliografische Daten sind im Internet über https://dnb.de abrufbar.

Umschlagabbildung & Illustrationen von Eliane Schädler, www.elianeschaedler.com

Satz: SchwabScantechnik, Göttingen
Druck und Bindung: BALTO print, Vilnius
Printed in the EU

Vandenhoeck & Ruprecht Verlage | www.vandenhoeck-ruprecht-verlage.com

ISBN 978-3-525-70340-3

Inhalt

Vorwort

Beratungsprozesse mit Eltern partizipativ gestalten – Sie fragen sich vielleicht: noch ein Fachbuch über Beratung? Bereits ein Aspekt im Titel fällt auf – es geht um einen gemeinsamen (partizipativen) Beratungsansatz und der Haltung, diesen nicht für, sondern mit den Eltern zu gestalten.

Partizipation lässt sich dem lateinischen Ursprung nach (lat. particeps) mit »Teilhabe« oder »Teilnahme« übersetzen. Bereits hier können verschiedene Haltungen und Prinzipien in einem Beratungsprozess sichtbar werden: Wie ermögliche ich es Eltern, teilnehmen zu können? Ist mit Teilhabe eine aktive Beteiligung gemeint, gerade auch in Entscheidungsprozessen? Dabei beinhaltet die hier im Buch gewählte Begrifflichkeit der Partizipation darüber hinaus einen Bezug zur ICF (Internationale Klassifikation der Funktionsfähigkeit, Behinderung und Gesundheit) der WHO (World Health Organisation) – es geht also auch darum, in den Fokus zu rücken, dass die inhaltliche Ausrichtung der Beratung auf der Ermöglichung uneingeschränkter Teilhabe/vollständiger Partizipation eines Menschen liegt, die als Rechtsanspruch zu sehen ist. Gleichzeitig wird hiermit ein Paradigmenwechsel von einer eher ausgrenzenden Fürsorge hin zu einer möglichst uneingeschränkten Teilhabe aller angezeigt, wie es unter anderem in der UN-Konvention über die Rechte von Menschen mit Behinderungen (UN-BRK) integriert ist.

Die ICF hat in deutschsprachigen Ländern große Bedeutsamkeit für Bildungs-, Förder-, Therapie- und Versorgungsprozesse. So ist sie in Deutschland in die soziale Gesetzgebung SGB IX eingeflossen, in der Schweiz ist sie ein Gerüst zum Gestalten sogenannter Standortgespräche. Maßnahmen zur Förderung und Umsetzung von Inklusion in Kindertageseinrichtungen werden in Deutschland ICF-basiert beantragt, die Beantragung von Leistungen der Frühförderung (in der Schweiz Heilpädagogische Früherziehung) beruht ebenfalls auf dem bio-psycho-sozialen Wechselwirkungsmodell der ICF.

Und genau die Beratungsprozesse mit Eltern, die im Rahmen dieses ICF-basierten Arbeitens stattfinden, rücken die Autorinnen in das Zentrum ihres

Buchs. Dabei werden Sie, liebe Leserinnen und Leser, nicht nur etwas ÜBER partizipationsorientierte Beratung lesen, sondern Sie werden eingeladen, sich MIT dem Ansatz der partizipationsorientierten Beratung im Kontext der ICF aktiv reflektierend auseinanderzusetzen und diesen für eigene Beratungsprozesse zu verinnerlichen – PINK werden ist das Ziel!

Eine Haltung zu entwickeln, in der nicht die Fachperson allein in Beratungsprozessen entscheidet, was gut für das Kind, die Eltern und das gesamte Familiengefüge ist –, sondern die Eltern befähigt werden, selbst zu entscheiden, was gut für sie ist und wie Fachpersonen und Fachdienste hier unterstützen können. Hierdurch verändert sich mitunter die Rolle der Fachkraft. In diesem Prozess der Weiterentwicklung der eigenen Rolle werden Sie durch dieses Buch begleitet – Sie werden eingeladen, nach und nach PINK zu werden. Sie lernen das PINK-Mindset kennen und werden in einen 8-schrittigen Beratungsprozess eingeführt. Sehr praxisorientierte Materialien ermöglichen es Ihnen, diesen PINKen ICF-basierten Beratungsprozess auf Ihre eigene Praxis zu übertragen. Verschiedene Beratungsansätze werden fachlich sehr gut begründet, indem verschiedene Beratungskonzepte wie die systemisch-lösungsorientierte oder die motivierende Gesprächsführung praxisnah erläutert werden. Ihnen als Leserinnen und Lesern steht ein Werkzeugkoffer mit konkreten visualisierten Ideen für Ihren individuellen Beratungsprozess zur Verfügung.

Dabei ist es den Autorinnen ein wichtiges Anliegen, dass sich dieses Buch professionsübergreifend an alle Fachkräfte wendet, die mit Eltern ICF-basiert zusammenarbeiten – sei es im Kontext von Frühförderung, Kindertageseinrichtungen, sozialpädagogischer Familienhilfe, Schule oder einer medizinisch-therapeutischen Einrichtung. Egal, welcher Fachdisziplin Sie sich zugehörig fühlen – der Ansatz lässt sich individuell auf Ihre Bedürfnisse zugeschnitten erarbeiten.

Und? Sind sie neugierig geworden, was PINK nun bedeutet und warum es sich lohnen könnte, PINK zu werden? Genießen Sie die Lektüre, die fachlichen und praktischen Anregungen und beobachten Sie an sich selbst, ob sich farblich etwas in Ihren Beratungsprozessen verändert.

Arnsberg, im September 2023
Prof.in Dr. Britta Dawal

Einführung

Sind Sie schon PINK? Den ersten Schritt in Richtung PINK haben Sie bereits damit getan, dieses Buch aufzuschlagen. Sie bringen eine Bereitschaft mit, PINK zu werden. Aber keine Angst, PINK ist genderneutral. PINK bedeutet **p**artizipative **in**dividuelle **k**ooperative Prozessbegleitung und ist somit in jede Farbe einfärbbar. Mit PINK ist nicht die Farbe PINK gemeint, sondern die Haltung, die sich im Wort PINK in der Abkürzung zusammensetzt.

Wenn Sie also dieses Buch aufgeschlagen haben, dann sind Sie wahrscheinlich genauso wie wir Autorinnen davon überzeugt, dass Elternbegleitung anders, neu und diverser gedacht werden kann.

Somit heißen wir Sie auf unserer gemeinsamen Bootsfahrt und der damit verbundenen PINK-Mission willkommen.

Die Zusammenarbeit mit Eltern ist der zentrale Dreh- und Angelpunkt einer gelingenden und förderlichen Zusammenarbeit im Sinne des Kindes und seinen Bedürfnissen. Eine ganzheitliche Sichtweise auf das Kind schließt das Familiensystem mit ein und lässt gelingende Interaktionen möglich werden, wenn alle in einem Boot sitzen. Aber wie kommen alle Beteiligten trocken und sicher an Bord und wie können Fachpersonen sich ausrichten, um immer wieder den Kurs anzupassen, sodass gemeinsam die Segel neu gesetzt werden können? Die Grundpfeiler, um eine gelingende Interaktion oder auch Intervention gestalten zu können, gründen auf folgenden Überlegungen:

- *Zusammenarbeit auf Augenhöhe:* Eltern sind die Expertinnen und Experten für ihre Kinder und kennen sie am besten. Fachpersonen sind fachliche Expertinnen und Experten auf ihrem Fachgebiet. Sie erleben die entsprechenden Kinder oft nur in kurzen Ausschnitten und anders als sie sich im sicheren familiären Umfeld verhalten. Somit ist es wichtig, Eltern einen Expertenplatz auf Augenhöhe einzuräumen und ihren Beobachtungen und ihrem Erlebten Gewicht zukommen zu lassen.
- *Gemeinsame, gleichwertige Kommunikation:* Die ICF verfolgt den Wunsch, eine gemeinsame Sprache zu schaffen, sodass alle, Fachpersonen und Eltern,

vom Gleichen reden. Im Sinne von »wir reden vom Gleichen«, können uns verständigen, nehmen das Gesprochene ernst und hören einander respektvoll zu. Dabei sollte allen Aussagen das gleiche Gewicht zugemessen werden, unabhängig von Rolle, Ausbildungsgrad und Funktion.

- *Kooperation im Prozess:* Wenn Eltern Fragen, Unsicherheiten und Herausforderungen in der Alltagsgestaltung und Erziehung des Kindes haben, bedarf es eines gelingenden Beratungs- und Begleitungsprozesses. Eine fragmentierte Zusammenarbeit mit den Eltern festzulegen und weit auseinanderliegende Zeitpunkte für Standortbestimmung oder Förderplanung zu wählen, ist zu wenig nachhaltig. Für einen gelingenden Beratungs- und Begleitungsprozess benötigt es eine stetige und dauerhafte kooperative Zusammenarbeit. Der Anspruch einer kooperativen Zusammenarbeit wirkt sich auf die Kommunikation, die Rollenübernahmen, die Verantwortlichkeiten und die Unterstützung aus. In der kooperativen Zusammenarbeit übernehmen alle unterschiedliche Rollen, mal führende, mal zuhörende, mal motivierende etc. Die Fachperson nimmt die verschiedenen Rollen ein, die es im Sinne des Empowerments und der Befähigung der Eltern benötigt.
- *Nachhaltigkeit:* Systematisches und modellorientiertes Vorgehen schafft die Grundlage, mitten im familiären Umfeld nachhaltig zu wirken. Veränderungen in der Lebenswirklichkeit (z. B. Alltagsgestaltung) von der Familie haben Einfluss auf jedes einzelne Familienmitglied. Dieses systemische Denken prägt den Nachhaltigkeitsaspekt. Die Arbeit an den Schwerpunkten der Familien im Beratungs- und Begleitungsprozess sollen die Familien befähigen, die Barrieren zu reduzieren und auf Strategien für den Umgang mit Belastungen zurückgreifen zu können. Die Selbstwirksamkeit und Selbststeuerung der Familie stehen dabei im Fokus, damit die Schwerpunkte priorisiert werden, in denen sie Veränderungen angehen können. Die Lebenswirklichkeit der Familie soll für sie handhabbar sein, damit sie eine stabile Basis haben, um die Entwicklungen in der Familie passend begleiten zu können.

Dieses Buch greift diese grundlegenden Überlegungen auf und zeigt einen Weg, wie sie in einfacher Form in den Praxisalltag einfließen können. Sozusagen als Wegweiser zwischen Theorie und Praxis, in der Zusammenarbeit mit Eltern. In diesem Buch wird das 8-Schritte-Verfahren nach Bossard und Wabnitz vorgestellt. Die Grundlagen von PINK bilden das ICF-Modell, die Lebensräume, die von der UNICEF neu definiert wurden, und die kooperative Prozessbegleitung.

Die Zielgruppe der Berufsgruppen, die PINK anwenden können, ist bewusst breit gewählt. Die Umsetzung muss situativ entsprechend angepasst werden.

PINK ist auf visualisiertes Material ausgerichtet. Wenn das 8-Schritte-Verfahren mit Menschen mit einer Sehbehinderung angewendet wird, müssten entsprechende Anpassungen vorgenommen werden, damit der Zugang barrierefrei gewährleistet ist. Die verwendeten Beispiele beziehen sich manchmal auf den Alltag mit Kindern mit Beeinträchtigungen und manchmal auch auf alltägliche Situationen, die uns alle betreffen können.

Dabei wird das Ziel verfolgt, Ihnen als Fachpersonen mit einer Handreichung für die direkte Umsetzung in der Praxis beiseitezustehen. Nach dem Prinzip »so viel Theorie wie nötig und so viel Praxisbezug wie möglich«.

PINK-Mission

Wie verstehen wir die ICF und die ICF-CY?
Die ICF bietet eine systemische Sichtweise auf ein System, wie zum Beispiel eine Familie. Der Blick auf die Lebenssituation von Kind und Familie in der Betrachtung der Wechselwirkungen der Domänen ermöglicht, verdeckte fördernde und hemmende Faktoren zu erkennen und somit Ressourcen und Barrieren zu identifizieren. In einem weiteren Schritt gilt es, diese für das System (z. B. Familie) hinsichtlich der Lebensräume umzudeuten, um so neue Lösungen zur Teilhabe und zum Aufbrechen von Barrieren zu finden. Um diesen Schritt zu verdeutlichen und auf das Kind in seiner Lebenswelt anzuwenden, beziehen wir uns bei den Lebensräumen auf der Ebene der Klassifikation der Aktivitäten und Partizipation auf die ICF-CY. Diese greift den entwicklungsorientierten Blick auf unsere Zielgruppe – Kinder in der Frühen Kindheit – spezifisch auf.

Weshalb rücken die Lebensräume ins Zentrum?
Den Menschen mit der ICF-Philosophie zu betrachten, bedeutet Ressourcen und Barrieren zu identifizieren, die Aktivitäten und Partizipation ermöglichen oder hemmen. Eine Barriere ist häufig an einen Lebensraum gebunden. Etwas, was zu Hause möglich ist, kann an einem anderen Ort wie der Kindertagesstätte eine Barriere darstellen. Somit ist es wichtig zu verifizieren, wann und wo Teilhabe möglich und an welchen Örtlichkeiten sie eingeschränkt ist. Dies möglichst lebensnah am Alltag des Kindes und dessen Familie, um die konkreten Aktivitäten und das Einbezogensein in die Lebenssituation auf der PINK-Landkarte zu visualisieren. Die kindlichen Lebensräume der UNICEF zeigen die Räume, die Kinder besuchen und in denen sie leben. Diese Lebensräume wurden hier aufgegriffen und in Verbindung mit der ICF gesetzt.

Wie gelingt eine kooperative Prozessberatung und -begleitung?
Eine Zusammenarbeit gelingt, wenn alle die gleichen Startinformationen haben, Strukturen transparent kommuniziert werden und allen die Möglichkeit des gleichwertigen Mitredens und Mithandelns gegeben wird. Dieses Ziel verfolgt die kooperative Prozessbegleitung, die Eltern und Fachpersonen mithilfe von Vorbereitungsmaterial, Strukturen, Visualisierungen und Gesprächshilfen unterstützen möchte.

Hinweise zur gendergerechten Schreibweise

Um einer gendersensiblen Sprache und den Anforderungen an einen gut lesbaren Text gleichermaßen gerecht zu werden, verwenden wir in diesem Buch abwechselnd die weibliche und männliche Form, beide Formen oder auch die Schreibweise mit einem Doppelpunkt. Unser Ziel ist es, dass sich alle Leser:innen in diesem Buch angesprochen und wertgeschätzt fühlen.

1 Handhabung des Buches

Dieses Buch basiert auf den Praxiserfahrungen der Autorinnen und den kontinuierlichen Auseinandersetzungen mit den Einflüssen der gesellschaftlichen, sozialpolitischen und pädagogischen Veränderungen auf das professionelle Handeln in der Frühen Kindheit. Die gesellschaftspolitischen Entwicklungen und pädagogischen Strömungen beeinflussen auch die Beratungspraxis. Folglich müssen Fachpersonen ihr berufliches Handeln nicht nur in Mikrosystemen reflektieren, d. h. im Kontext sich verändernder Familienstrukturen betrachten, sondern auch in Makrosystemen.

»Beratungsgespräche mit Eltern partizipativ gestalten« spricht Fachpersonen im Bereich Sonderpädagogik und der Frühkindlichen Betreuung, Bildung und Erziehung an, die Gespräche mit Erziehungsberechtigten, Familienangehörigen und Bezugspersonen führen. Das Buch richtet sich konkret an versierte Anwender:innen, Expertinnen und Experten sowie an Novizinnen und Novizen in der Beratung.

Der Aufbau des Buches trägt den Erfahrungsstufen der Fachperson Rechnung. Das Buch liest sich als Mini-Handbuch (Seite 4 bis 115) oder als ausführliches Fachbuch, in dem die Grundlagen für die Beratung und die Elemente in der Prozessbegleitung vertieft werden. Ob als Mini-Handbuch oder als ausführliche Version, der starke Praxisbezug steht im Fokus.

Mit dem Mini-Handbuch ist eine rasche Orientierung möglich und je nach aktuellem Interesse können auch einzelne thematische Schwerpunkte isoliert gelesen werden. Jedes Themenkapitel ist für sich allein verständlich, beinhaltet jedoch Querverweise auf andere thematisch angrenzende Kapitel.

Das PINK-Mindset

Was braucht es, damit die Fachpersonen die Konzeption und die Grundlagen für das 8-Schritte-Verfahren nachvollziehen können? Es benötigt eine Haltungsklärung und eine Auseinandersetzung mit dem Verständnis der Prozessberatung und -begleitung. Das PINK-Mindset schafft die Basis, bei Ihrer aktuellen Haltung in Ihrer Berufsrolle anzuknüpfen und Ihnen das Mindset von PINK detailliert zu erläutern.

Wir empfehlen Ihnen, dieses Mindset vor der Anwendung des 8-Schritte-Verfahrens zu konsultieren, sich auf die reflektive Ebene einzulassen und ein bisschen mehr PINK zu werden.

Das 8-Schritte-Verfahren

Das 8-Schritte-Verfahren beschreibt die 8 Schritte eines Beratungsgesprächs mit Eltern mit einem Kind im Alter von 0 bis 6 Jahren. Es kann zu Beginn einer Prozessbegleitung, für eine Standortbestimmung oder für ein interdisziplinäres Gespräch genutzt werden. Das 8-Schritte-Verfahren ist mit PINK-Materialien angereichert, die die Eltern aktivieren mitzuwirken und um das Gespräch attraktiv zu gestalten. Das 8-Schritte-Verfahren wird von den Autorinnen auch PINK genannt. PINK bedeutet ***p**artizipative **in**dividuelle **k**ooperative Prozessbegleitung.* In Kapitel 4 »Das 8-Schritte-Verfahren« sind die einzelnen Schritte ausführlich beschrieben. Zur ausführlichen Version gibt es auch noch einen Kurzleitfaden für diejenigen, die sich die Schritte bereits bewusstmachen konnten.

PINK-Landkarte kurz erläutert

Die PINK-Landkarte ist ein zentrales Material des 8-Schritte-Verfahrens. Sie vereint die Bausteine ICF, Visualisierung und Beratung. Sie wird zur Drehscheibe, um das Gespräch in Gang zu bringen und die Inhalte des Gesprächs visuell festzuhalten. Die PINK-Landkarte bildet die Lebensräume ab, die für das Kind und die Familie im Alltag bedeutsam sind. Dabei wird der Blick auf die Alltagsgewohnheiten, Zugänglichkeit zu den Lebensräumen, die vorhandenen Ressourcen und Barrieren gelegt. Die Form der PINK-Landkarte erinnert an ein Wimmelbild. Betrachter:innen entdecken bei jedem Blick etwas Neues. Dadurch schafft die PINK-Landkarte einen Gesprächsanlass, die familiär spezifischen Lebenssituationen zu zeigen.

In Kapitel 5.3 »Baustein Lebensräume in PINK« werden die Lebensräume detaillierter beschrieben und erklärt, weshalb wir in PINK von Lebensräumen ausgehen.

PINK-Materialien

Die PINK-Materialien sind auf den Seiten 58–63 auf einen Blick abgebildet. Einzelne PINK-Materialien haben exemplarischen Charakter und können für die eigene Praxis und die individuelle Prozessbegleitung angepasst werden.

Wir kennen es auch aus unserer Praxis. Individuelle Begleitungen erfordern Kreativität, damit eine stimmige und gelingende Prozessbegleitung entsteht.

Den Zugang zum Downloadmaterial finden Sie unter Eingabe des hinten im Buch abgedruckten Codes im Verlagswebshop beim Buchtitel im Downloadbereich.

Anregungen für die Praxis

Das 8-Schritte-Verfahren kann nach den eigenen Interessen und individuellen Methoden erweitert und verändert werden. Es soll der individuellen Prozessbegleitung Rechnung getragen werden, damit das 8-Schritte-Verfahren auf die Familie angepasst werden kann. In Kapitel 7 »Kreativ weiterentwickelt: Ideen zum 8-Schritte-Verfahren« skizzieren wir Ideen, wie einzelne Bereiche des 8-Schritte-Verfahrens auch noch umgesetzt werden könnten. Wir sind überzeugt, auch Sie haben noch viele Ideen.

Themenfelder des PINK-Handbuchs

Das PINK-Handbuch gliedert sich in ein Mini-Handbuch und erweiternde Kapitel. Hier finden Sie einen Überblick, wie sich diese beiden Teile zu Bausteinen zusammensetzen. Suchen Sie sich Ihre passenden Bausteine heraus. Wir empfehlen Ihnen, zumindest das Mini-Handbuch vor der Anwendung des 8-Schritte-Verfahrens zu lesen.

Mini-Handbuch

Erweiternde Kapitel

2 Das PINK-Mindset

Der erste Schritt zum PINK werden, ist das PINK-Mindset zu lesen. Wir empfehlen Ihnen, sich für das PINK-Mindset Zeit einzuplanen und dieses vor der Anwendung des 8-Schritte-Verfahrens durchzuarbeiten. Ebenso laden wir Sie ein, sich auf die reflexive Ebene einzulassen, um ein bisschen mehr PINK zu werden. Dies steht in direkter Verbindung zu der Umsetzung des 8-Schritte-Verfahrens und spiegelt die Haltung, die der Umsetzung des Verfahrens zugrunde liegt, wider. Für die Fachperson ist das PINK-Mindset somit ein integrierter Bestandteil des Handelns im 8-Schritte-Verfahren. Sie denken an dieser Stelle an Ihre Ausbildung zurück und dass Fachpersonen, die beratend und begleitend tätig sind, grundsätzlich einem Berufskodex folgen. Das ist richtig. Wir wollen mit dem PINK-Mindset den Berufskodex nicht untergraben oder als weniger bedeutsam darstellen.

Wir haben uns in PINK als Grundpfeiler »Zusammenarbeit auf Augenhöhe«, »gemeinsame, gleichwertige Kommunikation«, »Kooperation im Prozess« und »Nachhaltigkeit« gesetzt. Die Metapher »Setzen wir uns in das Boot der Eltern« leitet die konzeptuelle Ausrichtung und inhaltliche Gestaltung des Buches. Dazu laden wir Sie später auf eine Bootsfahrt ein, die Sie durch dieses Kapitel begleiten wird.

Das PINK-Mindset verdeutlicht die zugrunde liegende Auseinandersetzung von PINK, sodass die Grundpfeiler »Zusammenarbeit auf Augenhöhe«, »gemeinsame, gleichwertige Kommunikation«, »Kooperation im Prozess« und »Nachhaltigkeit« für eine gelingende Interaktion und Kooperation aller Beteiligten gewährleistet sind. Die Basis des PINK-Mindsets bildet die *partizipative, individuelle und kooperative Prozessbegleitung*. Das PINK-Mindset differenziert diese Basis mit den Gelingensfaktoren Zeit, Vertrauen, Rollen und Zuständigkeiten, Werte, Ziele, Kommunikation und Nachhaltigkeit aus. Dies wird in Abbildung 1 des PINK-Mindsets veranschaulicht und in diesem Kapitel ausgeführt.

Abbildung 1: PINK-Mindset

Warum benötigen wir ein PINK-Mindset?
PINK besteht aus dem 8-Schritte-Verfahren, dass durch Bildmaterial unterstützt wird. Das allein transportiert jedoch nicht, das dahinterliegende »Wie«: Wie wird das Verfahren umgesetzt? In welcher Art und Form? Das PINK-Mindset möchte in seiner Grundhaltung die Gedanken, die hinter der Entwicklung des Verfahrens standen, für die interessierten Anwender:innen sichtbar machen.

Damit Prozessbegleitung individuell konzipiert werden kann, benötigt es ein gemeinsames Verständnis der Zusammenarbeit, welches der Gruppe Orientierung und Struktur gibt. Die Prozessbegleitung verstehen wir nicht als einen von einer Einzelperson geführten Prozess, sondern als einen gemeinsamen Prozess, der in einer Gruppe (zusammengesetzt aus Familie und Fachpersonen) besteht. Somit finden Prozessbegleitungen in einer sozialen Situation mit Dynamiken und systemischer Wirkkraft statt, dem Raum geboten werden muss, um Störungen zu vermeiden. Überall, wo Menschen zusammenkommen, entsteht eine soziale Situation, die aus einem Individuum, einem »Wir« als Gruppe und einem spezifischen Thema besteht. Ruth Cohn (2016) beschrieb bereits in ihrem Globe-Modell, dass menschliches Handeln immer in einem Kontext erfolgt. Je klarer die äußeren Strukturen sind, desto besser können sie sich angemessen verhalten. Wenn dies nicht der Fall ist, schreibt Schlee (2012, S. 74) dezidiert: »Wenn im umgekehrten Fall die Vorstellungen, die Aufgabenstellungen und Intentionen der jeweils in einer Situation beteiligten Personen nicht klar und deutlich sind, dann ist das ein Nährboden für Befangenheit, Verunsicherungen, Unterstellungen und Misstrauen.«

Auf diesem Verständnis von Zusammenarbeit baut das PINK-Mindset auf. Eine gelingende Umsetzung des Beratungs- und Prozessbegleitungskonzepts bedingt eine Auseinandersetzung mit der Grundhaltung des PINK-Mindsets. Das Zusammenwirken vom »Ich«, »Wir« und dem »Thema« ist in Verbindung mit dem Kontext zu betrachten. Der Kontext muss klar, nachvollziehbar und sinnhaft sein. Erst dann können die beteiligten Personen sich orientieren, einbringen und ihren Teil zum Gelingen beitragen. Aber wie schaffen Sie es, diesen fruchtbaren Nährboden für Ihren Beratungsprozess zu legen?

Dazu laden wir Sie ein, sich mit uns auf eine Bootsfahrt einzulassen.

Wenn Sie sich für das PINK-Mindset Zeit nehmen, werden Sie merken, wie Sie sich nach und nach mit Ihrem eigenen beruflichen Handeln auseinandersetzen und das PINK-Konzept in seiner Grundhaltung nachvollziehen können. Es ist zum Pink werden, das PINK-Mindset.

Sind Sie bereit? Dann starten wir nun unsere Bootsfahrt. Zunächst werden Sie Ihr Berater:innen-ICH kennenlernen und dieses anschließend PINK werden lassen. Lehnen Sie sich zurück, machen Sie es sich bequem und halten Sie einen Stift und Papier bereit. Folgende Stationen erwarten Sie:

- Mein Berater:innen-ICH kennenlernen
- Mein Berater:innen-ICH wird PINK
- Gelingensfaktoren aus der Sicht von PINK.

2.1 Mein Berater:innen-ICH kennenlernen

Jede Fachperson hat sich über die Arbeitsjahre eine eigene Form der Beratung und Gesprächsführung angeeignet. Diese hat sich mit zunehmender Erfahrung über den Verlauf der Jahre verändert. Ebenso bestehen an vielen Institutionen Konzepte, Fragebögen oder auch Leitfäden, die die Gesprächsführung unterstützen. Manche Institutionen geben an Eltern Vorbereitungsbögen ab, um sich auf das Gespräch zum Beispiel mittels Fragen vorbereiten zu können. Von offenen Fragen bis hin zur Einstufung der Kompetenzen der Kinder ist vieles enthalten.

Dabei ist die Grundhaltung bedeutsam, die Sie mit Ihrem Handeln schaffen. Wie Sie die Situation gestalten, wie Sie die Leitfäden, Fragebögen oder Ähnliches anwenden, wird durch Sie als Fachperson konkret erlebbar. Ihre Haltung spiegelt sich in Ihrer Handlung und Sprache. Wie setzen Sie Ihren Beratungsprozess in Ihrer Praxis um? An dieser Stelle möchten wir Sie einladen, Ihre gängige Praxis in Form einer Übung zu reflektieren:

Nehmen Sie sich einen Moment Zeit, die folgenden Fragen für sich zu beantworten. Ein Falsch oder Richtig gibt es nicht. Die Übung dient dazu, eine erste Idee über die eigene Beratungspraxis zu entwickeln und diese für den weiteren Verlauf des Kapitels zu nutzen.

Nehmen Sie sich einen Stift und ein bisschen Zeit und denken Sie zurück an Ihr letztes Elterngespräch, den letzten Elternkontakt oder das letzte Tür-und-Angelgespräch und beschreiben Sie: …

	Fragen	Skala zur Zufriedenheit 1–10
1	… Ihre Beratungskompetenzen:	
2	… Wie haben Sie die Eltern am Anfang des Gesprächs abgeholt?	

	Fragen	Skala zur Zufriedenheit 1–10
3	… Wie konnten die Eltern ihre Wünsche und Bedürfnisse einbringen?	
4	… Wie wurde über die weiteren Schritte entschieden?	
5	… Wie wurden Ziele festgelegt?	
6	… Hatten Sie den Eindruck, Sie und die Eltern haben vom Gleichen gesprochen?	
7	… Wie viel Zeit wurde vor, während und nach dem Gespräch eingeplant?	

	Fragen	Skala zur Zufriedenheit 1–10
8	… Wie konnte sich gegenseitiges Vertrauen zeigen?	
9	… Welche Rolle hat wer eingenommen in dem Gespräch und wurde das zuvor kommuniziert?	
10	… Wie viel Redeanteil hat jede Person in dem Gespräch eingenommen?	
11	… Was waren unterstützende Faktoren bei den Gesprächen?	
12	… Was waren hinderliche Faktoren, die sich im Gespräch zeigten?	

	Fragen	Skala zur Zufriedenheit 1–10
13	… Was hat Sie besonders herausgefordert?	
14	… Welche Gesprächs- und Beratungstechniken haben Sie eingesetzt?	
15	… Welche Gesprächs- und Beratungstechniken würden Sie sich für kommende Elterngespräche wünschen?	
16	… Wie hoch schätzen Sie die Nachhaltigkeit des Elterngesprächs für die weitere Zusammenarbeit ein?	
17	… Kennen Sie die ICF und die ICF-CY und konnten Sie diese im Elterngespräch verständlich einsetzen?	

Die Antworten, der hier aufgeführten Fragen, werden bei jeder Fachperson, die dieses Buch liest, anders ausfallen. Das spiegelt den individuellen Beratungsprozess wider und die Vielfalt, die uns ausmacht. Zudem ist es auch möglich, dass diese Antworten, je nach Elterngespräch divergieren würden. Eventuell sehen unsere Antworten in Bezug auf ein Erstgespräch oder Kennenlerngespräch anders aus als auf ein Gespräch, dass aufgrund eines aktuellen Problems geführt wurde.

Je nach Elternschaft können die Antworten auf die Fragen unterschiedlich ausfallen. Das Spektrum kann hier von Sympathie bis hin zu Verständigungsproblemen reichen und somit Einfluss auf den Beratungsprozess nehmen. Persönlichkeitsstrukturen und Wohlbefinden beeinflussen ebenso das Verhalten der Eltern und somit die Dynamik des Gesprächs. Manche Eltern reden gern viel, anderen ist es unwohl und sie hoffen schnell, das Gespräch beenden zu können.

Sie haben nun für sich ein Gespräch aus Ihrer Praxis reflektiert. In einem zweiten Schritt laden wir Sie ein, sich eine Skala von 1 bis 10 vorzustellen. Sie können sich dazu auch das PINK-Skalenboot aus Kapitel 6.4 »Baustein PINK-Evaluation« zur Visualisierung zur Hand nehmen. Wie zufrieden sind Sie mit dem Ergebnis oder der Umsetzung der jeweiligen Frage? Dabei bildet 1 unzufrieden ab und 10 sehr zufrieden.

Schätzen Sie nun zu den einzelnen Fragen ein, wo Sie auf der Skala im jetzigen Moment stehen. Tragen Sie die Zahl ein, markieren Sie sich diese Seite mit den Reflexionsfragen im Buch.

Diese Übung hat Sie bewusstwerden lassen, wie Sie exemplarisch in einem Gespräch vorgehen und was Ihnen dabei wichtig ist. Diese Reflexion ist eine tägliche Aufgabe als Fachperson. Die Erkenntnisse unterstützen Sie, Veränderungen anzugehen. Damit PINK von einer Fachperson angewendet werden kann, braucht es die Auseinandersetzung mit dem eigenen Berater:innen-ICH und den zentralen Grundpfeilern aus dem PINK-Mindset. Damit ist unserer Ansicht nach die PINK-Mission (siehe Einführung S. 9) realisierbar.

2.2 Mein Berater:innen-ICH wird PINK

Wir laden Sie nun ein, Ihr Berater:innen-ICH PINK werden zu lassen. Wie versprochen nehmen wir Sie mit auf eine Bootsfahrt. Stellen Sie sich vor, der Beratungs- und Begleitungsprozess der Familie stellt sich in Form einer Bootsfahrt dar. Sie gehen metaphorisch gedacht mit den Eltern auf eine Bootstour. In welches Boot steigen Sie ein?

Nun stellen wir Ihnen drei Varianten vor, wie diese Bootstour verlaufen kann. Spüren Sie beim Lesen in sich hinein, was diese Beschreibungen bei Ihnen auslösen:

- Als Fachperson sitze ich in meinem Boot und lade Eltern ein, mit mir in diesem zu fahren. Ich bin der Kapitän/die Kapitänin und steure das Boot.
- Als Fachperson setze ich mich gemeinsam mit den Eltern in ein Boot und wir fahren gemeinsam. Mal steuern sie, mal steure ich.
- Als Fachperson setze ich mich in das Boot der Eltern. Die Eltern steuern das Boot und ich fahre mit.

Notieren Sie Ihre Gedanken zu den drei Varianten:

____

____

____

____

Mögliche Gedanken, die bei Ihnen aufkommen könnten:

- … mit den Eltern in einem Boot zu fahren, fühlt sich gut an …
- … das Steuer ganz abzugeben und nur mitzufahren … wo fahren wir nur hin? …
- … zu schön, um wahr zu sein, dass das Steuern im Wechsel geschieht. Ich verliere dabei die Rolle und werde meinem Auftrag nicht gerecht …
- … selbst den Kurs bestimmen zu dürfen, wäre am einfachsten für mich … wir kämen am schnellsten an mein Ziel …

Schauen Sie sich nun nochmal die Antworten, die Sie in der Übung im Kapitel 2.1 zu Ihrem Beratungsgespräch gegeben haben, an. Geben Ihnen Ihre Antworten Aufschluss, wie Sie gehandelt haben?

Wie haben Sie die Eltern am Anfang des Gesprächs abgeholt? Sind die Eltern in Ihr Boot eingestiegen oder Sie in das der Eltern? Wie viel Wahl haben Sie den Eltern gelassen, das selbst zu entscheiden? Natürlich kann man zu bedenken geben, dass Eltern nicht wüssten, wo die Reise hingegen soll. Und, dass wir Fachpersonen dazu ausgebildet sind, das Ziel und den Reiseweg vorzugeben.

Übersehen wir dabei nicht einen wichtigen Aspekt? Wir Fachpersonen fahren dieses Boot nicht bis ans Ende, manchmal geht die Bootstour über einen längeren Zeitraum, manchmal dauert sie aber bedingt durch externe Faktoren (z. B. Übertritt in Schule) nur eine sehr kurze Zeit an, dann steigen wir wieder aus. Wir steigen irgendwann aus dem Boot aus, und die Eltern fahren das Boot allein weiter. Wie können Eltern die Weiterfahrt des Boots allein meistern? Diejenigen, die es selbst einmal erlebt haben: Es könnte sich zu Beginn ein verlorenes, ohnmächtiges Gefühl einstellen. Verfolgen wir als Fachpersonen das Ziel, diesen Zustand für die Eltern, die wir begleiten, zu schaffen? Wir vermuten, dass Sie die Frage verneinen.

Natürlich können wir nicht davon ausgehen, dass Eltern von Anfang an damit vertraut sind, ein Boot selbst zu steuern und sie somit durch eine:n Co-Kapitän:in unterstützt werden müssen. Jedoch nehmen Sie als Fachperson eine andere Position auf dem Boot ein, wenn Sie als Co-Kapitän:in agieren, als wenn Sie selbst der:die Kapitän:in sind und alles direktiv bestimmen würden.

Die Unterstützung der Eltern, Schritt für Schritt in die Kapitän:innenrolle hineinzuwachsen, verdeutlicht die Haltung, die Eltern zu befähigen, ihren Alltag mit dem Kind gelingend zu gestalten und das Kind passend in seiner Entwicklung zu unterstützen. Es zeigt den Prozess auf, der sich in der Begleitung individuell bei den Familien formt: Als Eltern sich sicher zu fühlen, die Situationen mit dem Kind bewältigen zu können und in Situationen entscheiden zu können.

Dieser Prozess des Teil-Seins und Führen-Lassens bis hin zu Teil-Haben und Führung-Übernehmen stützen wir in PINK mit der Partizipationspyramide nach Straßburger und Rieger (2019).

Aus »P« wird partizipativ

Straßburger und Rieger (2019) zeigen mit ihrer Partizipationspyramide zwei Perspektiven auf: die Perspektive der Bürgerinnen und Bürger und die Perspektive der institutionell-professionellen Ebene. In Verbindung mit der partizipativen Elternbegleitung blicken wir auf die institutionell-professionelle Ebene. Diese Ebene teilt sich in sechs Stufen auf.

Mit diesen sechs Stufen (siehe Abbildung 2) lassen sich die Merkmale der Eltern-Fachperson-Zusammenarbeit sehr gut darlegen, damit Eltern und Fachpersonen gelingend kooperieren. Die ersten drei Stufen der Partizipationspyramide: Informieren (1), Meinung erfragen (2) und Lebensweltexpertise einholen (3) sind Vorstufen der Partizipation. Diese drei Stufen verorten sich in der Situationserfassung und stellen eine erste Auslegeordnung dar. Für die Fachperson bedeutet das, zuzuhören und sich für den Alltag und die Anliegen des Eltern-Kind-Systems zu interessieren. In diesen drei Stufen sind noch keine Entscheidungen zu treffen.

Bildlich gesprochen stehen die drei Stufen für das an Deck gehen und das Boot zu erkunden – sich einen Überblick zu verschaffen. In PINK sind diese drei Stufen im 8-Schritte-Verfahren in den Schritten 1, 2 und 3 verankert.

Die Stufen Mitbestimmung zulassen (4), Entscheidungskompetenz teilweise abgeben (5) und Entscheidungsmacht übertragen (6) charakterisieren Stufen der Partizipation. Das bedeutet im Beratungs- und Begleitungsprozess der Familie, dass die Fachpersonen mit den Eltern gemeinsam die Möglichkeiten besprechen, die der Familie zur Verfügung stehen und mit den Fachpersonen zusammen darüber abstimmen, welche Schritte als Nächstes gegangen werden. Damit nehmen die Eltern direkt Einfluss auf die Entscheidung (Mitbestimmung zulassen). Im Unterschied zeichnet sich die Stufe 5 »Entscheidungskompetenzen teilweise abgeben« dadurch aus, dass die Eltern die Entscheidung in bestimmten Bereichen ohne die Fachperson fällen. Auf der Stufe 6 treffen die Eltern alle wichtigen Entscheidungen selbst. Die Fachpersonen unterstützen und begleiten sie in diesem Prozess (Straßburger/Rieger 2019). Die Eltern werden von der Fachperson aktiv miteinbezogen, um gemeinsam zu entscheiden. Sukzessive werden dann von Stufe zu Stufe Bereiche festgelegt, in denen die Eltern selbst entscheiden bis hin zur Stufe, auf der die Eltern Entscheidungen eigenständig treffen. Dabei übernimmt die Fachperson eine begleitende und unterstützende Rolle. Abbildung 2 veranschaulicht die Vorstufen und Stufen der Partizipation. Wir haben die Partizipationspyramide in Anlehnung an Straßburger und Rieger (2019) in PINK angepasst und von der gleichmäßigen Verteilung der Stufen abgesehen. PINK verfolgt das Ziel, die Stufen der Partizipation zu stärken, die aus einer soliden Basis (Stufe 1 bis 3) wachsen.

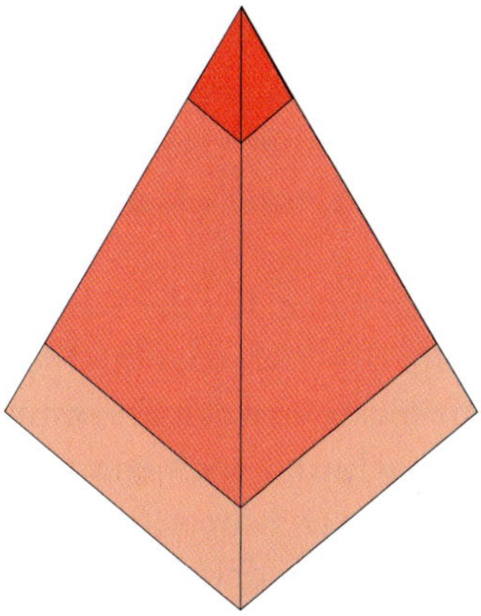

Partizipationsstufen

Stufen der Partizipation:

- Mitbestimmung zulassen
- Entscheidungskompetenzen teilweise abgeben
- Entscheidungsmacht übertragen

Vorstufen der Partizipation:

- Informationen
- Meinungen erfragen
- Lebenswelt explorieren

Abbildung 2: Partizipationspyramide in Anlehnung an Straßburger und Rieger (2019, S. 23)

Aber wie können Sie sich »P« = partizipativ in PINK zunutze machen?
Nicht allen Familien ist es möglich, das Partizipationsangebot wahrzunehmen und zu füllen. Je nachdem wo und wie die Familie im Prozess der Verarbeitung steht, kann das Belastungserleben der Eltern unterschiedlich sein und somit auch ihre Ressourcen zur Zusammenarbeit. An dieser Stelle soll nochmals betont werden, dass die Familien unterschiedlich belastet sind und sich nicht gleichermaßen handlungsfähig fühlen, eigenständig entscheiden zu können. Hier gilt es, als Fachperson achtsam im Prozess zu sein und sich mit den Eltern transparent auszutauschen, welcher Entscheidungsraum für sie handhabbar ist. Eine Einschätzung des aktuellen Partizipationsniveaus der Familie in Bezug auf die Partizipationspyramide unterstützt die Fachperson darin zu erkennen, auf welcher Stufe sie die Familie abholen kann. Die Stufe kann je nach aktueller Lage und Belastung der Familie von oben nach unten rutschen oder umgekehrt.

Sich im Vorfeld zu dieser Begleitungsphase zu reflektieren, ist bedeutsam für PINK. Gehen Sie nochmals zu Ihrem Berater:innen-ICH in Kapitel 2.1 zurück. Was haben Sie dort zu den untenstehenden Fragen notiert?

	Fragen
2	... Wie haben Sie die Eltern am Anfang des Gesprächs abgeholt?
3	... Wie konnten die Eltern ihre Wünsche und Bedürfnisse einbringen?
4	... Wie wurde über die weiteren Schritte entschieden?
5	... Wie wurden Ziele festgelegt?
6	... Hatten Sie den Eindruck, Sie und die Eltern haben vom Gleichen gesprochen?

Sie sehen nun wahrscheinlich, wo das PINK-Mindset hinführt. Wir möchten uns mit dem PINK-Mindset in das Boot der Eltern setzen, entscheiden uns also für die dritte Variante (s. S. 25).

Das »P« in PINK steht für partizipativ und bildet einen Teil der Basis des vorliegenden PINK-Mindsets. Partizipativ verfolgt das Ziel, dass die Eltern mehr und mehr in die Entscheidungs- und Führungsrolle wachsen können und wir als Fachpersonen, in diesen Prozessen, nach und nach eine untergeordnete Rolle spielen. Die partizipativ ausgerichtete Prozessbegleitung zeichnet sich dadurch aus, dass die Fachperson die Eltern dabei unterstützt, aktiv sein zu können, und stärkt, um die Hilfe zu bekommen, die sie benötigen. Es bedeutet auch, dass die Eltern Informationen erhalten, um für sich gute

Entscheidungen treffen zu können. Ferner brauchen die Eltern eine Fachperson, die ihnen auf ihre Fragen eine Antwort gibt oder sie an die passende Fachperson oder das passende Angebot weiterleitet. Die Eltern sollen darin gestärkt werden, sich mit ihren Themen in Bezug auf die Alltagsgestaltung mit dem Kind, die für sie aktuell für den Familienalltag bedeutsam sind, auseinanderzusetzen. Die partizipative Prozessbegleitung wird für die Eltern erlebbar, wenn die Fachperson die Eltern nur so viel wie nötig unterstützt, damit diese selbst Entscheidungen treffen können. Diese Selbstwirksamkeit ist Ausdruck von autonomem Handeln im Sinne des Empowerments. Die Fachperson agiert somit flexibel auf sich verändernde Lebenssituationen der Familie und geht achtsam mit diesen um. Dieser Haltungswechsel bringt eine Anpassung der Rolle der Fachperson mit sich, wie dies in der Metapher der Bootsfahrt ersichtlich wurde.

Wir möchten mit dem Einsteigen in das Boot der Eltern nicht nur die Rolle der Eltern auf der Reise mit dem Boot darstellen, sondern auch zeigen, dass es einen entscheidenden Unterschied macht, ob eine Person in mein Boot einsteigt oder ich in das der anderen Person.

Stellen Sie sich vor, wir sind zwei Personen, die sich nur flüchtig kennen. Wir verabreden uns zum Frühstück. Ich lade Sie zu mir ein. Somit bereite ich das Frühstück und die Umgebung so vor, wie ich es gewohnt bin und ich es gern haben möchte. Bei Ihrem Besuch bei mir werden Sie wahrscheinlich viel über mein Leben, allein schon durch meine Einrichtung und das Essen, erfahren. Ich hingegen werde sehr viel weniger Einblick in Ihr Leben erhalten. Zudem kann ich als Gastgeber:in die Regeln festlegen. Zum Beispiel werden Schuhe vor der Tür ausgezogen, die Hände vor dem Essen gewaschen etc. Laden Sie mich nun zu Ihnen ein, wird das Frühstück vermutlich ganz anders verlaufen. Besuche ich Sie in Ihrem Zuhause, lerne ich Ihre Lebenswirklichkeit und Regeln kennen. Welche Regeln gelten bei Ihnen? Welchen Kaffee oder Tee trinken Sie? Leben Sie allein oder in einer Gemeinschaft? Wie wird bei Ihnen zu Hause untereinander kommuniziert? Bereits in einer alltäglichen Situation steckt viel Persönliches drin.

Die Lebenswirklichkeit des Gegenübers zu erfassen, stellt eine große Herausforderung dar. Es benötigt ein hohes Reflexionsvermögen und Achtsamkeit der Fachperson, dieses von der eigenen Lebenswirklichkeit zu trennen. Eigene Werte und Einstellungen zurückzustellen und diese vom Gegenüber mit allen Ressourcen und Unzulänglichkeiten so anzunehmen, wie sie in diesem Moment sind. Sich als Fachperson zurückzuhalten, ohne den Rotstift anzusetzen und direkte Verbesserungsvorschläge zu machen, die in die eigene Lebenswirklichkeit sehr gut passen würden, ist herausfordernd. Gerade in sozialen Berufen sind Fachpersonen mit der Brille der Unterstützung und Verbesserung der Lebenssituation ausgestattet.

Wenn ich als Fachperson in meinem Boot sitzen bleibe, werde ich mit großer Wahrscheinlichkeit wichtige Aspekte, die das Leben des Gegenübers bestimmen, verpassen und das Spektrum seiner Lebenswelt nicht kennenlernen. Mit dem Beispiel wird deutlich, dass sich alle Beteiligten einbringen müssen, damit ein gegenseitiges Verstehen möglich wird.

Lamers (2018) beschreibt dies mit seinem erweiterten Partizipationsverständnis, das sich in drei Dimensionen aufgliedert: Teil-sein, Teil-nehmen und Teil-geben.

Die bereits beschriebene alltägliche Situation ist eine Form des Teil-seins und Teil-nehmens an der Lebenswirklichkeit des Gegenübers. Dazu benötigt es auch ein Teil-geben, damit eine gemeinsame Grundlage für ein Gespräch, insbesondere für eine Kooperation, entstehen kann. Bezugnehmend auf Lamers (2018) heißt dies, dass Partizipation dann partizipativ ist, wenn alle beteiligten Personen den Möglichkeitsraum wahrnehmen und ihren Beitrag leisten, um Teil-sein, Teil-nehmen und Teil-geben zu können. Ein hochgesetztes Ziel für einen Kooperationsprozess, in den alle beteiligten Personen eintreten müssen, damit dieser gelingen kann.

Mit dem PINK-Mindset nehmen wir Abstand von dem Gedanken, dass Eltern sich an die von uns als Fachperson, von Kostenträgern, der Wissenschaft und Institutionen geschaffenen Systeme anpassen müssen, um Teil des Prozesses zu werden. Das PINK-Mindset ist der Ansicht, dass wir Eltern nur erreichen, wenn wir an ihrem Leben Teil-nehmen und dafür Offenheit und Verständnis zeigen. Mit dem PINK-Mindset sind wir als Fachpersonen aufgefordert, den Eltern die Möglichkeit zu geben, Teil-sein, Teil-nehmen und Teil-geben zu können, damit die Prozessbegleitung partizipativ gestaltet wird. Es ist von zentraler Bedeutung, dass wir als Fachpersonen uns die Lebenswirklichkeit der Familien von ihnen selbst erzählen lassen und dies immer wieder. Die aktuelle Situation kann sich, wie im Modell nach Bronfenbrenner (1981) aufgezeigt wird (siehe Kapitel 5.2 »Baustein ICF ganz praktisch«), tagtäglich um die Familie herum, durch einzelne, nicht vorhersehbare Veränderungen im System, verändern.

Es ist wieder Zeit. Wir blicken ein zweites Mal auf die untenstehenden Fragen. Was haben Sie auf die Fragen in der Übung im Kapitel 2.1 geantwortet:

	Fragen
3	… Wie konnten die Eltern ihre Wünsche und Bedürfnisse einbringen?
4	… Wie wurde über die weiteren Schritte entschieden?
5	… Wie wurden Ziele festgelegt?

Wie passen Ihre Antworten zum PINK-Berater:innen-ICH? Lässt sich schon etwas PINK erkennen? Entsteht bei Ihnen bereits ein Wunsch, bestimmte Punkte in Ihrem Vorgehen anzupassen oder bestimmten Anteilen, die schon PINK sind, mehr Gewicht zu geben?

Notieren Sie sich diese Erkenntnisse, damit Ihnen diese nicht abhandenkommen, im weiteren Leseprozess.

Wir sind bereits ein Stück zusammen mit unserer Bootsmetapher unterwegs. Aber dieser erste Abschnitt bildet nicht vollständig ab, was wir mit der Metapher »Setzen wir uns in das Boot der Eltern« meinen. Neben einem passenden Partizipationsverständnis gehört für uns auch das Verständnis des Konstruktivismus für das Betrachten der Lebenswirklichkeiten dazu.

Das nächste Kapitel »Sehen alle PINK?« nimmt Sie auf die Reise mit, PINK im Kontext des Konstruktivismus zu betrachten.

Sehen alle PINK?
Als Erstes nehmen wir Sie mit auf eine Gedankenreise.

Stellen Sie sich vor, Sie sprechen im Elterngespräch mit den Eltern darüber, welche Fortschritte ihr Kind im letzten halben Jahr gemacht hat. Die Eltern beschreiben Ihnen, wie gut das Kind nun Laufen kann und wie erfreut sie darüber sind.

Nun gleichen Sie das Gehörte mit Ihren Beobachtungen des Laufverhaltens des Kindes ab, die Sie in der letzten Zeit gemacht haben. In Ihren Beobachtungen fiel Ihnen auf, dass das Kind mit Unterstützung läuft, oft stolpert und hinfällt.

In einem weiteren Schritt vergleichen Sie als Fachperson den Laufstil des Kindes mit den Entwicklungsnormen, die Sie gelernt haben und Erfahrungen von laufenden Kindern, die Sie aus Ihrer Arbeit oder dem privaten Umfeld kennen. Sie stufen das Laufverhalten des Kindes anders ein, als dies die Eltern tun. Wie können diese zwei verschiedenen Sichtweisen auf denselben Sachverhalt entstehen? Alle haben das Gleiche gesehen, jedoch anders gewertet und eingeordnet.

Die Eltern, die ihr erstes Kind beobachten und keine Vergleiche zu anderen Kindern im gleichen Alter gezogen haben, haben eine andere Wirklichkeit für sich konstruiert als Sie. Sie als Fachperson haben auf Ihre Wirklichkeit, konstruiert aus Ihren Erfahrungen und Ihrem Wissen, zurückgegriffen und kamen zu einem anderen Ergebnis.

Dieses Beispiel verdeutlicht, dass Sie den Sachverhalt mit biografischen Aspekten verknüpfen und somit Ihre eigene Wirklichkeit konstruieren, so wie dies die Eltern ebenso tun. Es entstehen zwei Wirklichkeiten oder sogar drei Wirklichkeiten, da die Eltern auch als einzelne Personen betrachtet werden können und diese Wirklichkeiten müssen je Elternteil nicht übereinstimmen.

Dieses Beispiel zeigt im Kleinen, »es gibt keine ›objektive Wirklichkeit‹ – die Wirklichkeit entsteht im Auge des Betrachters« (Radatz 2018, S. 33).

Der:die Betrachter:in verbindet die Situation mit ihren Erfahrungen, ihren Gefühlen und konstruiert daraus ihre Wirklichkeit. Gehen wir also davon aus, dass »es niemals zwei Menschen geben« wird, »die zugleich auf die gleiche Art und Weise das Gleiche erleben« (Radatz 2018, S. 33), wird ersichtlich, dass eine Übereinkunft über eine Sichtweise nicht möglich werden kann.

Beobachten wir mit den Eltern gemeinsam eine Spielsituation mit dem Kind, so sind am Ende vier Wirklichkeiten über die gemeinsame Zeit entstanden (Abbildung 3).

Abbildung 3: Vier Wirklichkeiten einer Spielsituation

Diese können sprachlich abgestimmt werden, doch auch die Begriffe, die dazu verwendet werden, haben eine eigene Bedeutung für die Verfasserin, den Verfasser der Worte (von Foerster 1993). Empfänger:innen können diese dekodieren wie es auch schon Shannon und Weaver (1949) in ihrem »Sender-Empfänger-Modell« dargestellt haben. Aber eine vollkommene Erfassung der Wirklichkeit des Gegenübers ist damit nicht möglich. Es ist eine Annäherung an das Wirklichkeitserleben des Gegenübers und ein Entschlüsseln der Sprache des anderen. Diese bergen immer das Risiko von Störungen und Missverständnissen.

Diese Ausführungen, die sich auf die systemisch-konstruktivistische Grundhaltung zurückführen lassen, können als ein Geschenk an uns Fachpersonen verstanden werden. Das Geschenk, dass es keine richtige oder falsche Lebenswirklichkeit gibt, sondern nur verschiedene Sichtweisen auf einen Sachverhalt. Wenn Sie dieses Geschenk auspacken und annehmen, bedeutet dies eine enorme Entlastung in Ihrer Verantwortung als Fachperson. Sie können dadurch Ihre Rolle und die der Eltern verändern, da nun jede Expertin, jeder Experte für seine Lebenswirklichkeit sein kann. Ein weiterer Schritt ergibt sich daraus. Wenn jeder seine eigene Lebenswirklichkeit konstruiert, kann auch nur diese Person für sich eine Lösung für die Probleme finden, die in dieser Lebenswirklichkeit entstehen. Somit ist es auch nur für jede eigene Expertin, jeden eigenen Experten möglich, eine eigene Lösung für seine Welt zu finden. Es braucht nun von allen Bereitschaft zum Austausch (Teil-geben), sodass die verschiedenen Sichtweisen geteilt werden. Dadurch wird eine Transparenz geschaffen, die es ermöglicht, eine Grundlage für den Entscheidungsprozess allfälliger nächster Schritte machen zu können. Der Austausch ist grundlegend, um in einen Annährungsprozess zu einer Lösung zu kommen.

Denken Sie zurück an die Übung zu Ihrem Berater:innen-ICH (Kapitel 2.1). Was haben Sie auf die nachfolgende Frage geantwortet:

	Fragen
6	… Hatten Sie den Eindruck, Sie und die Eltern haben vom Gleichen gesprochen?

Denken Sie jetzt noch das Gleiche darüber? Was hat sich verändert in Ihrer Sichtweise?

Selbst wenn wir als Fachpersonen das Gefühl haben, dass wir vom »Gleichen« gesprochen haben, zeigt uns die Sicht auf den Konstruktivismus, dass es Grenzen gibt, die nicht zu überwinden sind. Es ist eine Tatsache, die wichtig ist anzuerkennen und sie mit in den Beratungs- und Begleitungsprozess einzubeziehen. Ein erster Schritt in der Prozessbegleitung ist, dass wir die Lebenssituation der Familien individuell betrachten und zum Beispiel nicht Rückschlüsse von bisherigen Lebenssituationen von anderen Familien auf andere ziehen oder etwa von uns selbst als Fachperson ausgehen. In unserem Beratungs- und Begleitungsalltag treten kontinuierlich solche Situationen auf, in denen Lebenswirklichkeiten mit individuellen Merkmalen aufeinandertreffen. Somit gilt es auch, jede Prozessbegleitung individuell zu konzipieren. Dafür steht das »IN« in PINK.

Aus »IN« wird individuell

Dem PINK-Mindset liegt die Haltung zugrunde, dass wir als Fachperson die Lebenswirklichkeit, wie die Eltern ihren Alltag erleben, das tägliche Leben mit den Kindern, den Berufsalltag und vieles mehr, nicht vollumfänglich erfassen können. Wir möchten in das Boot der Eltern einsteigen, um ihre Lebenswirklichkeit zu erfahren und dieser Platz zu geben. »IN« von PINK steht für individuell. Dahinter verbirgt sich die Haltung, dass wir als Fachpersonen das Leben der Familie und den Alltag mit dem Kind individuell betrachten und dieses kennenlernen, um in einem zweiten Schritt zum:zur Co-Kapitän:in werden zu können.

In diesem ersten Schritt, den Alltag individuell zu betrachten, verbindet das PINK-Mindset das Verständnis des Behinderungsbegriffes der International Classification of Functioning, Disability and Health (ICF) und die Lebensräume in der Frühen Kindheit. Das bio-psycho-soziale Modell (siehe Kapitel 5.2 »Baustein ICF ganz praktisch«) der ICF ermöglicht zum einen, die systemische, individuelle Erfassung des Kindes und der Familie in Wechselwirkung mit den Kontextfaktoren, zum anderen aber auch Ressourcen und Barrieren zu erfassen und somit das Gelingen des Familienalltags und die aktive Beteiligung im sozialen Raum einzufangen. Damit die individuelle Perspektive unter Berücksichtigung der ICF-Philosophie konkret auf die Lebenswelt der Kinder eingenommen wird, nutzen wir die Klassifikation der Domänen nach der International Classification of Functioning, Disability and Health for Children and Youth (ICF-CY) (Hollenweger/Kraus de Camargo 2017), welche spezifisch dafür erarbeitet wurde. Die ICF-CY klassifiziert die entwicklungsorientierten Aktivitäten und die Partizipation der Kinder und ermöglicht, neue Lösungswege anzudenken. Sie wird als eine weitere Grundlage des 8-Schritte-Verfahrens verstanden.

Eine Familie ist auf öffentliche Verkehrsmittel angewiesen, damit sie die Termine mit ihrem Kind mit einer körperlichen Beeinträchtigung wahrnehmen können. Aber der Bahnsteig des Bahnhofs kann nur durch einen 50-stufigen Treppenabstieg und Treppenaufstieg erreicht werden. Der Einstieg in den Zug ist nur durch einen großen Schritt möglich, da der Bahnsteig zu tief liegt. Diese Barrieren stellen somit Hindernisse für die Familie dar, damit sie dem Kind Therapien, Besuche bei Freunden, Verwandten, Ausflüge ins Freibad ermöglichen können. Alltägliche Situationen stellen eine hohe Belastung dar, die die Familie sehr viel Energie kostet. Die kindlichen Lebensräume (Spielgruppe, Zuhause, Spielplatz, Besuch bei Ärzten, Ärztinnen etc.) werden unter den Gesichtspunkten betrachtet, welche Aktivitäten und Partizipationsmöglichkeiten bestehen und welche Hindernisse vorhanden sind. Daraus lassen sich Prioritäten setzen, welche Barrieren zu den kindlichen Lebensräumen mit welchen Hilfsmitteln reduziert werden sollen, damit die Familie einen gelingenden Alltag gestalten kann. Jede Lebenswirklichkeit einer Familie ist anders, deshalb ist die ICF-basierte Herangehensweise eine Stütze, diese individuellen Lebenswirklichkeiten der Familien fundiert zu erfassen.

Aber wie können Sie sich »IN« = individuell in PINK zunutze machen?
PINK bezieht die individuelle Sichtweise auf verschiedenen Ebenen in das 8-Schritte-Verfahren mit ein. Auf diese Überlegung hin wurde das Bildmaterial von PINK erschaffen. Worte haben für jede Person eigene Bedeutungen. Wenn jemand von seiner, ihrer Wohnung spricht, dann erscheint jedem Zuhörer, jeder Zuhörerin ein individuelles, aus seinen, ihren Erfahrungen gewachsenes Bild vor Augen. Die Nutzung des Bildmaterials erleichtert es, über die eigene Welt zu sprechen. Auch wenn die Abbildungen nicht mit der Welt jeder Familie übereinstimmen, kann dies der Anlass sein zu besprechen, was bei dieser Familie anders ist und warum das hilfreiche oder eventuell auch hemmende Auswirkungen auf den Familienalltag haben kann. Greifen wir nochmals das Beispiel des Bahnhofs auf. Dieser ist nicht auf der PINK-Landkarte ersichtlich, aber das Transportmittel Bus. Dieses kann Anlass geben, darüber zu sprechen, wie die Möglichkeiten des Transports für die Familie sind und welche Stolpersteine sich dort zeigen. Wechselwirkungen können dadurch identifiziert und neue Wege erkannt werden. Das ist ein nächster Schritt, um eine individuelle Erfassung sicherzustellen. Die bildliche Darstellung dient als Unterstützung des Gesprochenen und bietet die Möglichkeit, einen Schritt näher an die Lebenswirklichkeit der Eltern heranzurücken und die Eltern im Gespräch besser verstehen zu können. Eine kleine Hürde in der Prozessbegleitung ist damit schon genommen.

Um in einem weiteren Schritt als Co-Kapitän:in agieren zu können, braucht es *Kooperation* – ein Zusammenwirken aller Beteiligten im Beratungs- und Begleitungsprozess. Auf dem Boot arbeiten Kapitän:in und Besatzung Hand in Hand und erlangen somit einen reibungslosen Ablauf. Sie erreichen ihr Ziel wie gesteckt, falls es nicht zu Zwischenfällen, wie Maschinenausfall oder Ähnlichem kommt. Aber warum funktioniert diese Zusammenarbeit auf einem Boot? Lassen Sie uns genauer hinschauen.

Aus »K« wird kooperativ

Auf dem Boot gibt es klar zugeschriebene Rollen und Aufgaben. Jede Person weiß, was sie zu tun hat. Die Person verlässt sich darauf, dass auch die anderen Personen der Besatzung ihren Auftrag erfüllen, sodass sie sicher das

Ziel erreichen können. Die Besatzung hat eine spezifische Ausbildung und ihre Tätigkeiten, die es für eine Bootstour braucht, gelernt.

Von so einer Ausgangslage, dass alle Personen bereits eingespielt sind, können wir gerade im Frühbereich nicht ausgehen. Fährt das Boot der Eltern hingegen schon länger und ist die Besatzung gesetzt und nur einzelne Personen werden ausgetauscht, ist dies einfacher. Sind Sie auch schon in eine Gruppe neu dazugestoßen? Die neue Person der Besatzung bekommt ihren Platz im System zugeordnet, erhält eine Einarbeitung und das Boot kann oft weiterfahren wie zuvor. Auch wenn sich ein Teil der Besatzung schon kennt, so beeinflusst jedes neue Mitglied die Dynamik. Im Frühbereich treten Sie meist die erste Reise mit den Eltern an. Seien Sie sich dessen bewusst, Ihr Handeln kann entscheidend auf das Kooperationsverständnis und die Kooperationsbereitschaft der Eltern wirken. Das erste Mal gemeinsam zu reisen, macht die Besatzung neugierig und ist aufregend für alle Beteiligten. »Jedem Anfang wohnt ein Zauber inne«, ein Sprichwort von Hermann Hesse (1941). Dieser Zauber kann von unterschiedlichen Gefühlszuständen überlagert werden: neugierig, angespannt, unsicher, ängstlich. Es braucht umfassende Absprachen, damit jede Person bestmöglich ihren Platz einnehmen kann, oder mit dem Partizipationsverständnis von Lamers (2018), Teil-sein, Teil-nehmen und Teil-geben kann. Am Anfang einer gemeinsamen Bootstour sind somit verschiedene Szenarien denkbar.

Stellen wir uns diese verschiedenen Szenarien vor:

- Szenarium 1: Eltern sind Kapitän:innen, Fachpersonen nehmen die Rolle Co-Kapitän:in ein. Sie als Co-Kapitän:in steigen in das Boot der Eltern mit den weiteren Fachpersonen. Die Eltern stehen am Steuer. Jede Person packt ihr eigenes Ruder aus und beginnt zu rudern. Das Boot fährt in verschiedene Richtungen, eventuell beginnt es zu schwanken und geht unter.
- Szenarium 2: Sie steigen als Fachperson in das Boot der Eltern. Es sind auch andere Fachpersonen mit im Boot. Sie besprechen an Deck, wohin die Reise gehen soll, wer für was am Ruder steht und wie lange es zur nächsten Anlegestelle ist. Das Boot fährt ruhig und sicher in eine Richtung.
- Szenarium 3: Sie steigen als Fachperson in das Boot der Eltern. Es sind noch weitere Fachpersonen mit im Boot. Sie besprechen auch hier an Deck, wer welches Ziel hat. Jede Person nimmt sich ihr Ziel vor. Es wird nicht abgesprochen, wer wann das Ruder steuert. Somit fährt das Boot mal dort, mal hier, aber eine Anlegestelle wird nicht erreicht. Im Sturm schwankt das Boot und geht eventuell unter.
- Szenarium 4: Sie steigen als Fachperson in das Boot der Eltern, doch ein Elternteil will sich auf die Begleitung durch den:die Co-Kapitän:in nicht

einlassen, da das Elternteil den Bedarf der Begleitung nicht sieht. Auch eine weitere Fachperson ist nicht einverstanden, mit ins Boot zu steigen. Die Fahrt beginnt bereits beim Start zu stocken.

Für eine gemeinsame Zielerreichung, so schreibt Spieß (1996), sind Interaktionspartner:innen für eine gewisse Zeitspanne aufeinander angewiesen. Wir sind somit als Besatzung darauf angewiesen, dass alle mitwirken und sich mit ihren Ideen sowie Anliegen einbringen. Kooperation unter den Besatzungsmitgliedern ist Voraussetzung, dass die Reise gelingt und das Ziel erreicht werden kann. Ein gemeinsames Kooperationsverständnis, um in einen Kooperationsprozess einsteigen zu können, ist notwendig, um ein Boot zu steuern und ins Ziel zu bringen. Aus »K« in PINK wird somit kooperativ.

»Zu Kooperation gibt es keine Alternative« (Behringer/Höfer 2005, S. 112)». Behringer und Höfer (2005) führen aus, dass einer gelingenden Kooperation ein klarer Auftrag, definierte Kriterien und adäquate Rahmenbedingungen zugrunde liegen müssen. Weiter sind Information und Dokumentation ein Bestandteil, dass Kooperation möglich wird. Die beteiligten Personen benötigen ihnen zugeordnete Kompetenzen, um im Kooperationsprozess mitwirken zu können. Als letzten Punkt führen Behringer und Höfer (2005) die Kommunikation für gelingende Kooperation an.

Rothlaender und Kuschel (2014) unterstützen diese Haltung und zeigen auf, dass in der Frühen Förderung die elterliche Partizipation ein unabdingbarer Wirkfaktor und ein wichtiges Qualitätskriterium des Förderprozesses ist. »Ohne elterliche Kooperation könnte die fachliche Frühförderung nicht beginnen und nicht wirksam werden« (Warnke 2000, S. 157, zitiert nach Rothlaender/Kuschel 2014, S. 314). Die Eltern fungieren als Expertinnen und Experten und Brückenbauer:innen zwischen der fachlichen Beratung durch die Fachperson und der Lebenswelt des Kindes. Betrachten wir die skizzierten Szenarien auf Seite 37 f., stellt das Szenarium 2 die Grundlage für eine gelingende Kooperation her.

Die Aspekte gelingender Kooperation – Auftragsklärung, definierte Kriterien (Werte), Rahmenbedingungen, Information, Dokumentation, Rollen- und Kompetenzzuordnung und Kommunikation – werden im 8-Schritte-Verfahren mitberücksichtigt und umgesetzt.

Wir haben nun verschiedene Szenarien für den Anfang einer Bootstour skizziert.

Denken Sie zurück an die Frage, die Sie sich zu Beginn gestellt haben (vgl. Kapitel 2.1). Wie haben Sie diese beantwortet? Was denken Sie jetzt über diese Frage und Ihre Antwort?

	Fragen
4	… Wie wurde über die weiteren Schritte entschieden?

Aber wie können Sie sich »K« in PINK zunutze machen?
Ein Bewusstsein dafür zu entwickeln, welche Prozesse sich zu Beginn einer solchen Reise abspielen, wirkt unterstützend auf die Entwicklung des Prozesses. Je klarer am Anfang die Rollen, das Ziel und die Reise gesteckt wird, desto sicherer kann auch das Ziel erreicht werden und eine angenehme Reise für alle stattfinden.

Die Kooperationsbereitschaft kann erhöht werden, wenn dieser zu Beginn Zeit und Raum eingeräumt wird. PINK setzt dies in den Schritten 1 bis 3 im 8-Schritte-Verfahren um. Kennenlernen und Rollenfindung steht in diesen Phasen im Vordergrund und ermöglicht einen guten gemeinsamen Start. Dem gemeinsamen »Arbeitsbündnis«, wie es oft genannt wird, wird eine hohe Bedeutung zugemessen, damit die Reise gelingen kann.

Jetzt haben wir bereits die Basis des PINK-Mindsets auf See gebracht, der zum Gelingen eines Beratungs- und Begleitungsprozesses konkret Beachtung geschenkt werden muss. Sind Sie schon etwas PINK geworden, oder haben Sie bereits PINK-Anteile bei Ihnen entdeckt?

Im nachfolgenden Abschnitt lernen Sie nun die PINK-Gelingensfaktoren kennen: Zeit, Vertrauen, Rollen und Zuständigkeiten, Ziele, Kommunikation und Nachhaltigkeit.

2.3 PINK-Mindset: Gelingensfaktoren aus der Sicht von PINK

Partizipativ, individuell und kooperativ bilden die Basis des PINK-Mindsets. Damit diese handlungsleitend in das 8-Schritte-Verfahren miteinbezogen werden können, werden 7 Gelingensfaktoren für die partizipative individuelle und kooperative Prozessbegleitung vorgestellt.

Zeit

Gelingensfaktor Zeit

Fangen wir mit dem ersten Gelingensfaktor, der Zeit, an. Eingangs haben wir Sie gefragt,

	Fragen
7	… Wie viel Zeit wurde vor, während und nach dem Gespräch eingeplant?

Vielleicht kennen Sie den Moment, Sie sind gerade am Ende des Gesprächs mit der Familie angekommen, es ist schon viel Zeit vergangen und Sie möchten zum Schluss des Gesprächs kommen. Genau jetzt erzählen die Eltern die Dinge, die sie am meisten bedrücken, was sie bewegt und wo sie Hilfe benötigen. Nun ist die geplante Zeit aber vorbei und Sie vertrösten die Eltern auf ein kommendes Gespräch oder Treffen.

Das wichtigste Element, um Lebenswirklichkeiten einzufangen, Vertrauen aufzubauen, eine gemeinsame Sprache zu entwickeln und den Start eines Prozesses zu stützen, ist der Faktor *Zeit.* Sie werden nun sagen, das haben Sie nicht in Ihrem Berufsalltag oder bei einem Elterngespräch. Es zeigt sich jedoch häufig, dass sich der Einsatz der Zeit zu Beginn eines Kennenlernens, Elterngesprächs, Anamnesegesprächs, Abklärungsgesprächs und so weiter lohnt.

Denken Sie an Ihren letzten Arztbesuch. Wie viel Zeit hatte der Arzt für Sie? Wahrscheinlich zwischen fünf bis zehn Minuten. Als er Sie dann fragte, was Ihr Anliegen ist, wie haben Sie abgewogen, was Sie ihm erzählen möchten? Wahrscheinlich haben Sie sich dafür entschieden, ihm das zu beschreiben, für das Sie gerade eine dringlichste Lösung brauchen. Die anhaltenden Kopfschmerzen, die nicht weggehen möchten. Anschließend haben Sie die Fragen des Arztes beantwortet, der daraus eine schlussfolgernde Diagnose gezogen hat und Sie sind mit einem Rezept nach Hause gefahren. Was Sie nicht erzählt haben, ist, dass Sie seit Nächten kaum schlafen. Sie bei der Arbeit überlastet sind. Sie sich seit Tagen wünschen, mal wieder eine Nacht durchzuschlafen. Nun steht deswegen auch noch ein Gespräch mit dem Vorgesetzten an, vieles kann man hier weiter philosophieren. Es zeigt sich, dass die wenige Zeit des Arztes nicht die Möglichkeit bot, Vertrauen aufzubauen, um all die schwierigen und belastenden Situationen aus dem täglichen Alltag zu beschreiben, die eben auch mit den Kopfschmerzen zusammenhängen. Es soll keine Kritik am kassenärztlichen System geübt werden, sondern vielmehr darauf hingewiesen werden, wie wichtig der Faktor Zeit ist, um das Problem des Gegenübers umfassend kennenzulernen. Zeit, dessen Wirkung nicht messbar ist, und somit für Behörden, Kostenträger:innen oft unverständlich ist, warum sie diese den Fachpersonen bezahlen sollten.

Nehmen wir uns in der Prozessbegleitung also am Anfang Zeit. Das PINK-Mindset versteht darunter Verschiedenes. Es geht um die Vorbereitungen, die getroffen werden müssen, um eine gemeinsame Reise anzutreten. Reiseplanung, Reisebuchung, Rucksack packen, die Nachbarn über die Abreise informieren und bitten die Post reinzuholen und vieles mehr.

In der Fachwelt sprechen wir hier häufig von einem Arbeitsbündnis oder auch Contracting, also die Zusammenarbeit in einem Bündnis oder Vertrag besiegeln. PINK setzt dies im 8-Schritte-Verfahren in verschiedenen Schritten um. Zum Beispiel werden in Schritt 1 Vorbereitungen für das Gespräch getroffen (Termin, Einladung, Einschätzungsraster etc.). Schritt 2 prägt das Ankommen und das erste Vertrauen fassen. Die Zeit für Small Talk oder über den Ablauf des Gesprächs zu orientieren, ist ein unterstützender Faktor, dass vorhandenes Stresserleben aufgrund der unbekannten Gesprächssituation reduziert werden kann. In Schritt 3 wird der Schwerpunkt auf die Sichtweise der Familie gelegt und ihre aktuelle Sicht auf ihre Situation eingeholt. Zeit spielt im 8-Schritte-Verfahren eine umfassende Rolle (siehe Kapitel 4 »Das 8-Schritte-Verfahren« und Downloadmaterial PINK-Kurzleitfaden).

Gelingensfaktor Vertrauen

Vertrauen

Vertrauen lässt sich nur schwer messen und es können keine Vorhersagen getroffen werden, wie lange es dauert, bis eine Person Vertrauen aufgebaut hat. Vertrauen findet auf der Beziehungsebene statt und beschreibt das Wohlbefinden einer Person zu einer anderen Person. Es ist ein Gefühl, dass sich in einer Person entwickelt und stark biografisch geprägt ist. Zuverlässigkeit, Verantwortungsübernahme und Ehrlichkeit stärken den Vertrauensaufbau.

Ein erster Schritt kann das Zutrauen sein. Wenn die Eltern mir als Fachperson zutrauen, dass wir eine gemeinsame Reise antreten können, ist ein erster Schritt getan, um Vertrauen zu fassen. Die Kompetenzzuschreibung für die Verantwortungsübernahme für eine solche Reise wird durch die Eltern der Fachperson zugeschrieben. Der Aufbau einer guten und soliden Beziehungsebene kann nun daran anknüpfen. Dies kann in einer stressbelastenden Situation schneller oder langsamer erfolgen (siehe Kapitel 6.1 »Baustein PINK-Grundlagen der Beratung«).

Entscheidend ist dabei aber auch, wie viel Vertrauen die Fachperson in ihre eigenen Kompetenzen und in den Prozessverlauf mit der Familie hat. Wieder ein nicht messbarer Faktor und doch so wichtig. Das Vertrauen als Fachperson bildet einen sicheren Hafen, der Raum schafft für die Unsicherheiten, Fragen, Gefühlsausbrüche und Ängste der Eltern. Der sichere Hafen, der den Gefühlslagen der Eltern Platz bietet, diese anerkennt, ohne diese zu bewerten oder zu korrigieren. Als Fachperson halten wir den Raum und bieten der aktuellen Situation der Eltern Platz. Diese haltgebende Präsenz, Wertschätzung und Empathie unterstützen die Eltern, ihre aktuelle Situation zu teilen.

Den Paradigmenwechsel, den PINK von der Fachpersonen hier fordert, drückt Haupt (2001, S. 180) folgendermaßen aus:

> »Aber manchmal ist es nicht leicht, Eltern in ihrem Sosein, in ihrem Gewordensein und ihren Lebensmustern mit offener Wertschätzung zu begegnen. Jeder hat Vorstellungen davon, wie Eltern eigentlich sein sollten, an denen er lange festhält. Wir alle haben unerfüllte Wünsche an unsere eigenen Eltern, die unbewusst mit in die Zusammenarbeit einfließen können. Fast immer gibt es in uns noch Spannungen aus eigenen Erfahrungen mit unserer Familie.«

Eine Hürde, die uns immer wieder in unserer Biografie als Fachperson stolpern lassen wird, wenn wir nicht achtsam mit dieser umgehen (siehe Kapitel 6.1 »Baustein PINK-Grundlagen der Beratung«).

PINK macht sich stark dafür, dass es nicht darum geht, den Eltern die Welt beizubringen, die ich als Fachperson für richtig halte. Sondern die Eltern in ihrer Welt, die so ist, wie sie ist, zu begleiten. Durch das Beziehungsangebot eines sicheren Hafens kann es möglich werden, dass die Eltern Ihnen eine Tür in Ihr Boot, Ihren Alltag bieten und Sie dabei sein lassen, mal näher und mal ferner. Dabei geht es nicht darum, Freundschaften zu bilden, sondern eine professionelle Zusammenarbeit zu entwickeln.

Was haben Sie auf die Frage zum gegenseitigen Vertrauen geantwortet?

	Fragen	Skala zur Zufriedenheit 1–10
8	… Wie konnte sich gegenseitiges Vertrauen zeigen?	

War bei Ihrem Beratungsgespräch ein gegenseitiger Vertrauensaufbau möglich gewesen? Welche Bedingungen haben diesen Aufbau begünstigt und könnten von Ihnen weiter genutzt werden? Notieren Sie sich, was Sie beibehalten, verstärken oder anpassen möchten:

____
____
____
____

Eine weitere Ebene des Vertrauens, die bedacht werden muss, zeigt sich zu den weiteren Fachpersonen, die involviert sein können. Stellen Sie sich die Fragen: Vertrauen wir uns untereinander? Welche Auswirkungen hat es auf die Familie und die Besatzung, wenn wir uns nicht vertrauen?

Wie Kinder auch, stehen Eltern gerade mit einem großen Helfer:innensystem im Spannungsfeld des Fachwissens der involvierten Fachpersonen. Loyalitätskonflikte können entstehen, wenn Fachpersonen ausdrücken, dass das Vertrauen zum Helfer:innensystem nicht vorhanden ist. Unterschiedlichste Gründe können dem zugrunde liegen. Sei es die Angst, fachlich nicht zu genügen, gegenseitige Erwartungen nicht offengelegt zu haben, Anbieter:innen, die untereinander konkurrieren, oder aber das Gefühl, nicht im Helfer:innenkreis akzeptiert zu sein. Verschiedenste Dynamiken können daraus entstehen. Wir können nicht erwarten, dass von Beginn an das Vertrauen von den Fachpersonen vorhanden ist. Auch hier ist der Faktor Zeit wichtig. Wie viel Zeit investieren wir für informelle Austausche, eine kurze Nachricht, damit keine Missverständnisse entstehen. Zeit bedeutet wiederum Geld, und auch dies wird oft nicht von den Kostenträgern übernommen. Jedoch ist das Bewusstsein über diesen Stolperstein oft schon eine Möglichkeit, diesen im Gespräch mit den Fachpersonen anzugehen und eventuell auch kleine Ideen zu entwickeln, die mit wenig Aufwand viel bewirken.

Ein Beispiel zur Vereinbarung in der Zusammenarbeit mit einer Fachperson der Physiotherapie:

Da der Fachperson Pädagogik und der Physiotherapeutin kein Zeitfenster für einen regelmäßigen Austausch zur Verfügung stand, entschieden sie, dass sie sich am Ende des Monats eine zweizeilige E-Mail schreiben und nur bei akuten Fällen in direkten Kontakt über das Telefon treten sollten. Dadurch, dass beide Seiten die Vereinbarung zuverlässig jeden Monat einhielten, wurde eine solide und zeitsparende Zusammenarbeit geschaffen. Gleichzeitig wuchs das Vertrauen in die Arbeit der anderen Fachperson. Bei den jährlichen Standortgesprächen waren beide Fachpersonen auf dem Laufenden, was die andere Fachperson gerade machte, was die Basis für eine gute Zusammenarbeit legte.

Die Vertrauensebene zwischen Fachperson-Kind klammern wir an dieser Stelle aus, da wir die Zusammenarbeit mit den Eltern in den Fokus stellen.

Ein respektvoller Umgang miteinander und die Anerkennung der unterschiedlichen Fähigkeiten und Erfahrungen der beteiligten Personen sind wichtig, um eine vertrauensvolle Zusammenarbeit aufzubauen und Kooperation gelingen zu lassen.

Rollen und Zuständigkeiten

Gelingensfaktor Rollen und Zuständigkeiten

Die Klärung der *Rollen und Zuständigkeiten* ist ein weiterer Gelingensfaktor vom PINK-Mindset. Eine transparente Verteilung der Zuständigkeiten und Klärung der Beiträge trägt zum Gelingen der Kooperation bei und vermeidet Missverständnisse und Störungen. Die Rollen sollten nicht erst geklärt werden, wenn das Boot in Seenot geraten ist. Ein Klären der Rollen und Zuständigkeiten bei der Planung vermeidet sehr viel Stress und Herausforderungen an Bord und unterstützt die Basis der Kooperation.

Betrachten wir zunächst die Rollen- und Zuständigkeitsklärung auf Elternebene.

Fröhlich-Gildhoff, Dörner und Rönnau-Böse (2019) beschreiben in ihren sechs operationalisierten Resilienzfaktoren die Faktoren der »Selbststeuerung« und »Selbstwirksamkeit«. Diesen kommt für die Entwicklung einer »seelischen Widerstandskraft und Bewältigungsfähigkeit« (Fröhlich-Gildhoff et al. 2019, S. 13) eine hohe Bedeutung zu. Ein Einbezug der beiden Faktoren in der Rollengestaltung der Eltern unterstützt die Sichtweise der Partizipationspyramide. Es geht also darum, dass die Formen der Selbststeuerung und Selbstwirksamkeit, die schon bei den Eltern oder in der Familie vorhanden sind, erkannt und gepflegt werden. Aber auch, dass die vorhandenen Formen weiter ausgebaut und auf weitere Situationen ausgeweitet werden. Die Selbststeuerung ist auch in Hinblick auf die »Compliance« (siehe S. 51 ff. »Gelingensfaktor Ziele«) der Eltern sehr wichtig. Je mehr Freiraum die Eltern haben, ihre Rolle auszugestalten, einzunehmen und auch eigene Entscheidungen zu treffen, desto eher werden sie uns in ihr Boot einsteigen lassen und können dieses auch weiter steuern, wenn die Fachperson aussteigt.

Stellen Sie sich vor, Ihnen wird mitgeteilt, Sie dürfen Ihren Kaffee im Büro nur noch zwischen 10 Uhr und 10.15 Uhr trinken. Wie fühlt sich das für Sie an? Stellen Sie sich stattdessen vor, Sie beginnen eine neue Arbeitsstelle und Ihnen wird eröffnet, Sie dürfen Ihren Tag so gestalten, wie Sie das benötigen und Pausen einlegen, wann es Ihrem Rhythmus entspricht. In diesem Moment sind wir in der Selbststeuerung. Wie fühlt sich das für Sie an? Je nach Persönlichkeitsstruktur kann das erleichternd wirken oder auch beängstigend. Oft haben wir uns schon so daran gewöhnt, dass andere Personen uns die Entscheidung abnehmen, sodass es uns schwer fällt, selbst zu entscheiden.

Erinnern Sie sich noch an die Partizipationspyramide (siehe Kapitel 2.2 »Mein Berater:innen-ICH wird PINK«)? Unser Ziel ist es, die Stufe 6 zu erreichen, dass Eltern selbst entscheiden können. Mit der Nutzung der Vorstufen der Partizipationspyramide ermöglichen wir den Eltern, dass sie von Anfang an aktiv Teil vom Beratungs- und Begleitungsprozess sind. Damit die Eltern näher an die Stufe 6 gelangen können, müssen wir ihnen auch die entsprechenden Rollen und Zuständigkeiten zusprechen und überlassen. Damit ermöglichen wir den Eltern, sofort in eine aktive Rolle zu schlüpfen, selbstgesteuert zu handeln und daraus dann auch Selbstwirksamkeit zu erfahren. Nun werden Sie sagen:

... aber das geht nicht,
... die Eltern können das noch nicht,
... die Eltern fordern etwas anderes von mir,
... mein:e Auftraggeber:in fordert etwas anderes,
... wie soll ich das machen,
... und vieles mehr.

Aber was passiert in dem Fall auf der Seite der Eltern, wenn Eltern nicht in die Selbstwirksamkeitserfahrung kommen können? Fühlen sich die Eltern auch erfolgreich? Sehen sie sich dann als kompetente Eltern? Oder fragen sie sich, warum kann das die Fachperson und ich nicht?

Einen entscheidenden Satz sagte einmal eine Mutter in einem Elterngespräch: »Ach wissen Sie, Sie machen das so gut mit dem Spielen mit dem Kind. Für mich ist das einfach nichts, ich kann das nicht, da passiert nichts, aber Sie kommen ja einmal in der Woche und übernehmen das dann …«

Dieser Auszug zeigt, dass sich in dieser Elternzusammenarbeit etwas entwickelt hat, bewusst oder unbewusst, das nicht der Stufe 6 der Partizipationspyramide entspricht. Die Mutter hat durch die Anwesenheit der Fachperson den Eindruck erhalten, dass sie weniger wirksam in der Interaktion mit ihrem Kind ist. Das Selbstwirksamkeitsgefühl hat sich bei ihr nicht eingestellt. Der Fachperson wurde die Rolle der Expertin zugewiesen, die Mutter hat diese Rolle anerkannt und ihre Rolle im gleichen Moment abgewertet.

Als Erkenntnis aus dieser Aussage verändert die Fachperson das Setting, damit sich die Mutter im Spiel mit ihrem Kind selbstwirksam fühlt.

In der Praxis treffen wir unterschiedliche Situationen an. Es kann Elternteilen nicht möglich sein, auf Stufe 6 zu partizipieren, sie erreichen aufgrund ihrer Möglichkeiten nicht den Grad der Selbstwirksamkeit, Selbststeuerung und Entscheidungskompetenz. Sie benötigen somit mehr Begleitung durch die Co-Kapitänin, den Co-Kapitän. Das bedeutet jedoch nicht, dass Entscheidungen direkt abgenommen werden, sondern es erfordert durch die Fachperson ein Setting, dass den Eltern den Raum schafft, sich so viel wie möglich aktiv an dem Beratungs- und Begleitungsprozess zu beteiligen. Dieses Setting kann durch den Einsatz von visuellen Elementen nachhaltig gestaltet werden (siehe Kapitel 6.3 »Baustein PINK-Visualisierung«). Beispielsweise wirken Visualisierungen unterstützend, die von Termin zu Termin aufgegriffen und auch im Lebensraum der Familien gelassen werden können.

Aber welche Rollen haben nun die Eltern? In erster Linie sind Eltern Expertinnen und Experten für ihr eigenes Leben Sie verfügen über das Wissen, wie es der Familie geht, was die aktuellen Themen im Familienalltag sind und wo sich Ressourcen und Hindernisse zeigen. Die Eltern in ihrer Rolle als Expertinnen und Experten anzuerkennen, ist ein entscheidender Schritt, um das PINK-Mindset zu übernehmen. Eltern als gleichwertige Expertinnen und Experten in der Bootsbesatzung zu sehen und zu behandeln, ermöglicht gleichzeitig einen Haltungswechsel hin zur Gleichwertigkeit bis hin zu »auf Augenhöhe« sein. Jede Person in der Besatzung steckt in der Rolle der Expertin, des Experten für ihr Fachgebiet. Mit dieser Anerkennung entsteht das Gefühl, eigenverantwortlich zu sein und handeln zu können. Wenn jedes Individuum als vollwertig betrachtet wird, ist es für sich, sein Handeln und seine Entscheidungen eigenverantwortlich. Eltern können selbst frei und eigenverantwortlich zu entscheiden für ihr Leben. Sie sind Expertinnen und Experten dafür.

Wie fühlt sich das für sie an? Durch die Veränderung der Haltung der Fachperson verändert sich automatisch auch die Stellung, Wertigkeit und Beziehung zu der Interaktionsperson.

Wir sprechen auf Augenhöhe zusammen, da jeder Experte und jede Expertin auf dem jeweiligen Gebiet und für seine Lebenswirklichkeit ist.

Als Fachpersonen wünschen wir uns immer das Beste für die Familie und insbesondere für das Kind. Doch wenn wir anerkennen, dass Eltern Expertinnen und Experten sind und wir sie in unserer Expertenrolle, Expertinnenrolle beraten und unterstützen können, bis zu dem Punkt, an dem sie ihre Entscheidungen fällen, die in ihre Lebenswelt passt, dann entlasten wir uns als Fachpersonen in einem großen Maße.

Vielleicht kennen Sie diese inneren Stimmen auch: »ich habe es ja vorher gewusst«, »hätten sie mal auf mich gehört«, »ich hätte das so gemacht«.

Es ist unsere Aufgabe als Fachpersonen, diese Stimmen in uns zu bändigen und die Eltern ihre eigenen und für sie richtigen Erfahrungen machen zu lassen. Eltern die Kapitänsrolle zu überlassen, bedeutet nicht, dass Sie als Co-Kapitän:in keinen Einfluss auf das Steuerrad nehmen können. Durch Austausch, gemeinsame Entscheidungsgespräche und Abwägen steuern Sie das Boot mit. In stürmischen Zeiten übernehmen Sie eventuell mal das Steuerrad, damit der Kapitän, die Kapitänin rasten kann. Aber im PINK-Mindset werden Sie nie die Rolle eines Transportdienstes übernehmen, der die Eltern von Station zu Station fährt.

Das bringt uns zu der Rolle der Fachpersonen.

Welchen Rollenhut trägt nun die Fachperson?
Denken Sie nochmals an die zu Beginn gestellten Fragen zurück. Was haben Sie geantwortet?

	Fragen
9	… Welche Rolle hat wer eingenommen in dem Gespräch und wurde das zuvor kommuniziert?

Haben Sie sich nur einer oder mehreren Rollen zugeordnet?
Vielleicht steht auf Ihrem Papier die Expertenrolle, Expertinnenrolle. Sie kommen als Experte, Expertin in die Familie und in das Gespräch. Aber wofür sind Sie Experte, Expertin? Für die Entwicklungsbegleitung des Kindes? Für die Gesprächsführung? Für die Beratung? Für die Einrichtung, die Sie vertreten?

Es wird wahrscheinlich eine Mischung sein. Aber es wird ersichtlich, dass Sie nicht Experte, Expertin für das Familienleben der Eltern sein können, da diese Rolle bereits durch die Eltern besetzt ist, die mehr Expertenwissen in diesem Bereich besitzen.

Vielleicht nehmen Sie aber auch die Partner:innenrolle ein. Oder Sie möchten die Rolle einnehmen, die Eltern in der Erziehung zu begleiten und auch Ihren Teil dazu beizutragen. In Bezug auf das Elterngespräch haben Sie sich eventuell dafür entschieden, die Berater:innenrolle zu notieren. Sie bieten einen sicheren Rahmen, in dem die Eltern ihre Themen erzählen können. Oder ist es doch mehr die Bewerter:innenrolle, die Sie für sich verstanden haben?

Als Fachperson ist es unumgänglich, in verschiedene Rollen zu schlüpfen. Diese Rollen müssen agil und achtsam eingesetzt werden und für das Gegenüber klar geregelt sein. Diese Rollenklarheit muss jedoch zunächst der Fachperson selbst bewusst werden: Agiere ich in dieser Situation in der Rolle als Expertin, Experte oder als Berater:in? Diese Rollenbewusstheit zeigt sich in der kommunikativen Führung und im Sprachverhalten. Initiiere ich eine Äußerung mit: »Darf ich hier kurz meine Expertise einbringen«, gebe ich dem Gegenüber ein klares Zeichen, in welcher Rolle ich spreche. Diese verschiedenen Rollen sind auch in PINK wichtig, da der Begleitungsprozess nicht nur aus Zuhören besteht, sondern auch Interventionsebenen beleuchtet, wie Lebenssituationen verändert werden können.

Agil die Rollen einzusetzen, bedeutet somit auch, in die Rollen ein- und auszusteigen. Dabei stellt sich die Fachperson der Herausforderung, dass bei einem Rollenwechsel das Credo »auf Augenhöhe« weiterhin wirkt.

Für die Fachperson können individuelle Hilfsmittel und Methoden für die Rollenperformanz unterstützend wirken. So hilft es zum Beispiel jeweils die Rolle zu Beginn des Satzes zu deklarieren: »Aus Sicht meiner Rolle als …«, »Wenn ich mit dem Hut der Entwicklungsexpertin die Situation betrachte, so …«. Die Einnahme einer Vogelperspektive, respektive einer Metaposition, während des Gesprächs unterstützt eine bewusste Rollenwahl. In welcher Rolle macht es Sinn, auf Aussagen der Familien zu reagieren?

Uns ist allen bewusst, dass wir für diese Entscheidungen in einem Gespräch nicht viel Zeit haben. Die Entscheidung fällt in Sekundenschnelle darüber, in welcher Rolle sich die Fachperson in das Gespräch einbringt, respektive wie sie auch die Wechsel von Rollen ankündigt.

Betrachten wir nun noch die Ebene der ganzen Besatzung. Jede Person hat ihren Rollenhut aufgesetzt, die Aufgaben wurden besprochen und zugeteilt. Können wir nun einfach davon ausgehen, dass wir von jetzt auf gleich eine funktionierende Besatzung geworden sind?

Das Phasenmodell nach Tuckman (1965, zitiert nach Kauffeld 2014) zur Teamentwicklung weist darauf hin, dass ein Team nicht einfach zu einem Team wird, weil es so heißt. Es entstehen bewusste und unterbewusste Dynamiken. Tuckman (1965, zitiert nach Kauffeld 2014) spricht von den Phasen *Forming, Storming, Norming, Performing* und *Adjourning.* Die Phasen müssen nicht linear durchlaufen werden, es zeigt sich aber, dass ein Team Zeit benötigt, sich zu finden (siehe Kapitel 6.1 »Baustein PINK-Grundlagen der Beratung«).

Übertragen wir dies auf die Situationen mit den Eltern, so benötigen wir also wieder Zeit, um zu einer Besatzung zusammenzuwachsen, bei der jede Person den Rollenhut aufsetzen kann, der ihr zugesprochen wurde.

Gelingensfaktor Werte

Werte, also grundlegende Überzeugungen, bringen alle Personen mit an den Gesprächstisch. Werte sind zum Beispiel geprägt durch kulturelle Einflüsse, Religiosität, Biografie und das soziale Umfeld. Viele Familien haben eigene Familienwerte entwickelt, eine eigene Sprache, die in der Familie gesprochen wird, eine eigene Streitkultur, eigene Traditionen, Vorstellung von Vertrauen und Verantwortung, dem Umgang im Zusammenleben, Regeln und vieles mehr.

Aber warum ist das für uns als Fachpersonen wichtig zu beachten?

Denken Sie zurück an die Familien aus Ihrem Berufsalltag. Für sie ist es oftmals das erste Mal, dass sie in eine solche Zusammenarbeit kommen. Sie kennen weder die offiziellen noch die impliziten Regeln des Prozesses, der Institutionen, die Kultur, die wir leben und vieles mehr. Abläufe, Sachverhalte und Zusammenarbeitsformen, die für uns als Fachpersonen ganz natürlich sind, da wir diese täglich erleben, sind für Eltern nicht klar verständlich. Lade ich zum Beispiel die Eltern zu einem Erstgespräch ein, weiß ich sehr genau, wie dieses Gespräch ablaufen wird, die Eltern jedoch nicht. Das kann das Stresserleben enorm steigern (siehe Kapitel 6.1 »Baustein PINK-Grundlagen der Beratung«).

Wenn wir nun die Zusammenarbeit mit den Eltern betrachten, können wir erkennen, dass jede Person am Tisch eigene Werte, eigene Kultur und eigene Regeln mitbringt. Außerdem gibt es natürlich noch kollektive Regeln, die meist gesetzlich geregelt sind und den kleinsten Nenner am gemeinsamen Tisch bilden.

Wie gehen Sie nun damit um, wenn Sie drei oder mehr unterschiedliche Werte-, Kultur- und Regelverständnisse am Tisch sitzen haben? Wie wichtig ist dieser Aspekt für die gemeinsame Arbeit?

Gehen wir zurück zu unserer Bootsmetapher. Wenn wir in das Boot der Eltern einsteigen, steigen wir in ein Boot, das aus Wertesystemen, Kultur und Regeln der Eltern besteht. Haben Sie keine Angst, wir fordern Sie nicht auf, dass Sie diese übernehmen sollen und Ihre Werte, Kultur und Regeln über Bord werfen. Nein, es geht im PINK-Mindset darum, dass Sie das Boot erforschen. Erforschen im Sinne des Wahrnehmens und Anerkennens. Nicht mit dem Rotstift, sondern um uns mit Interesse Zeit zu nehmen, die Werte, Kultur und Regeln der Eltern kennenzulernen. Damit haben wir die Möglichkeit, sie auch besser in ihrer Lebenswirklichkeit zu verstehen.

Warum schaut die Familie immer beim Essen fern? Ah, das haben sie schon so bei ihren Eltern in ihrer Kindheit gemacht. Warum ist nur die Mutter die Ansprechpartnerin für mich? Ah, die Mutter ist für die häuslichen Tätigkeiten zuständig, die Eltern haben sich bewusst die Rollen so aufgeteilt.

Durch das Wahrnehmen und Anerkennen und nicht durch Vergleichen mit den eigenen Werten und Regeln sowie der eigenen Kultur, kann die Welt der Familie besser verstanden werden.

Daraus sollten Sie für die Zusammenarbeit mit den Eltern gemeinsame Werte, Kulturen und Regeln entwickeln.

Steigen Sie dazu aber nicht aus dem Boot der Eltern aus.

Bleiben Sie dort und überlegen Sie gemeinsam, welche Grundnormen für Sie alle wichtig sind. Fragen Sie zum Beispiel mithilfe des PINK-Werteblatts jede, jeden der Beteiligten, was ihnen die wichtigsten Werte und Regeln für ihre Zusammenarbeit sind. Einigen Sie sich anschließend auf die wichtigsten und nehmen Sie diese immer wieder mit zu den Gesprächen mit den Eltern. Diese gemeinsamen Werte können Sie ins PINK-Werteboot (Abbildung 4) notieren. Evaluieren Sie mit den Eltern, ob diese nach einem halben Jahr immer noch stimmig sind oder doch eine Überarbeitung benötigen.

Aber wissen Sie, welches Ihre Werte sind? Nehmen Sie sich das PINK-Werteblatt hervor (abrufbar als Downloadmaterial) oder kreieren Sie selbst eines. Finden Sie Werte, die Ihnen für Ihre Zusammenarbeit mit den Eltern wichtig sind und tauschen Sie diese gegenseitig aus. Das PINK-Werteboot bietet Ihnen Platz, diese gemeinsamen Werte der Zusammenarbeit zu notieren. Vielleicht ergeben sich gemeinsame Werte, die von allen priorisiert wurden oder Sie entscheiden sich, sich auf vier Werte zu einigen. Somit bestehen verschiedene Möglichkeiten, das PINK-Werteboot einzusetzen.

PINK-Werteboot

Durch die Bekanntmachung der Werte jeder Person können Missverständnisse vermieden, das Handeln des Gegenübers besser verstanden und Achtung und Respekt entgegengebracht werden. Es ist auch während des Begleitungsprozesses zentral zu bedenken, dass gewisse Verhaltensweisen, Vorstellungen des Alltags mit einem Kind und die Aufgaben der Fachperson nicht mit den Werten der Eltern, respektive auch der anderen beteiligten Personen am Gespräch korrelieren. Ein kontinuierlicher Austausch über die Werte, Einstellungen und Erwartungen unterstützt den Beratungs- und Begleitungsprozess, sodass dieser nicht durch latent mitschwingende und unausgesprochene Störfaktoren beeinträchtigt wird. Mit dieser Absicht, die Transparenz im Beratungs- und Begleitungsprozess aufrechtzuerhalten, wird auch der Stress aller Beteiligten abgebaut. Machen Sie sich dazu die Metakommunikation von Schulz von Thun (2017) zunutze (siehe Kapitel 6.1 »Baustein PINK-Grundlagen der Beratung«).

Abbildung 4: PINK-Werteboot

Gelingensfaktor Ziele

Bevor Sie nun zu Ihrer gemeinsamen Reise aufbrechen können, benötigen Sie ein *Ziel,* wohin die Reise geht. In unserem Berufsalltag als Fachperson haben wir oft erlebt, dass wir als »die Experten, die Expertinnen« in der Familie angesehen wurden oder auch als »die Ratgeber und Ratgeberinnen«. Aber was hat das zur Folge? Eltern fragen nach Rat und nach Tipps.

Häufig zeigt sich, dass es schwer ist, einen passenden Ratschlag für die ratsuchende Person zu finden. »Was innerhalb von einer Sichtweise als stimmige Handlungsempfehlung erlebt wird, muss nicht zu anderen Sichtweisen und Persönlichkeitsstrukturen passen« (Schlee 2012, S. 40).

Es ist also sehr fraglich, ob die Weltsicht und die Erfahrungen der Fachperson zu der Weltsicht und der individuellen Lebenserfahrung der ratsuchenden Person passen. Es besteht eine hohe Gefahr, dass sie als unpassend erlebt werden und es so zu keiner weiteren Umsetzung kommt oder sogar zu Irritationen.

Nun wollen wir aber wirksam sein, in dem was wir tun. Wie können wir das erreichen?

Die Theorie der Autopoiese nach Maturana und Varela (1996) als Selbstgestaltungsmöglichkeit für lebende Systeme geht davon aus, dass Menschen sich ganz individuell frei entscheiden, wie sie sich verhalten. Dies kann auf millionenfache unterschiedlichste Art passieren und ist nicht vorhersagbar oder beeinflussbar. Das Verhalten macht aus ihrer Sicht Sinn (Radatz 2018). Betrachten wir diesen Aspekt, wird ersichtlich, dass wir Menschen nicht ändern oder Vorhersagen über ihr Verhalten treffen können. Das bedeutet auch, dass wir Eltern nicht ändern können. Ist es in einer Familie etabliert, seit Generationen beim Essen fernzusehen, so können wir nicht erwarten, dass wir mit dem Ratschlag: »Für die Entwicklung Ihres Kindes wäre es ratsam, beim Essen gemeinsam am Tisch zu sitzen und ein Gespräch zu führen« Erfolg haben werden. Was können wir aber tun, um unseren Auftrag zu erfüllen?

Wir können in das Boot der Eltern einsteigen und durch explorative Fragen ihre Lebenswirklichkeit und den Grund ihres Handelns, dass aus autopoietischer Sicht für sie Sinn macht, kennenlernen. Ebenso können wir den Eltern mithilfe hypothetischer Fragen Denkanstöße geben, um ihre Situation zu reflektieren: »Haben Sie schon mal daran gedacht, ohne Fernsehen zu essen?«, »Was denken Sie, wie würde das Abendessen dann ablaufen?«.

Aus der Gesundheitspsychologie- und Wohlbefindensforschung ist bekannt, dass sich der Mensch dann wohlfühlt und seine Gesundheit in Balance ist, wenn er sich handlungsfähig fühlt, individuelle Situationen zu bewältigen. Fühle ich mich handlungsfähig und somit wirksam, stärkt dies mein Wohlbefinden und folglich auch meine Gesundheit, da ich nicht in einem anhaltenden Stress agiere. Es besteht also eine Wechselwirkung vom eigenen Zutrauen und den Erfahrungen, Situationen bewältigen zu können, die sich schlussendlich auf das eigene Wohlbefinden und die Gesundheit auswirkt. Gestützt auf Antonovsky (1997, zitiert nach Fröhlich-Gildhoff/Rönnau-Böse 2019, S. 14) ist das Kohärenzgefühl maßgebend, wie Gesundheit entsteht. Das Kohärenzgefühl besteht aus dem Gefühl der Verstehbarkeit von Situationen und Ereignissen, dem Gefühl der Handhabbarkeit und dem Gefühl der Sinnhaftigkeit. Das bedeutet konkret für die Zielsetzung, dass die Familie den angestrebten Veränderungsbedarf versteht, sich diesen zutraut und diesen auch als sinnhaft für den weiteren Familienalltag einschätzt. Sinnhaft, dass sich die Investition von Energie für diese Veränderung lohnt, da sich dadurch zum Beispiel eine Situation entspannt. In PINK werden mit der Auslegung der individuellen Lebenswirklichkeit der Familie, dem Zugang zu den Lebensräumen im Kontext von Ressourcen und Barrieren, Situationen eingefangen, in denen sich die Familien handlungsfähig fühlen oder auch nicht. Dort setzt die Priorisierung der Schwerpunkte für den weiteren Begleitungsprozess an. Welcher Aspekt der dargelegten Lebenswirklichkeit möchte die Familie ändern, was macht Sinn für die Familie und ist sie bereit, diese Veränderungen anzugehen. Oftmals sind die Familien aufgrund ihrer belasteten Situation stark gefordert, Schwerpunkte festzulegen, die sie sich zutrauen verändern zu können. Dieser Schritt unterstützt die Fachperson durch ressourcenaktivierende Fragetechniken und die motivierende Gesprächsführung (siehe Kapitel 6.2 »PINK-Werkzeuge für die Beratung«). Dadurch kann die Fachperson den Findungsprozess der Eltern unterstützen, damit diese das Zutrauen in sich selbst haben, die Veränderungen mit ihren Ressourcen anzugehen.

Simea ist das zweitjüngste von drei Kindern. Das ältere Geschwisterkind ist im Schulalter und das jüngere Geschwisterkind ist sechs Monate alt. Simea hat seit Geburt eine Hirnmissbildung. Die Mutter ist alleinerziehend und berichtet, dass das ältere Geschwisterkind viel fragt, weshalb Simea nicht spricht und anders ist. Daraufhin äußert die Mutter, dass sie mittlerweile nicht die Behinderung von Simea im Vordergrund sieht, sondern die fröhliche und interessierte Art von Simea. Der Alltag mit Simea habe sich gut eingespielt. Die Mutter berichtet außerdem, dass es sie sehr beschäftigt, wenn sie andere Kinder mit schwereren Beeinträchtigungen sieht. Sie spürt Mitleid und betet zu Gott, dass es den Kindern gut geht. Das ist mitunter ein Grund, weshalb die Mutter mit Simea nicht mehr in heilpädagogische Spielgruppen gehen möchte: Sie möchte nicht andere Kinder mit einer Beeinträchtigung sehen.

Macht es nun als Fachperson Sinn zu insistieren, dass es für das Kind gut wäre, wenn es die Spielgruppe besucht, weil es entwicklungspsychologisch wichtig ist und sich die Mutter diese Entscheidung nochmals überlegen sollte? Oder nehme ich als Fachperson das Bedürfnis und die Lebenswirklichkeit der Mutter wahr und spiegle ihr, dass ich es beeindruckend finde, dass sie mit ihren Gebeten Kraft und Hoffnung schöpft. Ich, als Fachperson, kann ihren Entscheid nachvollziehen und erkenne darin, dass sie demnach selbst noch Zeit braucht zu verarbeiten, dass ihr Kind eine Beeinträchtigung hat. An dieser Stelle könnte dann auch angesetzt werden und bei der Kindsmutter nachgefragt werden, was ihr im Alltag mit ihren Kindern Kraft gibt und ob sie Unterstützung möchte, wie sie den anderen Kindern die Beeinträchtigung ihres Kindes erklären kann.

Die Form der »Compliance«, wie sie im medizinischen Setting genannt wird, darf im Prozess der Schwerpunktsetzung nicht unterschätzt werden. Sind die Eltern nicht mit im Boot, wird die Reise keine Wirkung zeigen. Die Erkenntnis der Eltern, dass es eine Veränderung in der gewählten Situation benötigt, Verständnis für die gewählten Maßnahmen und Bereitschaft für die aktive Umsetzung dieser, ist entscheidend für den Prozess (siehe Kapitel 4 »Das 8-Schritte-Verfahren«, Schritte 5/6/7).

Kommunikation

Gelingensfaktor Kommunikation

Als Querschnitts-Gelingensfaktor durch alle bisher genannten Gelingensfaktoren bildet sich die *Kommunikation* heraus. Um ein Boot zu steuern, benötigt es eine Besatzung, die mitanpackt, Kommunikation gezielt einsetzt und Absprachen untereinander trifft. Stellen Sie sich vor, das Boot ist unterwegs und der Kapitän, die Kapitänin segelt direkt auf ein anderes Boot zu und niemand warnt vor der Kollision. Oder stellen Sie sich vor, wenn nicht klar ist, wer Küchendienst hat und dann um 13 Uhr, wenn alle sehr hungrig sind, kein Essen zubereitet ist. Nur mit Kommunikation gelingt die Bootstour und kentert nicht.

Auch im beruflichen Handeln braucht es Kommunikation und ein gemeinsames Mitanpacken. Ein partizipativer und kooperativer Begleitungsprozess benötigt gegenseitigen Austausch und die Möglichkeit, Erfreuliches, Trauriges und Verärgerndes mitzuteilen. Kommunikation hilft, nachzufragen, zu erklären, zu informieren, zu orientieren und um Hilfe zu bitten. Im Begleitungsprozess ist es zentral, dass der Austausch aufrecht bleibt und wenn er ins Stocken gerät, dieses Stocken aktiv angesprochen wird.

Sie kennen bestimmt die Redensart »c'est le ton qui fait la musique« (»der Ton macht die Musik«). Auch in PINK ist es bedeutsam, dass achtsam verbal und schriftlich kommuniziert und auch die nonverbale Kommunikation als Fachperson reflektiert wird. Die verbale und nonverbale Kommunikation der Familienmitglieder muss ebenso in die Lagebeurteilung der Bootstour einfließen. Wir können Ihnen als Fachperson das PINK-Konzept wohlformuliert und umfassend dokumentiert verschriftlichen, aber schlussendlich sind Sie eine der Hauptpersonen, die es mit ihrer individuellen Wesensart in der Hand hat, ob Sie mit Ihrer Kommunikation Ihre Absichten klar, konkret und nachhaltig vermitteln können. Die Gesprächsführung und Beziehungsgestaltung ist ein Gelingensfaktor, dem in Kapitel 6.1 »Baustein PINK-Grundlagen der Beratung« besonders Gewicht gegeben wird.

Die Sprache im 8-Schritte-Verfahren ist in der Betrachtung der Lebenswirklichkeit ICF-basiert. Die ICF wurde von der WHO entwickelt, um eine gemeinsame Sprache in allen Teilen der Welt und interdisziplinär entstehen zu lassen. In der Praxis zeigt sich, dass ICF-Klassifikation und -Terminologie für den Einsatz in der Praxis komplex und für Familien wenig nachvollziehbar sind, wenn sie eins zu eins übernommen werden. Dafür möchte PINK eine Brücke bauen. Die Visualisierungen (PINK-Landkarte, PINK-Lebensraumkarten und weiteres Material, abrufbar als Downloadmaterial) sollen die komplexen Zusammenhänge der ICF verstehbar und im Beratungs- und Begleitungsprozess mit Eltern handhabbar machen. Die Kommunikation wird durch die Visualisierungen unterstützt. Dem Thema Visualisierungen ist das Kapitel 6.3 »Baustein PINK-Visualisierung« gewidmet.

Als Fachperson ist es somit von Vorteil, wenn Sie mit der ICF vertraut sind und so die Fragestellungen der einzelnen Schritte auch nachvollziehbar im Gespräch vermitteln und umsetzen können.

Gelingensfaktor Nachhaltigkeit

Nach-haltigkeit

Nachhaltigkeit als Haltung darf im pädagogischen beraterischen Handeln nicht unbeachtet bleiben. PINK verfolgt das Ziel, dass die geplanten Schwerpunkte, besprochenen Maßnahmen und situativen Veränderungen das Familiensystem auch nach dem Abschluss des Beratungs- und Begleitungsprozesses stärken. Das Familiensystem soll auf diese Entwicklung der Erweiterung der Kompetenzen oder Veränderungen von Verhaltensweisen zurückgreifen können. An dieser Stelle betonen wir für den Gelingensfaktor Nachhaltigkeit nochmals, dass es bedeutsam ist, dass die Eltern sich aktiv im Prozess beteiligen können und wo möglich, entscheiden können.

PINK denkt noch weiter: Während der Prozessbegleitung können mit dem PINK-Flip die Schwerpunkte visualisiert werden. In Kapitel 7 »Kreativ weiterentwickelt: Ideen zum 8-Schritte-Verfahren« sind auch noch weitere Ideen aufgeführt, wie die Schwerpunkte im Prozessverlauf in Bezug zur Nachhaltigkeit der gemeinsamen Festlegung der Schwerpunkte integriert werden können. Die Selbstwirksamkeit und Selbststeuerung werden in dieser Form bei allen beteiligten Personen unterstützt, da die Grundlage der gemeinsamen Arbeit geklärt ist und jede Person ihren Beitrag dazu leisten kann. Als Fachperson kennen Sie die erlebte Selbstwirksamkeit auf jeden Fall, wenn Eltern gestärkt sind und sie einen gelingenden Alltag selbst sicherstellen können. Die Nachhaltigkeit wird womöglich durch ein späteres Wiedersehen deutlicher, da sie als Fachperson im Austausch merken, dass die Familie weiterhin gelingend unterwegs ist.

Eine Mutter flüchtet aus Eritrea mit ihren beiden Söhnen in die Schweiz. Der Kindsvater ist noch in Italien und kann nicht in die Schweiz nachziehen. Der ältere Sohn hat eine noch nicht diagnostizierte Beeinträchtigung und der jüngere Bruder ist noch ein Kleinkind. Die Unsicherheit über den Verbleib in der Schweiz, die Herausforderung, den Alltag mit dem älteren Sohn zu gestalten, den Übertritt in die Schule zu begleiten und noch weitere Themen belasteten die Mutter sehr. Die Fachperson trifft nach fünf Jahren die Familie per Zufall am Busbahnhof wieder. Sie sind auf dem Weg zu einer Freundin in einem nahegelegenen Dorf. Die Kindsmutter strahlt und berichtet, dass es beiden Söhnen gut geht, der ältere in der Heilpädagogischen Schule ist und auch der Kindsvater in der Schweiz lebt. Die Kindsmutter hat eine Arbeit in einem Altersheim, die ihr gefällt. Ihre Familiensituation hat sich stabilisiert und sie sind als Familie in ihrem Sozialraum selbstwirksam unterwegs.

Abbildung 5: PINK-Mindset

Die Nachhaltigkeit bereits zu Beginn des Prozesses mit einer Familie im Blick zu haben, ermöglicht uns Fachpersonen, mit gutem Gefühl wieder aus dem Boot der Familie auszusteigen und sie weiterfahren zu lassen. Probieren Sie es mal aus, es lohnt sich.

Das PINK-Mindset ist geschaffen: Partizipativ, individuell und kooperativ bestimmen die Basis des PINK-Mindsets und bilden die Erfolgsfaktoren für das vorliegende Konzept (Abbildung 5).

Zum Abschluss des PINK-Mindsets ein letzter Gedanke: Haltung steuert unser Denken und unsere Verhaltensweisen (Bourdieu 1974). Unsere Haltung setzt sich aus einer Vielzahl von Aspekten zusammen. Biografie, Ausbildung, Erfahrung, Prägungen etc. Die Haltung zu beeinflussen, weiterzuentwickeln und zu professionalisieren, ist einzig durch Übung und stetige Reflexion möglich (Welge 2013, S. 149). Es braucht eine Bewusstheit der Fachperson, dass die kontinuierliche Reflexion und Haltungsperformanz für das berufliche Handeln bedeutsam sind. Und das haben Sie nun gemacht, Sie haben sich mit Ihrem beruflichen Handeln auseinandergesetzt und sich reflektiert.

Jede Fachperson ist einzigartig, individuell und verschieden. Diese Vielfalt ist wichtig, auch in PINK.

Wie PINK sind Sie jetzt?

Abbildung 6: PINK-Farbenskala

3 Übersicht PINK-Materialien

Bevor wir mit Ihnen in das 8-Schritte-Verfahren einsteigen, zeigen wir Ihnen an dieser Stelle eine Übersicht über alle Materialien des 8-Schritte-Verfahrens mit der entsprechenden Bezeichnung. Somit können Sie den Erklärungen aus dem darauffolgenden Kapitel leichter folgen. Die PINK-Materialien setzen sich aus Materialien für die Durchführung des 8-Schritte-Verfahrens und der spezifischen Einarbeitung der Fachperson in die Verbindung der Bausteine ICF-CY, Visualisierung und Beratung zusammen.

Die in Tabelle 1 aufgeführten Materialien sind im Downloadbereich abrufbar:

Tabelle 1: PINK-Materialien und ihre Verwendung

PINK-Material					
PINK-Kurzleitfaden					Für die Fachperson
Zeit	**Schritt**	**Inhalt**	**tun**	**sagen**	**PINK-Material**
30'	1	Gesprächs-vorbereitung	Die Eltern erhalten das **PINK-Einschätzungsraster** mit einer Einladung und füllen dieses zu Hause aus. Die Fachperson bereitet das Gespräch mit den Materialien vor. Die **PINK-Prozesskarte** und der **PINK-Kurzleitfaden** unterstützen sie dabei.	Empathische, wertschätzende und kongruente Kontaktaufnahme mit den Eltern (z. B. per Telefon).	PINK-Einschätzungsraster PINK-Landkarte PINK-Lebensraumkarten PINK-Prozesskarte PINK-Bewertungskarte Ressource/Barriere/Weg individueller PINK-Prozessbegleitungsplaner
5'	2	Begrüßung und Ablauf des Gesprächs	Begrüßung der Eltern und Fachpersonen zum gemeinsamen Gespräch. Erklärung des Ablaufs des Gesprächs anhand der **PINK-Prozesskarte**; zeitlichen Rahmen klären. Vorstellen der **PINK-Landkarte,** die in der Mitte bereitliegt, und Verknüpfung zur Vorbereitung der Eltern herstellen. Verweis auf den **individuellen PINK-Prozessbegleitungsplaner**, der nach und nach von der Fachperson ausgefüllt wird.	Small-Talk Ablauf des Gesprächs darlegen Ende des Gesprächs zeitlich festlegen und benennen	PINK-Einschätzungsraster PINK-Landkarte PINK-Prozesskarte individueller PINK-Prozessbegleitungsplaner
10'	3	Eltern erzählen	Die Fachperson legt die **PINK-Lebensraumkarten** vor den Eltern aus. Die Fachperson lädt die Eltern ein, von ihrem Alltag anhand des **PINK-Einschätzungsrasters** aus ihrem Familienalltag zu berichten. Dabei bittet sie die Eltern, die passende **PINK-Lebensraumkarte** auszuwählen und auf der **PINK-Landkarte** zu dem entsprechenden Lebensraum zu platzieren. Die Eltern berichten, wie sie ihren Alltag in den Lebensräumen erleben. Der **individuelle PINK-Prozessbegleitungsplaner** wird währenddessen von der Fachperson ausgefüllt. Die Eltern berichten über alle Lebensräume. Die Fachperson nimmt die Rolle des aktiven Zuhörenden ein und greift nur in die Erzählungen der Eltern ein, wenn diese ins Stocken geraten. Sie regt zum weiteren Erzählen durch den Einsatz von Gesprächstechniken an.	»Erzählen Sie mal, wie geht es Ihnen in diesem Lebensraum?« »Was sind aktuelle Themen, die Sie in diesem Lebensraum beschäftigen?«	PINK-Einschätzungsraster PINK-Landkarte PINK-Lebensraumkarten individueller PINK-Prozessbegleitungsplaner

PINK-Material

PINK-Poster

Für die Fachperson

PINK-Einschätzungsraster

Für die Eltern

Was machen Sie in dem jeweiligen Lebensraum mit Ihrem Kind?
Schätzen Sie zu jedem Lebensraum ein, wie es Ihnen in dem Lebensraum mit dem Kind geht.

Kreuzen Sie den Lebensraum an:
grün: wenn es gut geht
gelb: wenn es mittelgut ist
rot: wenn dieser Lebensraum schwierig oder belastet für Sie ist.

PINK-Material

PINK-Prozesskarte	Für die Fachperson

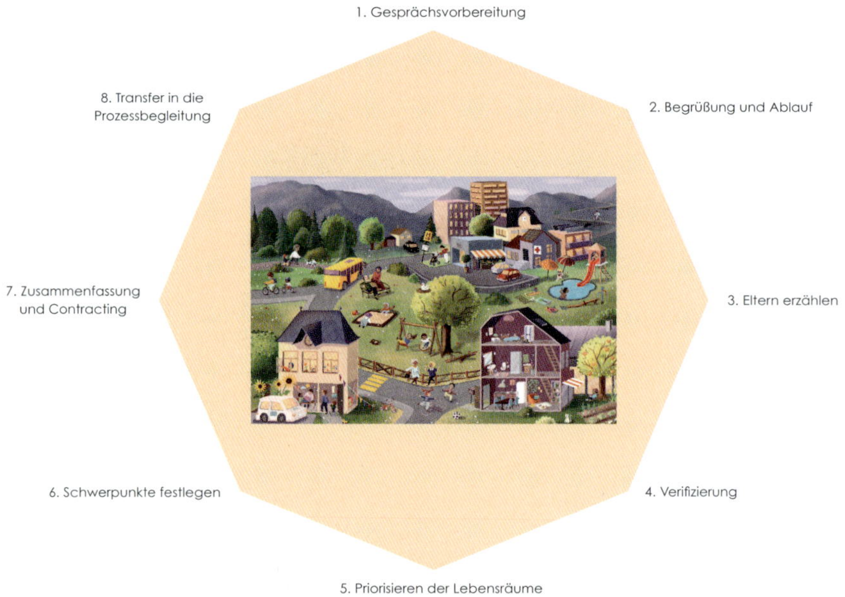

PINK-Landkarte (ausdruckbar auf A4 und A3)	Für alle

PINK-Material

PINK-Lebensraumkarten Für alle

Jeden Lebensraum 1 × ausdrucken, werden mit den PINK-Bewertungskarten kombiniert

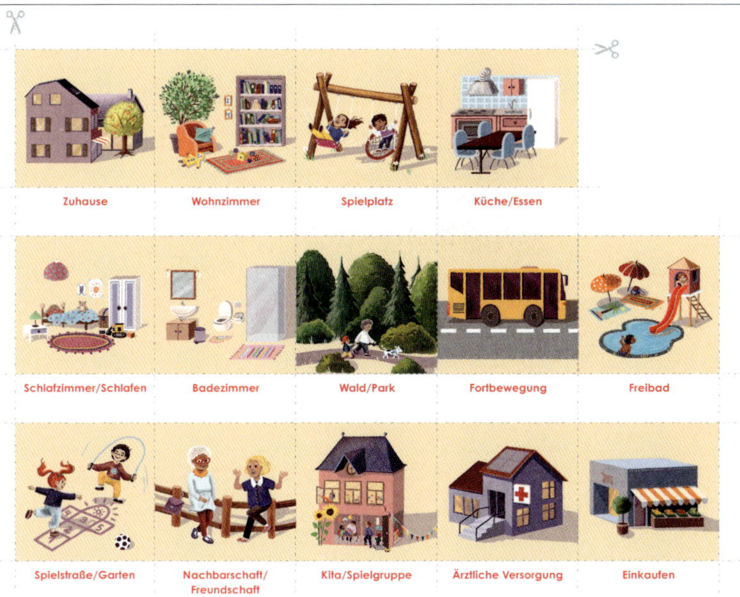

PINK-Bewertungskarten Für alle

in Kombination mit den PINK-Lebensraumkarten
PINK-Bewertungskarten werden auf den PINK-Lebensraumkarten befestigt (Empfehlung mit Klett)

PINK-Material

individueller PINK-Prozessbegleitungsplaner

Für die Fachperson

Lebensräume	Beschreibung	Bewertung	Schwerpunkt der Begleitung	Indikatoren	Maßnahmen	ICF-CY-Ziffer
 Zuhause						
 Wohnzimmer						
 Küche/Essen						

PINK-Werteblatt

Für alle

Wählen Sie 6 Ihrer wichtigsten Werte aus und nummerieren Sie sie nach Priorität, allenfalls nicht erwähnte Werte ergänzen Sie in den leeren Zeilen.

Echtheit	Klarheit	Dazugehören	Autonomie
Dankbarkeit	Freude	Ehrlichkeit	Fürsorglichkeit
Fairness	Gelassenheit	Ganzheitlichkeit	Flexibilität
Gleichberechtigung	Kreativität	Mut	Offenheit
Ruhe	Neugier	Sicherheit	Spontanität
Transparenz	Wissen	Selbstverwirklichung	Zutrauen
Vertrauen	Solidarität	Authentizität	Eigenverantwortung
Freiheit	Humor	Ordnung	Information
Wahrheit			

PINK-Material

PINK-Flip

Für alle

Zusammenfassung: gewählte Schwerpunkte		
Schwerpunkt 1	Schwerpunkt 2	Schwerpunkt 3
Hier Themenschwerpunkt einfügen	Hier Themenschwerpunkt einfügen	Hier Themenschwerpunkt einfügen
ICF-CY-Ziffer	ICF-CY-Ziffer	ICF-CY-Ziffer
Gemeinsame Werte:		

Nächster Gesprächstermin: ______________________

Unterschrift Eltern: ______________________ Unterschrift FP: ______________________

PINK-Boot/PINK-Werteboot/PINK-Skalierungsboot

Für alle

4 Das 8-Schritte-Verfahren

Sie haben es nun bis zum 8-Schritte-Verfahren von PINK geschafft. Für die Durchführung des Verfahrens benötigen Sie mindestens eine Stunde Zeit. Planen Sie gerade bei den ersten Umsetzungen mehr Zeit ein, sodass Sie nicht unter Druck geraten. Ihre investierte Zeit ist nachhaltig, wenn Sie sich mit einem Gesprächsablauf und den dazugehörigen Materialien vertraut machen. Ihr sicherer und ruhiger Umgang mit dem 8-Schritte-Verfahren wirkt sich auf die Gesprächsatmosphäre aus. Mit 8 Schritten laden wir Sie ein, Schritt für Schritt mit den Eltern durch das Gespräch, in einem angemessenen Tempo, zu laufen.

»PINK« ist ein systematisiertes und modellorientiertes Vorgehen in 8 Schritten. Dieses Vorgehen basiert auf dem PINK-Mindset und ist partizipativ, individuell und kooperativ ausgerichtet. Elternbegleitung auf Augenhöhe und die teilhabeorientierte Stärkung der Familie verfolgt PINK mit seiner PINK-Mission. Zur Erreichung dieses Ziels nimmt PINK die Perspektiven in Bezug auf die Lebensräume, Entwicklungsaufgaben des Kindes und auch die Eltern-Kind-Themen in der Alltagsgestaltung ein. Anlässlich eines gemeinsamen Gesprächs werden diese Perspektiven verbalisiert, visualisiert und priorisiert. Das 8-Schritte-Verfahren (Abbildung 7) orientiert sich an übergeordneten Phasen in der individuellen Prozessbegleitung der Eltern: Gesprächsvorbereitung (1), Begrüßung und Ablauf des Gesprächs/Eltern erzählen (2, 3), Verifizierung und Lebensräume priorisieren (4, 5), Schwerpunkte festlegen (6), Zusammenfassung und Contracting/Transfer in die Prozessbegleitung (7, 8).

Das 8-Schritte-Verfahren lässt die Inhalte des Gesprächs mit den Eltern nah- und fassbar werden. Dies wurde durch einen hohen Grad an Visualisierung und Vereinfachung der Materialien sowie durch passende Vorbereitungsmöglichkeiten der Eltern im PINK-Konzept berücksichtigt.

Es stehen verschiedene Materialien zur Verfügung, die teils schritteübergreifend oder gezielt bei einzelnen Schritten im Verfahren eingesetzt werden. Diese Materialien dienen aufgrund des bildlichen Zugangs zur besseren Ver-

8-Schritte-Verfahren

1 Gesprächsvorbereitung
2 Begrüßung und Ablauf des Gesprächs
3 Eltern erzählen
4 Verifizierung
5 Lebensräume priorisieren
6 Schwerpunkte festlegen
7 Zusammenfassung und Contracting
8 Transfer in die Prozessbegleitung

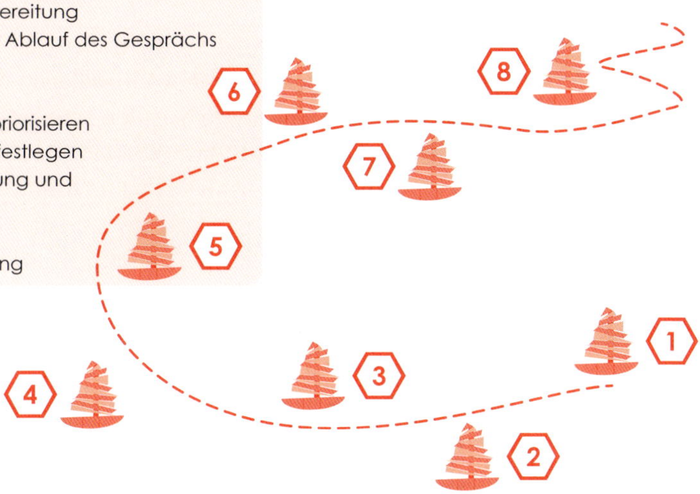

Abbildung 7: Kurze Übersicht der 8 Schritte im 8-Schritte-Verfahren

ständlichkeit und stärken einen emotional-erlebbaren Bezug zu den Inhalten. Dieses systematische Vorgehen unterstützt die aktive Mitwirkung der Eltern und stellt somit den Zugang zur Prozess-Mitsteuerung der Eltern her.

Aus der systemischen Betrachtungsweise sind jene Ziele und Priorisierungen für Veränderungsprozesse offen, welche vom System selbst gewählt wurden. Die Schritte und die dazugehörigen Materialien werden nachfolgend detaillierter beschrieben. Die fachliche Grundlage für die Beratung finden Sie im Kapitel 6.1.2 »PINK-Grundlagen der Beratung«.

Legen Sie sich den PINK-Kurzleitfaden als Führungshilfe neben den Text. Das Bereithalten einer Fotokamera ermöglicht, am Ende das Ergebnis für den Transfer in die Prozessbegleitung und das folgende Beratungsgespräch festzuhalten. Während des 8-Schritte-Verfahrens machen Sie sich Notizen im individuellen PINK-Prozessbegleitungsplaner (abrufbar als Downloadmaterial). Nehmen Sie somit auch Stifte zur Hand.

In den jeweiligen Schritten wird die Rolle der Eltern und der Gesprächsleitung sowie das Vorgehen in den einzelnen Schritten dargelegt.

4.1 Schritt 1: Gesprächsvorbereitung

Das 8-Schritte-Verfahren beginnt bewusst vor dem direkten Kontakt mit den Eltern. Die Darlegungen in Kapitel 6.1.2 »PINK-Grundlagen der Beratung« zeigen, dass eine sorgfältige Vorbereitung Stress bei allen beteiligten Personen reduzieren kann und die Bewältigungsstrategien für Stress (Flucht, Angst, Vermeidung etc.) reduziert werden können. Ebenso ermöglicht eine sorgfältige Vorbereitung, dem PINK-Mindset Rechnung zu tragen. In Schritt 1 sind die Gelingensfaktoren Vertrauen, Rollen und Zuständigkeiten sowie Kommunikation tragend.

Beschreibung:

Die Fachperson plant das Gespräch frühzeitig und trifft die Vorbereitungen, die in diesem Schritt vorgegeben sind. So haben die Eltern ausreichend Zeit, sich mit dem PINK-Einschätzungsraster auf das Gespräch vorzubereiten. Die Fachperson nimmt mit den Eltern Kontakt auf und erklärt dabei den Eltern kurz den Inhalt des Gesprächs. Das PINK-Einschätzungsraster wird den Eltern mit einer kurzen Erklärung zugesendet.

Rolle und Zuständigkeiten:

Die Fachperson hat das PINK-Mindset gelesen, sich mit den PINK-Materialien und den Bausteinen ICF-CY, Visualisierung und Beratung vertraut gemacht.

Die Fachperson hat eine aktive Rolle und nimmt Kontakt zu den Eltern auf. Die Eltern erhalten mit dem PINK-Einschätzungsraster eine erste Einladung zur aktiven Mitwirkung im Prozess. Dieses Raster füllen die Eltern zu Hause aus.

Was wird getan?

Die Fachperson nutzt die PINK-Prozesskarte und den PINK-Kurzleitfaden, um sich auf das Gespräch vorzubereiten. Die PINK-Prozesskarte stellt die 8 Schritte des 8-Schritte-Verfahrens auf einen Blick dar. Der Einsatz der PINK-Prozesskarte während des Gesprächs erleichtert der Fachperson, sich schnell im Gespräch zu orientieren. Den Eltern wird zur Vorbereitung das PINK-Einschätzungsraster mit einer entsprechenden Einladungskarte, die die Fachperson auf die familiäre Situation anpasst, zugestellt. Mit dem PINK-Einschätzungsraster können sich die Eltern auf das Gespräch vorbereiten.

Die verschiedenen Lebensbereiche der Familie sind auf dem PINK-Einschätzungsraster einzeln dargestellt. Die Skalierung auf dem Einschätzungsraster erfolgt von grün über gelb zu rot. Unter Grün wird dabei »keine Herausforderung oder Belastung vorhanden« in diesem Lebensraum verstanden, während Rot in diesem Lebensraum »hohe Belastung oder Herausforderung« bedeutet. Der Skalierungsbereich grün bedeutet, dass dieser Lebensraum als Ressource von der Familie betrachtet wird und sich keine Herausforderungen in diesem Bereich abzeichnen. Der Skalierungsbereich wird mit gelb dargestellt und bedeutet, dass die Familie eine »geringfügige Belastung« in diesem Lebensraum empfindet. Der rote Skalierungsbereich weist darauf hin, dass die Familie in diesen Lebensräumen eine erhebliche Belastung erfährt. Für den Erstkontakt, der meist per Telefon stattfindet, sollte ausreichend Zeit eingeplant werden. Meist handelt es sich nur um ein Gespräch von fünf Minuten, doch ist der erste Kontakt einer der entscheidendsten, wie Eltern die Fachperson erleben und für sich einordnen. Ein erster Vertrauensaufbau bei diesem Gespräch wäre für den Start des Beratungs- und Begleitungsprozesses wünschenswert. Im Kontakt mit den Eltern achtet die Fachperson darauf, dass sie die Eltern in einfacher Sprache erreicht. Eine warmherzige Stimme, langsames Sprechen und Erklärungen erleichtern den Eltern einen Vertrauensaufbau in diesem 1. Schritt.

Ein ruhiger Raum kann unterstützend wirken, um eine sichere Gesprächsführung zu vermitteln und einen Überblick als Fachperson zu behalten, ob alle Informationen genannt wurden. Pausen ermöglichen dem Gegenüber, sich zu ordnen. Wir wissen nicht, was die Kontaktaufnahme bei dem Gegenüber auslöst. Der Anruf kann eine hohe Stressbelastung oder auch eine Erleichterung bei dem Gegenüber bewirken. Bei einem Telefonat muss immer davon ausgegangen werden, dass es zu einem Verlust von Informationen kommt. Somit ist ein zweiter schriftlicher Kontakt mit den wichtigsten Informationen (Zeit, Ort, Inhalt, Kontaktdaten der Fachperson etc.) wichtig. Ebenso kann das Hinterlassen der Telefonnummer und das Angebot, dass bei Fragen zurückgerufen werden kann, entlastend bei der angerufenen Person wirken.

PINK-Materialien

- PINK-Prozesskarte
- PINK-Landkarte
- PINK-Einschätzungsraster
- Individueller PINK-Prozessbegleitungsplaner
- PINK-Lebensraumkarten
- PINK-Bewertungskarten
- PINK-Flip

Der erste Eindruck, das sogenannte »Joining« (sich treffen), ist einer der entscheidendsten Punkte, um ins Boot zu steigen und eine Kooperation gelingen zu lassen. Mit dieser Vision im Kopf »setzen wir uns in das Boot der Eltern«, sollte die Vorbereitung und Einstimmung auf das Gespräch getroffen werden. »Vertrauen«, »Rollen und Zuständigkeiten« und »Kommunikation« sind die passenden Gelingensfaktoren des PINK-Mindsets, die hier zum Tragen kommen. Die Vorbereitung des Gesprächs ist ein entscheidender Schritt, um das Gelingen des Beratungsprozesses sicherzustellen. Sie ermöglicht der Fachperson, Sicherheit in ihrer Tätigkeit zu erlangen und diese auch den Eltern gegenüber auszustrahlen. Der sichere Hafen, der sich aus Empathie, Wertschätzung und Kongruenz (Rogers 1972, siehe Kapitel 6.1.2 »PINK-Grundlagen der Beratung«) zusammensetzt, wird dadurch geschaffen. Fühlen sich die Eltern durch die Ausstrahlung und die Schaffung einer positiven Atmosphäre sicher im Gespräch, können sie sich mit ihren Anliegen und Schwierigkeiten gegenüber der Fachperson öffnen. Um den Eltern eine gleichwertige Rolle in dem Prozess einzuräumen, benötigen auch sie die Möglichkeit einer umfassenden Vorbereitung für das Gespräch, als Einzelpersonen, wie auch als Paar im Sinne ihrer Familienkultur.

4.2 Schritt 2: Begrüßung und Ablauf des Gesprächs

Der Begrüßung und dem Ablauf des Gesprächs wird ein extra Schritt zugeordnet, da dies die Gelingensfaktoren »Vertrauen« und »Rollen und Zuständigkeiten« stützt. Vertrauen aufzubauen, benötigt den Gelingensfaktor »Zeit« und gibt Orientierung. Eine gute Zeitplanung, sodass ein guter Kontakt zu Beginn des Beratungsgesprächs gelingt, unterstützt den weiteren Prozess des Beratungsgesprächs.

Beschreibung:

Der 2. Schritt kann die erste physische Begegnung zwischen den Eltern und der Fachperson sein, je nach Arbeitssetting und Anwendungszeitpunkt des 8-Schritte-Verfahrens. Dieser Schritt dient dazu, die Eltern willkommen zu heißen, in einen ersten guten Kontakt zu treten und sich für die Bereitschaft zum Gespräch zu bedanken. Alle Beteiligten sollen die Gelegenheit haben, im Gespräch anzukommen.

Rolle und Zuständigkeiten:

Der Fachperson kommt in diesem Schritt eine führende Rolle zu, da sie das Gespräch eröffnet, das Gesprächssetting erläutert und dadurch den Rahmen des Gesprächs setzt. Je nachdem, in welchen Räumlichkeiten die Fachperson das Gespräch führt, in der eigenen Institution, bei den Eltern oder in den Räumlichkeiten einer anderen Fachperson ist sie Gastgeber:in oder Besucher:in.

Was muss bedacht werden, *wenn die Fachperson Gastgeber:in* ist: Neue Räumlichkeiten zu betreten, kann zu einer zusätzlichen Unsicherheit im schon hohen Stresserleben der Eltern führen. Unterstützend wirkt es, wenn die Fachperson bereits vor dem Eintreffen der Eltern vor Ort ist und die Örtlichkeiten für das Gespräch einrichtet (PINK-Materialien, Wasser für alle Personen, ausreichend Stühle etc.). Ein herzlicher Empfang der Eltern sowie die Erklärung der Örtlichkeiten: Wo die Eltern ihre Jacke aufhängen können, die Zuweisung der Plätze und wo sich die Toilette befindet, ermöglichen, die Aufregung der Eltern auf die Sachebene zu regulieren. Durch die Nennung der einfachen Banalitäten ermöglicht die Fachperson den Eltern, sie zunächst kennenzulernen, wie sie in alltäglichen Situationen agiert. Sich diese Zeit zu nehmen, stützt den Vertrauensaufbau und es entsteht bereits ein erster positiver Einstieg in den Kontakt.

Was muss bedacht werden, *wenn die Eltern Gastgeber bzw. Gastgeberinnen* sind: Wenn das Gespräch in den Räumlichkeiten der Eltern stattfindet und die Fachperson in die Rolle des Gastes schlüpft, kann es passieren, dass nicht die optimalsten Bedingungen für die Arbeit mit dem PINK-Konzept vorherrschen. Für pünktliches Eintreffen kann, durch vorheriges Bekanntmachen mit den örtlichen Begebenheiten, gesorgt werden (wie viel Zeit muss für den Weg eingeplant werden, wie sind die Parkmöglichkeiten etc.). Die Fachperson stellt den ersten Kontakt bei den Eltern an der Haustür her. Dieser erste Kontakt bei den Eltern ist auch als Fachperson häufig aufregend und kann zu erhöhten Emotionen, Stresserleben oder auch Vorfreude führen. Jede Fachperson kennt sich selbst am besten und weiß, wie sie sich auf diesen Besuch vorbereiten muss, um emotional gelassen agieren zu können (das Innere Team kann als Vorbereitung genutzt werden; siehe Kapitel 6.1 »Baustein PINK-Grundlagen der Beratung«). Als Besucher:in erfragt die Fachperson sich den Raum, den sie für die Durchführung des PINK-Konzepts benötigt (Wo können wir das Gespräch führen? Können wir uns an den Tisch setzen? Kann ich auf diesem Platz sitzen und Sie sitzen dort? Können wir das Licht einschalten? etc.). Der Aufbau der PINK-Materialien benötigt einen Moment Zeit. Dieser Moment der Stille kann auf manche Personen beruhigend wirken, anderen fällt es schwer, diese auszuhalten. Gehört die Fachperson zu letzteren, ist es möglich, die eigenen Handlungen, die gerade durchgeführt werden, zu benennen. Dies fokussiert zum einen, und zum anderen gibt es den Handlungen eine Bedeutung (Ich stelle meine Tasche nun hier hin, jetzt packe ich die PINK-Landkarte aus, ich lege sie hier auf den Tisch, dass alle sie gut sehen können etc.). Die Einrichtung vor dem Beratungsgespräch sollte sorgfältig erfolgen, sodass später der Prozess nicht durch Suchen und Kramen in der Tasche unterbrochen wird. Ausreichendes Einplanen von Zeit für diesen Schritt ist von Vorteil.

Die Gesprächsleitung liegt bei der Fachperson. Sie macht sich während des Gesprächs im individuellen PINK-Prozessbegleitungsplaner Notizen.

Die Rollen und Zuständigkeiten im Beratungsgespräch werden mit erläutern des Gesprächsablaufs verdeutlicht.

Was wird getan?

Die Eltern werden in Empfang genommen und begrüßt. Die ersten Minuten des Ankommens werden für einen kurzen Small Talk genutzt. Die Eltern können so angstfrei in einen ersten Kontakt mit der Fachperson kommen. Eine kurze Entspannungsphase kann die Anspannungen lösen, die die Eltern möglicherweise vor dem Gespräch erlebt haben, und Kraft für den weiteren Gesprächsverlauf geben. Somit kann hier in Ruhe ein Stuhl angeboten, Wasser eingeschenkt und die Frage gestellt werden, ob die Eltern eine gute Reise hatten. An dieser Stelle kann auch eine kurze Selbstoffenbarung der Fachperson unterstützend wirken (z. B. »Oh ja, ich hatte auch einen großen Stau hinter mir, das war stressig.«). Die Selbstoffenbarung lässt die Fachperson »menschlicher« wirken und kann Sympathien und Vertrauen aufbauen. Eine weitere Form, die für diese ersten Minuten genutzt werden kann, ist die Form der Wertschätzung. Ein Ausdruck wäre zum Beispiel ein Kompliment an dieser Stelle zu platzieren (z. B. »Wow, es ist großartig, dass Sie sich beide zusammen Zeit nehmen, hier das Gespräch zu führen.«). Auch hier gilt wieder der Aspekt der Authentizität. Was passt zu der Fachperson und was passt in dieser Situation.

Nach dem Small Talk wird der Ablauf mithilfe der PINK-Prozesskarte erläutert und der zeitliche Rahmen des Gesprächs festgelegt. Dadurch wird den Eltern Orientierung über den Gesprächsablauf und die Inhalte gegeben. Diese Vorhersagbarkeit gibt Sicherheit und baut Stresserleben ab. Eine Rückfrage an die Eltern, ob sie mit dem Ablauf einverstanden sind und ob sie noch etwas anfügen möchten, an das die Fachperson nicht gedacht hat, stellt sicher, dass alle Personen bereit sind, an Bord des Boots zu gehen.

Ebenso wird die PINK-Landkarte, die bereits in der Mitte ausgelegt ist, kurz erklärt. Dabei werden alle PINK-Lebensräume von der Fachperson mit der richtigen Bezeichnung benannt und gleichzeitig durch Zeigen auf der PINK-Landkarte mit dieser verknüpft. So können sich die Eltern später besser orientieren. Sie sehen die Karte eventuell das erste Mal in dieser Größe.

Die Fachperson informiert nun noch, dass sie sich während des Gesprächs Notizen im individuellen PINK-Prozessbegleitungsplaner macht. So sind die Eltern darüber informiert, dass es ein Protokoll geben wird, können aber auch die Notizen der Fachperson einordnen. Dies ermöglicht, die Irritationen der Eltern einzudämmen, warum zu bestimmten Momenten etwas notiert wird und in anderen Momenten nicht. Gleichzeitig können die Notizen den Eltern ein Gefühl des Ernstgenommen-Werdens und der Wichtigkeit vermitteln. Dies kann dazu beitragen, dass die Eltern sich offener und zugänglicher in der Darstellung ihrer Lebenswirklichkeit zeigen.

PINK-Materialien

- PINK-Prozesskarte
- PINK-Landkarte
- PINK-Einschätzungsraster
- Individueller PINK-Prozessbegleitungsplaner

In Gesprächen wird häufig davon ausgegangen, dass die Fachperson und die Eltern vom »Gleichen« sprechen. Dem ist aber selten so. Jede Person verarbeitet das Gehörte auf dem Hintergrund seiner Erfahrungen und Biografie. Das heißt, dass jeder Mensch etwas anderes versteht, und auch andere Assoziationen über das Gesagte bei ihm entstehen. Diese Unterschiede im Verstehen können dazu führen, dass Informationen verfälscht werden und sich Missverständnisse entwickeln (siehe Kapitel 6.1.2 »PINK-Grundlagen der Beratung«).

Eine klare Kommunikation der Inhalte schafft Orientierung, Sicherheit und Vertrauen. Einfache Sätze, die gleichen Worte wieder verwenden, passendes Sprechtempo und eine herzliche Stimme stützen diese Aspekte. Die Kommunikation in PINK wird durch visuelle Darstellungen unterstützt, um so näher an das jeweilige Verständnis der Situation heranzurücken. Die Art und Weise wie kommuniziert und der Erstkontakt hergestellt wird, beeinflusst die Gesprächsatmosphäre und die Beziehungsgestaltung. Durch eine empathische und kongruente verbale und nonverbale Kommunikation können auch die Rollen und Zuständigkeiten nachvollziehbar angeleitet und umgesetzt werden.

4.3 Schritt 3: Eltern erzählen

Die Eltern erleben unter Umständen zum ersten Mal eine Gesprächssituation in dieser Form. Dieses Bewusstsein bei der Fachperson ist in Schritt 3 wichtig. In diesem Schritt soll der Hauptredeanteil bei den Eltern liegen. Manchen Eltern fällt es leicht in eine führende Sprechrolle zu schlüpfen, anderen Eltern eher schwer. Je nachdem benötigt es in diesem Schritt mehr oder weniger Unterstützung und Anleitung durch die Fachperson. In diesem Schritt müssen die Eltern bereits Vertrauen in die Gesprächsleitung gefasst haben, damit sie sich öffnen können. Somit sind die Gelingensfaktoren »Vertrauen«, »Zeit« und »Rollen und Zuständigkeiten« bedeutsam.

Beschreibung:

In diesem Schritt geht es darum, die Sichtweise der Eltern kennenzulernen. Dieser Schritt ermöglicht eine Informationssammlung und bietet die Möglichkeit, die Themen des Kindes und der Familie sichtbar zu machen. Der Fokus liegt auf dem Kind und dem Erleben der Eltern in ihrer aktuellen Situation. Somit wollen wir gemeinsam das Kind und die Familiensituation verstehen. Die Eltern berichten von ihrem Alltag anhand ihrer Vorbereitung durch das PINK-Einschätzungsraster und der Nutzung der PINK-Lebensraumkarten.

Rolle und Zuständigkeiten:

Die Eltern sind in der Sprechrolle und erzählen anhand von ihren Einschätzungen, die sie im Vorfeld gemacht haben. Damit den Eltern der Wechsel zur Sprechrolle so leicht wie möglich fällt, brauchen sie eine Hinführung und Orientierung durch die Gesprächsleitung. Die Fachperson nimmt sich zurück und hört aktiv zu und schafft so eine wohlwollende Atmosphäre, indem sie den Eltern den Raum gibt, ihre Vorbereitungen in den nächsten zehn Minuten darzulegen. Falls die Eltern Schwierigkeiten mit dem selbstständigen Legen der PINK-Lebensraumkarten haben oder auch das PINK-Einschätzungsraster nicht ausgefüllt haben, gibt die Fachperson so viel Unterstützung wie nötig.

Was wird getan?

Die Eltern werden von der Gesprächsleitung eingeladen, von ihren Vorbereitungen zu berichten. Die Gesprächsleitung erklärt, wie die Vorbereitungen des PINK-Einschätzungsrasters auf die PINK-Landkarte übertragen werden können. Dies kann anhand eines Beispiels demonstriert werden, damit die Eltern diesen Schritt danach selbstständig umsetzen können. Hier entscheidet die Gesprächsleitung, wie selbstständig die Eltern diese Übertragungsarbeit umsetzen können.

Die PINK-Lebensraumkarten werden auf dem Tisch ausgelegt, damit die Eltern einen guten Überblick gewinnen und sich orientieren können. Es darf mit einer beliebigen Lebensraumkarte begonnen werden. Die Gesprächsleitung gibt den Hinweis, dass die Eltern unterschiedliche Sichtweisen auf Lebensräume transparent darstellen sollen, und lädt sie dazu ein, zu kommentieren, was sie mit den PINK-Lebensraumkarten legen. Wenn die Eltern nicht beides gleichzeitig können, so können die Eltern diesen Schritt auch still durchführen. Die Gesprächsleitung sollte dabei Geduld mit den Eltern haben und die Handlungen der Eltern zwischendurch nicht kommentieren oder unterbrechen.

Die Eltern berichten von ihren Aktivitäten und Partizipationsmöglichkeiten mit dem Kind, was sie mit dem Kind machen in diesen Lebensräumen und wo es gut bzw. schwierig läuft. Die Eltern legen ihre Vorbereitungen direkt auf die PINK-Landkarte zu dem entsprechenden Lebensraum. Diese Doppelung ist bewusst gewählt. Zum einen kann die aktive Handlung bei den Eltern eine vertiefte Darstellung ihrer inneren Repräsentationen erzeugen. Zum anderen ermöglicht dies, dass die Lebenswirklichkeit nicht als statisches, sondern als bewegliches und veränderbares System wahrgenommen wird. Das PINK-Konzept geht davon aus, dass aktives Handeln motivierend wirkt und den eigenen Reflexionsprozess anstößt. Es unterstützt das Selbstwirksamkeitserleben und die Selbststeuerung der Eltern. Dazu erhalten die Eltern die PINK-Lebensraumkarten.

Die Gesprächsleitung nimmt die Funktion des aktiv Zuhörenden ein und notiert parallel die wichtigsten Aspekte im individuellen PINK-Prozessbegleitungsplaner. Dabei ist es wichtig, dass die Gesprächsleitung mit ihrer Aufmerksamkeit bei den Eltern bleibt und nicht durch den individuellen PINK-Prozessbegleitungsplaner absorbiert ist. Vorrangig sollte sich die Fachperson notieren, wie die Belastung der PINK-Lebensräume eingeschätzt wird, da sie dies im nächsten Schritt benötigt. Dies kann in der zweiten Spalte auf dem individuellen PINK-Prozessbegleitungsplaner eingetragen werden.

Abbildung 8: Beispiel einer von Eltern belegten PINK-Landkarte mit PINK-Lebensraumkarten

PINK-Materialien

- PINK-Prozesskarte
- PINK-Landkarte
- PINK-Einschätzungsraster
- Individueller PINK-Prozessbegleitungsplaner
- PINK-Lebensraumkarten

Kommunikationshilfen für diesen Schritt:

- »Gern möchte ich nun hören, wie es Ihnen in Ihrem Alltag geht. Sie haben das PINK-Einschätzungsraster dabei. Dort haben Sie bereits eine Einschätzung zu Ihrer momentanen Situation in den verschiedenen Lebensräumen getroffen. Ich gebe Ihnen nun für jeden Lebensraum eine passende Karte und lege diese vor Ihnen aus. Erzählen Sie mir doch zu diesem Lebensraum etwas und legen Sie sie zu dem passenden Lebensraum auf die Landkarte.«

Überfordert es die Eltern, alle 13 Karten sofort vor sich liegen zu haben, können Sie auch fragen, mit welchem Lebensraum sie beginnen möchten. Sie als Fachperson geben den Eltern dann die entsprechende Karte und danach Schritt für Schritt die weiteren Karten.

Passende Sätze, um die Eltern in das Gespräch einzuleiten:

- »Erzählen Sie mal, was machen Sie in den einzelnen Lebensräumen mit dem Kind?«
- »Erzählen Sie mal, wie geht es Ihnen in diesem Lebensraum?«
- »Was sind aktuelle Themen, die Sie in diesem Lebensraum beschäftigen?«

Bei Schritt 3 wechseln nun die Rollen. Die Fachperson als Gesprächsleitung nimmt sich zurück und die Eltern treten in die Sprechrolle ein. Dieser Wechsel muss von der Fachperson achtsam übergeleitet werden, damit die Eltern diese Rolle übernehmen können.

Die Eltern können mit diesem Schritt Stress erleben und verunsichert sein. Als Fachperson wissen Sie nicht, welche Erfahrungen die Eltern mit bisherigen Gesprächssituationen erlebt haben. Nehmen Sie sich Zeit und versuchen Sie, eine ruhige, gelassene Atmosphäre zu schaffen. Den Eltern Zeit zu geben, bedeutet als Gesprächsleitung, nicht in Aktionismus zu geraten. Besonders dann nicht, wenn die Eltern überlegen oder still sind. Es ist wichtig, dass die Eltern die Botschaft wahrnehmen, dass es kein Richtig und Falsch gibt. Sie und ihre Familie sind die Expertinnen, Experten für ihre Lebenswelt.

Somit wird Zuhören ein wichtiges Element für die Fachperson in diesem Schritt. Die Fachperson unterstreicht ihre Aufmerksamkeit und das Interesse durch verbale wie nonverbale Zeichen (z.B. nicken, ein freundliches »hm« oder ein interessiert aufforderndes »was noch«).

Geraten die Erzählungen ins Stocken oder sind die Eltern sehr kurzgefasst und schnell mit ihren Auslegungen fertig, kann sich verschiedener Fragetechniken bedient werden oder auch das Paraphrasieren eingesetzt werden, um die Eltern zu weiterem Erzählen anzuregen (siehe Kapitel 6.2 »Baustein PINK-Werkzeuge für die Beratung«).

4.4 Schritt 4: Verifizierung

Dieser Schritt dient dazu, abzugleichen, ob alle (Fachpersonen und Eltern) in den Erzählungen der Eltern das Gleiche verstanden haben. Jeder Mensch konstruiert sich seine Wirklichkeit mit seinen Erfahrungen und Erlebnissen. Die Eltern haben nun Einblick in ihre innere Landkarte ihrer Welt gegeben. Deshalb ist es wichtig, dass Schilderungen von Lebenssituationen gemeinsam verifiziert werden, damit die Eltern richtig verstanden werden und somit auch die passenden Lösungen gesucht werden können. Diese Verifizierung dient aber auch dazu, dass die Eltern sich nochmals vertieft mit den eigenen Darlegungen auseinandersetzen können und in diesem Schritt bereits zu neuen Erkenntnissen gelangen. Sei das über ihr Erleben, das Gefühlsleben oder auch bereits über erste Lösungswege, die sich zeigen. Die visuelle Darstellung kann diesen Prozess bei den Eltern unterstützen. Ein Problem kann nun plötzlich verschwinden oder umgedeutet werden, nur durch den Aspekt des Erzählens und Visualisierens. Deshalb kommt den Schritten 3 und 4 eine hohe Bedeutung in der Problemaktualisierung zu. Möglicherweise werden schon jetzt Belastungen anders gewertet als vor dem Gespräch. In diesem Schritt ist es nun entscheidend, wie es der Fachperson gelingt, zu kommunizieren und die Darlegungen der Eltern achtsam zu paraphrasieren und zu spiegeln. Sich gesehen und gehört fühlen, ist eine wichtige Grundlage für die Kooperation. Die Fachperson kann mit ihrer Kommunikationsweise, die Erzählungen der Eltern würdigen und das Vorhandene wertschätzen. Die Gelingensfaktoren »Kommunikation« und »Zeit« sind bedeutsam.

Beschreibung:

In diesem Schritt wird nun das Gesagte durch die Eltern mit dem Verstandenen der Fachperson abgeglichen und verifiziert. Die Erzählungen der Eltern enthalten zentrale Informationen zum Erleben des Familienalltags, zu den Aktivitäten und Partizipationsmöglichkeiten in den verschiedenen Lebensräumen und dem sozialen Netz der Familie. Die Informationen zeigen auf, in welchen Lebensräumen das Kind und die Familie aktiv sein können, partizipieren oder sich Anliegen ergeben. Diese Informationen der Eltern werden nun durch die Fachperson wiederholt und zusammengefasst. Die Gesprächsleitung nutzt die PINK-Bewertungskarten, um Ressourcen und Barrieren sichtbar zu machen.

Rolle und Zuständigkeiten:

In diesem Schritt übernimmt nun die Gesprächsleitung die Sprechrolle für die Zusammenfassung des Gesagten der Eltern. Sie fasst die Sichtweise der Eltern auf ihre Lebenswelt anhand der mit den PINK-Lebensraumkarten belegten PINK-Landkarte zusammen. Damit die Lebensräume, die keine Belastung aufzeigen, und auch die Lebensräume, die belastet sind, auf der PINK-Landkarte sichtbarer werden, werden die PINK-Bewertungskarten verwendet.

Die Gesprächsleitung legt in den nächsten zehn Minuten die PINK-Bewertungskarten mit sprachlicher Begleitung zu den entsprechenden PINK-Lebensraumkarten. Mit diesen Karten ordnet sie die von den Eltern beschriebenen Ressourcen und Barrieren den PINK-Lebensräumen zu.

Die Eltern sind als Expertinnen und Experten ihrer Lebenswelt involviert. Sie sind aktiv beteiligt und stellen sicher, dass die zusammenfassenden Informationen der Gesprächsleitung ihrer Situation entsprechen. Dies stellt die Fachperson mit entsprechenden Gesprächstechniken sicher.

Die Fachperson gibt den Eltern die Möglichkeit, sich zu äußern, wenn etwas nicht mit ihrem Erleben übereinstimmt. Auch allfällige Unterschiede des Erlebens zwischen den Elternteilen können hier aufgegriffen werden.

Was wird getan?

Die Fachperson bedankt sich für die Offenheit und die Ausführungen der Eltern. Sie erklärt, dass sie das Gehörte gern wiederholen möchte und die Eltern ihr rückmelden sollen, ob sie dies richtig verstanden habe. Die Fachperson drückt aus, dass es ihr wichtig ist, dass sie die Lebenssituation der Eltern nachvollziehen kann und sie vom Gleichen sprechen. Wichtig ist hier, dass die Fachperson darauf achtet, dass die Eltern nun in eine Zuhörer:innenrolle schlüpfen und nicht innerlich aussteigen. Das Benennen der Rolle der Eltern in diesem Schritt und die Wichtigkeit des bewussten Zuhörens der Eltern kann die Eltern aktiv halten.

Die Fachperson paraphrasiert und wiederholt nun mit ihren Worten, die von den Eltern beschriebenen Einschätzungen, welcher Lebensraum gelingt und welcher sich momentan belastend auswirkt und schwierig ist. Dadurch zeigt die Fachperson die durch die Eltern geäußerten Ressourcen und Barrieren in den PINK-Lebensräumen auf. Sie lässt diese durch die PINK-Bewertungskarten visuell sichtbar werden und beginnt mit den durch die Eltern als Ressourcen bezeichneten PINK-Lebensräumen (grüner Farbbereich im PINK-Einschätzungsraster), indem sie die PINK-Bewertungskarte Ressource mit sprachlicher Begleitung auf diesen Lebensraum legt.

Die PINK-Bewertungskarten können mit Klett auf den PINK-Lebensraumkarten befestigt werden. Als Nächstes werden die Lebensräume im roten Farbbereich aufgegriffen, benannt, auf der Landkarte verortet und mit der entsprechenden PINK-Bewertungskarte für Barriere gekennzeichnet. Anschließend werden die Eltern befragt, ob es aus dem Farbbereich gelb wichtige Bereiche gibt, die noch auf der Karte ausgewiesen werden sollten. Falls die Eltern einen Farbbereich grün oder rot nicht auswählen, werden die Themen der anderen Farbbereiche aufgegriffen.

Es entsteht eine individuelle PINK-Landkarte, die die familienspezifische Lebenswirklichkeit abbildet. Die Anzahl gelingender, belastender und schwieriger Lebensräume kann unterschiedlich verteilt sein (siehe Beispiel Abbildung 9).

Die Eltern werden von der Fachperson eingeladen, die PINK-Bewertungskarten anders auszurichten, wenn die Auslegung der Fachperson nicht mit ihrer Einschätzung übereinstimmt. Am besten entscheidet die Fachperson über die Bezeichnung der PINK-Bewertungskarten im Voraus. Dies ist abhängig davon, welche gemeinsame Sprache mit der Familie verwendet wird.

Beispiele für die Bezeichnung der PINK-Bewertungskarten:

- Der Daumen nach oben kann mit »gut« bezeichnet werden. »In diesem Lebensraum läuft alles gut.«
- Die Steine können mit »schwierig« bezeichnet werden. »In diesem Lebensraum ist es gerade schwierig.«
- Der Weg kann mit »neuer Weg« beschrieben werden. »In diesem Lebensraum suchen wir einen neuen Weg.«

Abbildung 9: Beispiel einer PINK-Landkarte mit PINK-Bewertungskarten

PINK-Materialien

- PINK-Prozesskarte
- PINK-Landkarte
- PINK-Einschätzungsraster
- Individueller PINK-Prozessbegleitungsplaner
- PINK-Lebensraumkarten
- PINK-Bewertungskarten

Kommunikationshilfe für die zusammenfassenden Informationen:

- »Ich fasse jetzt das, was ich gehört und verstanden habe, aus Ihren Erzählungen zusammen.«
- »Sie korrigieren mich bitte, falls ich etwas falsch verstanden oder zusammengefasst habe.«
- »Ich habe gehört, dass … das gut gelingt. Somit platziere ich das Kärtchen auf der Landkarte und markiere es als Ressource.«
- »Ich habe gehört, dass für … das herausfordernd ist. Somit markiere ich dies als Barriere mit den Steinen. Im nächsten Schritt schauen wir da nochmals vertieft hin.«

Die Fachperson versucht das, was sie verstanden hat, in eigene Worte zu fassen und auf der Landkarte aufzuzeigen. Dabei ist es wichtig, dass sie sprachlich deklariert, dass dies auf den Aussagen der Eltern basiert und sie dies nun so zusammenfasst, wie sie es gehört hat. Dieser Schritt unterstützt das gemeinsame Verständnis über die aktuelle Lebenswelt der Eltern, dass beide Seiten vom Gleichen reden und darunter das Gleiche verstehen. In diesem Schritt ist auch zu beachten, dass unter Umständen nicht beide Elternteile in allen Lebensräumen dieselbe Einschätzung haben. Mit den PINK-Bewertungskarten kann dies visualisiert werden, indem zwei Bewertungskarten verwendet werden und auf der PINK-Landkarte platziert werden. Ebenso kann die PINK-Bewertungskarte Ressource verifiziert werden, ist der Daumen wirklich ganz oben oder doch nur halb oben. Die Sichtweisen beider Eltern abzubilden, kann unter Umständen Ressourcen innerhalb der Familien aufzeigen oder Unstimmigkeiten sowie Konflikte transparent machen (siehe Kapitel 6.1.3 »Herausfordernde Gesprächsführung mit Eltern in PINK«). Damit die Zusammenfassung durch die Fachperson verständlich bleibt, ist es wichtig, sich mit einfacher Sprache als Fachperson auseinanderzusetzen.

4.5 Schritt 5: Lebensräume priorisieren

Es sind bereits viele Informationen im Gespräch gesammelt worden. Diese Fülle zu verarbeiten, benötigt Zeit. Zusammenhänge zu erkennen, zu sehen, wie sich der Alltag mit dem Kind in der Familie gestaltet, kann die gemeinsame Betrachtung der PINK-Landkarte herbeiführen. Schritt 5 dient dazu, sich diese Zeit zu nehmen und die bisherigen dargelegten Informationen auf der PINK-Landkarte zu betrachten und Wechselwirkungen zu erkennen. Die Gelingensfaktoren »Zeit« und »Kommunikation« sind in diesem Schritt im Fokus.

Beschreibung:

In Schritt 3 und 4 wurde deutlich, dass die Lebensräume der Familie sich vielfältig gestalten können. Aufgrund von Belastungen der Eltern, Entwicklungserschwernissen, Beeinträchtigungsformen und/oder umweltbezogenen Einflussfaktoren ergeben sich komplexe Lebenswelten von Kindern und Familien.

Welche Themen sollen aber nun vertieft angegangen werden?
Die Auslegung aus Schritt 4 bedarf einer Priorisierung, damit aus der Vielfalt der Themen Schwerpunkte für den weiteren Beratungs- und Begleitungsprozess gesetzt werden können. Priorisieren bedeutet, etwas an erste Stelle setzen, respektive stärker zu gewichten. Die beteiligten Personen blicken durch ihren Bezug zum System, ihrer Rolle und Funktion aus verschiedenen Blickwinkeln auf die Situation. Die Mitwirkung der Eltern bei der Priorisierung ist für den späteren Transfer in die Prozessbegleitung und den Alltag der Familie unerlässlich. Die Sorgen um die Entwicklung des Kindes in bestimmten Lebensräumen und Zukunftswünsche für das Kind ermöglichen, zu Priorisierungen zu kommen. Manchmal zeichnen sich dadurch von Person zu Person unterschiedliche Priorisierungen ab.

Die Gelingensfaktoren »Rolle und Zuständigkeiten«, »Werte« und »Nachhaltigkeit« wirken auf diese Situation besonders ein. Die Eltern in ihrer Priorisierung ernst zu nehmen, und sie als Experten und Expertinnen ihrer Lebenssituation anzuerkennen, wirkt sich positiv auf den Prozess aus. Die Lebensräume zu priorisieren, die für die Eltern sinnhaft und nachvollziehbar sind, haben bessere Chancen, sich nachhaltig zu verändern (siehe Kapitel 6.1.2 »PINK-Grundlagen der Beratung«). Das Gespräch rund um die Priorisierungen kann Spannungen auslösen, da nicht alle dieselben Priorisierungen vornehmen. Transparenz vonseiten der Fachperson und Eltern, welche Bedürfnisse hinter der jeweiligen Priorisierung liegen, unterstützt den Prozess ebenso wie die wertschätzende Kommunikation dieser. Alle Anliegen und Gedanken sollen ihren Platz haben. Die Fachperson kann situativ auch die Rolle der Expertin, des Experten übernehmen, wenn sie nach Zustimmung der Eltern, ihnen aus fachlicher Sicht ihren priorisierten Lebensraum mitteilt. Die fachliche Sicht kann die zukunftsgerichtete Perspektive hin zu einer nachhaltigen Veränderung begünstigen.

Rolle und Zuständigkeiten:

Die Eltern bestimmen, welche Lebensräume sie priorisieren, in denen sie sich für eine Veränderung einsetzen möchten. Sie sind Experten und Expertinnen für ihre Lebenswirklichkeit und spüren, an welcher Stelle die größte Not herrscht und Veränderungen unterstützen würden.

Die Gesprächsleitung unterstützt den Priorisierungsprozess mit ihrem entwicklungspsychologischen Wissen zu Entwicklungsphasen, aufeinander bezogene Entwicklungsbausteine und mögliche Schritt-für-Schritt-Sequenzierungen. Auch sie kann ihre Expertise für eine Priorisierung einbringen. Der Entscheid sollte jedoch auf Ebene der Eltern getroffen werden.

Im Sinne der Partizipationspyramide ist es unumgänglich, dass die Fachperson den Eltern diese Entscheidung nicht abnimmt. Wird den Eltern diese Kompetenz gelassen, erfahren sie sich selbstwirksam, selbstgesteuert und übernehmen Verantwortung für ihre Lebenswirklichkeit. Diese Wirkfaktoren beeinflussen den weiteren Beratungs- aber auch Begleitungsprozess. Die Fachperson sollte aufmerksam über die Einhaltung der Rollen wachen und zugunsten der Befähigung der Eltern (siehe Kapitel 6.1.2 »PINK-Grundlagen der Beratung«) die Übernahme der Helfer:innenrolle vermeiden. Wichtig ist, dass die priorisierten Bereiche mit dem Berufsauftrag der Fachperson abgeglichen werden.

Was wird getan?

Die Gesprächsleitung lädt die Eltern ein, die PINK-Landkarte zu betrachten.

Die Fachperson erklärt den Eltern den nächsten Schritt. Sie zeigt den Eltern auf, dass sie nun aufgrund ihrer persönlichen PINK-Landkarte entscheiden können, in welchen Lebensräumen sie etwas verändern möchten. Daraufhin haben die Eltern Zeit, die PINK-Landkarte zu betrachten und diese Lebensräume zu priorisieren. Fällt es den Eltern schwer, die Lebensräume zu priorisieren, kann die Fachperson sich unterstützend einbringen.

Unterstützung durch die Fachperson: PINK bietet durch seine farbige Skalierung eine Hilfe zur Findung der priorisierten Bereiche. Rotfarbige Bereiche

Abbildung 10: Beispiel einer PINK-Landkarte mit PINK-Bewertungskarten inklusive Bewertungskarte Weg

können für eine Schwerpunktsetzung priorisiert werden. Sind diese nicht vorhanden, wird auf den gelben Farbbereich zurückgegriffen. Die Fachperson kann die Priorisierung der Lebensräume mit den Fragetechniken und Skalierungsfragen bei den Eltern anstoßen (siehe Kapitel 6.2 »Baustein PINK-Werkzeuge für die Beratung«).

Damit die Schwerpunkte auch umgesetzt werden, muss sichergestellt werden,

- dass die Eltern dem Schwerpunkt ausreichend Wichtigkeit beimessen,
- eine Zuversicht in das Gelingen des Schwerpunkts vorhanden ist,
- sowie auch eine ausreichende Bereitschaft der Eltern da ist, etwas in diesem Schwerpunkt verändern zu wollen.

Beispiele für Fragen, die dazu dienen, diese Faktoren abzufragen:

- »Wie wichtig ist es Ihnen, in diesem Lebensraum eine Veränderung zu erreichen?«
- »Wie zuversichtlich sind Sie, dass Sie diese Veränderung erreichen? Wie hoch zeigt sich Ihre Bereitschaft, den nächsten Schritt in Richtung Ihres Zieles zu gehen?«

Besteht keine Dringlichkeit, wird eine Schwerpunktsetzung in diesem Lebensraum kaum Sinn machen, da es sehr wahrscheinlich zu keiner Umsetzung kommen wird. Hier sollte dem Gelingensfaktor Nachhaltigkeit Rechnung getragen werden. Die motivationale Gesprächsführung (siehe Kapitel 6.2 »Baustein PINK-Werkzeuge für die Beratung«) kann an dieser Stelle eingesetzt werden, um die Eltern bei der Umsetzung der Schwerpunkte zu unterstützen. Wenn die Lebensräume oder der Lebensraum priorisiert wurde(n), in dem sich für eine Veränderung eingesetzt wird, wird dies durch die PINK-Bewertungskarte Weg auf dem entsprechenden PINK-Lebensraum visualisiert (vgl. Abbildung 10).

PINK-Materialien

- PINK-Prozesskarte
- PINK-Landkarte
- PINK-Einschätzungsraster
- Individueller PINK-Prozessbegleitungsplaner
- PINK-Lebensraumkarten
- PINK-Bewertungskarten

Die Leitfragen an die Eltern sind:
- »Welche Aktivitäten und Partizipationsmöglichkeiten sind belastet und möchten Sie aufbrechen?«
- »Wenn Sie nun die Landkarte betrachten, welche Lebensräume möchten Sie vertiefen?«
- »In welchen Lebensräumen möchten Sie etwas verändern?«

Durch das Sichtbarmachen der eigenen Situation kann es passieren, dass die Eltern zu neuen Themen oder Priorisierungen kommen. Die Eltern werden sich unter Umständen erst jetzt über Wechselwirkungen von Lebensräumen bewusst und sehen, was sie dem Kind für Partizipationsmöglichkeiten bieten. Ziele, Wünsche, Ressourcen und die eigene Kraft beeinflussen die Priorisierung der Lebensräume. Die PINK-Landkarte kann von Familie zu Familie sehr unterschiedlich ausfallen. In der Betrachtung der PINK-Landkarte kann es auch sein, dass die Eltern noch in ihrer Problemtrance stecken und stark belastet sind, sodass ihnen eine Priorisierung schwerfällt. Als Gesprächsleitung ist in diesem Moment wichtig, die ressourcenaktivierende und motivierende Gesprächsführung anzuwenden, damit die Eltern die Problemtrance überwinden können (siehe Kapitel 6.2 »Baustein PINK-Werkzeuge für die Beratung«). Die systemische Sichtweise auf hochbelastete Situationen ermöglicht es, die Auswirkungen von Veränderungen in einem System auf andere Systeme wahrzunehmen und zu nutzen. Sich als Fachperson und Eltern diese Zeit zu nehmen, um die individuell belegte Landkarte zu betrachten, ist bedeutsam für den nächsten Schritt.

4.6 Schritt 6: Schwerpunkte festlegen

Die Priorisierung ist nun abgeschlossen. Bestenfalls liegen nun eine bis drei Priorisierungen vor. Diese werden nun lösungsorientiert mit den Eltern betrachtet. Daraus bildet die Fachperson gemeinsam mit den Eltern in Schritt 6 Schwerpunkte der weiteren gemeinsamen Zusammenarbeit im Beratungs- und Begleitungsprozess.

Beschreibung:

In diesem Schritt werden die Schwerpunkte der Prozessbegleitung festgelegt und entsprechende Indikatoren und Maßnahmen erfasst. Ausgangspunkt ist der Lebensraum oder sind die Lebensräume mit der PINK-Bewertungskarte Weg, die symbolisch für den Aufbruch der Barriere steht. Diese Schwerpunkte können auf dem individuellen PINK-Prozessbegleitungsplaner festgehalten werden. Aus den priorisierten Lebensräumen findet eine Schwerpunktsetzung für den weiteren Beratungs- und Begleitungsprozess in den entsprechenden Lebensräumen statt. Für die lösungsorientierte Ausrichtung wird das PINK-Boot zur Skalierung mit den PINK-Skalierungsfragen eingesetzt.

Rolle und Zuständigkeiten:

Die Gesprächsleitung liegt bei der Fachperson, die den Eltern das Vorgehen in diesem Schritt erklärt. Die Eltern sollen den Schwerpunkt der Prozessbegleitung mitgestalten und entscheiden können. Die höchste Stufe der Partizipationspyramide wäre, die Entscheidungen vollkommen selbst treffen zu können.

Damit sich die Eltern in der Fülle der möglichen Schwerpunkte nicht verlieren, unterstützt sie die Fachperson mit passenden Gesprächstechniken. Die Eltern erhalten so viel Unterstützung wie nötig, damit ihnen der Aushandlungs- und Entscheidungsprozess hin zu passenden Schwerpunkten gelingt. Fokussierte Aushandlungs- und Entscheidungsprozesse zu strukturieren, während die Person selbst nach passenden Schwerpunkten und Lösungen sucht, sind herausfordernd. Deshalb unterstützt die Fachperson mit ihrer systematischen Gesprächsführung. Dabei ist das Ziel, dass nicht die Fachperson den Schwerpunkt in eine Richtung steuert, sondern die Eltern in ihrer Schwerpunktrichtung mit Fragetechniken begleitet werden.

Was wird getan?

Die Fachperson nimmt den priorisierten PINK-Lebensraum aus Schritt 5. Wenn es mehrere priorisierte Lebensräume sind, so betrachten die Eltern und die Fachperson die einzelnen Lebensräume nacheinander. Das Gespräch wird mithilfe von Fragetechniken aus der systemisch-lösungsorientierten Gesprächsführung geführt. Dadurch können die Ressourcen und Barrieren des jeweiligen Lebensraums, aber auch in den Wechselwirkungen zu anderen Lebensräumen präziser erfasst werden.

Mit der Gesprächsführung erfasst die Fachperson das Verhalten und Erleben sowie die Gefühlslagen der Eltern und des Kindes detaillierter. Die Fachperson arbeitet mit den Fragen an die Eltern die vorhandenen Ressourcen, Barrieren und die gewünschte Veränderung heraus. Dabei entwickelt die Fachperson eine innere Hypothese darüber, welche Gesprächstechniken und Fragen die Eltern in ihrer Lösungsfindung oder eventuell auch Umdeutung ihrer Situation unterstützen könnten. Die Fragen der Fachperson fokussieren auf die Wechselwirkungen von konkreten Ressourcen und Barrieren in den Lebensräumen und erforschen Veränderungswünsche. Dadurch erfahren alle Beteiligten voneinander, welche Lebensräume funktional und dysfunktional erlebt werden, was von Person zu Person unterschiedlich empfunden werden kann.

Die Fachperson kann die Eltern durch diesen Prozess mit den PINK-Skalierungsfragen leiten und das PINK-Boot zur Skalierung einsetzen.

Der folgende Ablauf ist ein Beispiel, wie der erste Teil dieses Schrittes (aktuelle Belastungen, Kompetenzen und Ressourcen) mit PINK-Skalierungsfragen durch die Fachperson geführt werden kann. Die Fachperson berücksichtigt die Gesprächssituation und passt die Fragen situativ an (siehe Kapitel 6.2 »Baustein PINK-Werkzeuge für die Beratung«).

Beispiel von PINK-Skalierungsfragen zu vorhandenen Wechselwirkungen von Ressourcen und Barrieren:

- Aktuelle Belastung erfragen: »Auf einer Skala von 1 bis 10, wie belastet sind Sie in diesem Lebensraum?« 10 steht für nicht belastet und 1 für sehr belastet.

- Kompetenzen erfragen: »Wie ist es Ihrem Kind/Ihnen gelungen, auf X zu kommen?« Mit dieser Frage setzen wir Kompetenzen frei, welche die Beteiligten im weiteren Prozess unterstützen können.
- Ressourcen erfragen: »Wer außer Ihnen hat dazu beigetragen, dass Ihr Kind/Sie auf X sind und nicht auf Y?«
  Hier kann nochmals überprüft werden, ob diese genannten Personen (soziale Ressourcen) auf der PINK-Landkarte verortet werden können.

Um diese Ressourcen sichtbarer zu machen, können die PINK-Lebensraumkarten mit den PINK-Bewertungskarten auf der PINK-Landkarte durch die Eltern bewegt und neu angeordnet werden. So können Ressourcen gruppiert werden, aber auch Ressourcen als Unterstützung für das Aufbrechen einer Barriere zugeordnet werden. Zusätzlich können diese auch noch auf selbstklebende Notizzettel geschrieben und auf der PINK-Landkarte visualisiert werden (z. B. Großeltern als soziale Ressource, finanzielle Unterstützung durch eine Stiftung). Im individuellen PINK-Prozessbegleitungsplaner können diese Ressourcen auch beschrieben werden. Dies trägt zur Ressourcenaktivierung bei. Ebenso wird dadurch veranschaulicht, dass die eigene Lebenswirklichkeit veränderbar und nicht statisch ist.

Im weiteren Gespräch wird nun der Schwerpunkt mit den PINK-Skalierungsfragen konkretisiert:
- Ziele erfragen: »Wo möchten Sie am Ende der Prozessbegleitung auf der Skala stehen?«
- Teilschritt erfragen: »Was muss passieren, dass Ihr Kind/Sie ein kleines bisschen auf der Skala nach oben rutschen?«
- Ressourcen aktivieren: »Was oder wer könnte Sie in Ihrer Schwerpunkterreichung oder dem nächsten Schritt unterstützen?«
- Unterschiede erfragen: »Wie fühlen Sie sich auf Stufe X, was ist der Unterschied zu Stufe Y?« oder »An was würde das Umfeld merken, dass Ihr Kind/Sie auf dieser Stufe sind?«
- Wirkung erfragen: »Was wird anders sein, wenn Sie Ihren Schwerpunkt erreicht haben?«

In den PINK-Schwerpunkten werden nun entsprechende Maßnahmen für den Begleitungsprozess festgelegt, die sich aus den Hypothesen zur belastenden Situation ergeben. Möglicherweise zeigen sich bereits durch die Darstellung der Lebensräume erste Veränderungsansätze. Es können positive sowie negative Wechselwirkungen erkannt werden und bereits genutzt werden. Passend zu den

PINK-Schwerpunkten werden Indikatoren abgeleitet, woran angestrebte Entwicklungen und Veränderungen erkannt werden können. Dies kann sich auf das Kind oder auf einzelne Familienmitglieder beziehen. Die PINK-Schwerpunkte richten sich nach den individuellen Gegebenheiten und den Zukunftswünschen der Familien aus, damit die größtmögliche Selbstständigkeit und Teilhabe des Kindes und der Familie in ihren Lebensräumen entstehen kann.

Die PINK-Schwerpunkte werden auf dem individuellen PINK-Prozessbegleitungsplaner mit den Maßnahmen und Indikatoren festgehalten (siehe Kapitel 6.1 »Baustein PINK-Grundlagen der Beratung«).

PINK-Materialien

- PINK-Prozesskarte
- PINK-Landkarte
- PINK-Einschätzungsraster
- Individueller PINK-Prozessbegleitungsplaner
- PINK-Lebensraumkarten
- PINK-Bewertungskarten

Ein starrer und eng gesetzter Wahrnehmungsrahmen durch die Eltern erschwert es, mit Problemen oder mit der Lebenswirklichkeit anders umzugehen und diese neu zu betrachten (Bamberger 2015).

Mit den systemisch-lösungsorientierten Fragetechniken können die Eltern Wege aus ihrer Problemtrance entwickeln. Die Ressourcenaktivierung wird durch die Gesprächsführung fokussiert. Aus dem schrittweisen Vorgehen können eventuell noch unbewusste Ressourcen aktiviert werden. Eltern erkennen, in welchen Lebensräumen sie diese einsetzen können und wie sich die Lebenswirklichkeit dadurch verändert. Aus dieser neuen Perspektive entwickeln sich bereits erste Handlungsschritte. Damit es zu ersten Handlungsschritten kommt, benötigt es den Aushandlungs- und Entscheidungsprozess der Eltern. In diesem Prozess können neue Dynamiken auftreten, die sich unter Umständen bereits beim Schritt 5 gezeigt haben. Die Eltern können sich in der Festlegung der Schwerpunkte nicht einig sein. Hier braucht die Fachperson Werkzeuge in der Gesprächsführung, die Störungen, Emotionen, Konflikte und Widerstand als Chance für die Fortführung des Prozesses nutzen können. Ein Schwerpunkt stellt einen Kompass in der Prozessbegleitung dar. Wenn hier keine gemeinsamen Schwerpunkte gefunden werden, fehlt der Prozessbegleitung die Ausrichtung. Ein positives Kohärenzgefühl entwickelt sich, wenn die Eltern die Veränderung als sinnhaft und handhabbar einschätzen. Unterstützt durch die motivationale Klärung und durch das eigene Kohärenzgefühl für die Veränderungsschritte, können die Schwerpunkte festgelegt werden. PINK stuft das Kohärenzgefühl als wirksamen Faktor für die Erreichung der Schwerpunkte ein. Kommt es zu keinem Ausstieg aus der Problemtrance, kann das »Reframing« ein passendes Instrument sein, um die Eltern in eine lösungsorientierte Richtung zu lenken und dadurch ihre Problemsicht zu überwinden. Die Gelingensfaktoren »Rolle und Zuständigkeiten«, »Kommunikation«, »Schwerpunkte« und »Nachhaltigkeit« kommen hier zum Tragen.

4.7 Schritt 7: Zusammenfassung und Contracting

In Schritt 7 wird das Beratungsgespräch abgeschlossen. Damit das Gespräch und die darin gesetzten Schwerpunkte verbindlich wirken können, wird nach einer kurzen Zusammenfassung das Contracting eingeleitet. Um eine gemeinsame Zusammenarbeit einzugehen, benötigt es eine gemeinsame Wertebasis (siehe PINK-Mindset). Somit werden in diesem Schritt die gemeinsamen Werte der Zusammenarbeit gesetzt.

Das Arbeitsbündnis, das hier geschlossen wird, bildet den Grundstein einer tragfähigen gemeinsamen Arbeits- und Beziehungsebene.

Beschreibung:

Schritt 7 dient dazu, die Abschlussphase abzurunden. Mit dem PINK-Werteblatt werden die wichtigsten Werte zur Zusammenarbeit festgehalten. Die Schwerpunkte, Maßnahmen und Indikatoren werden nochmals zusammengefasst.

Rolle und Zuständigkeiten:

Die Fachperson führt durch die Abschlussphase. Die Eltern und die Fachperson sind aktiv und verifizieren die festgelegten Schwerpunkte, Maßnahmen und Indikatoren.

Was wird getan?

Die Fachperson fasst nochmals die Schwerpunkte, Maßnahmen und Indikatoren auf dem individuellen PINK-Prozessbegleitungsplaner zusammen.

Diese werden auf dem PINK-Flip durch die entsprechenden PINK-Lebensraumkarten dargestellt. Wenn die Fachperson einen spezifischen Aspekt aus einem PINK-Lebensraum (z. B. bestimmte Aktivität) im PINK-Flip visualisieren möchte, so kann sie ein individuelles Bild dafür wählen.

Der individuelle PINK-Prozessbegleitungsplaner wird von allen Beteiligten unterschrieben und den Eltern als Kopie ausgehändigt. Eine Unterschrift gibt dem Gespräch und den Vereinbarungen mehr Gewicht und zeigt auch den Eltern auf, dass es sich dabei um eine verbindliche Vereinbarung handelt.

Die PINK-Landkarte wird fotografiert, damit beim nächsten Gespräch die vorangehende Standortbestimmung sichtbar gemacht werden kann.

Die Fachpersonen leitet das Contracting ein. Das Contracting betrifft die gemeinsamen Schwerpunkte für den weiteren Begleitungsprozess, aber auch die Vereinbarung über das gemeinsame Verständnis der Zusammenarbeit (diese Vereinbarung kann auch unabhängig vom 8-Schritte-Verfahren vorher oder anschließend eingesetzt werden).

Das gemeinsame Verständnis über die Zusammenarbeit wird durch das PINK-Werteblatt eingeleitet. Die Fachperson legt den Eltern das PINK-Werteblatt vor. Die Eltern und die Fachperson priorisieren einzeln für sich die wichtigsten Werte der Zusammenarbeit.

Danach werden die priorisierten Werte zusammengetragen. Die wichtigsten Werte werden zusammengestellt und von allen Beteiligten die Zusage zur Einhaltung dieser abgeholt. Die Fachperson gibt nun einen Ausblick, wie es im Beratungs- und Begleitungsprozess weitergeht, wann der nächste Termin ansteht für ein Beratungsgespräch und wie weitergearbeitet wird.

PINK-Materialien

- PINK-Landkarte
- Individueller PINK-Prozessbegleitungsplaner
- PINK-Flip
- PINK-Werteblatt
- PINK-Werteboot

Gesprächsführungshilfe für den Einstieg in diesen Schritt:

- »Ich fasse nochmals zusammen, das sind unsere Schwerpunkte …«
- »Braucht es aus Ihrer Sicht noch etwas dazu?«
- »Nun lege ich Ihnen noch das PINK-Werteblatt vor. Damit wir in eine gute Zusammenarbeit finden, ist es mir wichtig, Ihre Werte für eine gute Zusammenarbeit kennenzulernen. Ebenso möchte ich Ihnen gern meine Werte vorstellen. Ich lasse Ihnen kurz Zeit, das Werteblatt zu betrachten. Sie

können die für Sie wichtigen Werte ankreuzen. Wenn Ihnen Werte wichtig sind, die hier nicht aufgezeigt sind, können Sie diese ergänzen. (Pause) Was haben Sie für Werte herausgearbeitet? (Eltern stellen ihre Werte vor.) Nun stelle ich Ihnen meine Werte vor. (Fachperson stellt ihre Werte vor.) Können wir uns auf diese Werte für unsere Zusammenarbeit einigen? Ich übertrage dies nun in das Werteboot.«

Genauso wie es einen guten Einstieg in das Gespräch benötigt, benötigt es auch einen guten Ausstieg. Damit das Gespräch nicht ohne Weiteres versiegt, macht eine kurze Zusammenfassung am Ende des Gesprächs Sinn, mit entsprechendem Ausblick auf die Maßnahmen.

Ein tragfähiges Arbeitsbündnis bildet die Basis für eine gute Zusammenarbeit. Dabei sollte die Fachperson sicherstellen, dass das Arbeitsbündnis nicht nur einseitig verstanden wird. Die Schwerpunktsetzung bedeutet nicht, dass die Fachperson die Belastung in dem genannten Lebensraum nun allein »wegarbeitet«. Durch die lösungsorientierte Gesprächsführung sollten bereits am Ende des Gesprächs erste, durch die Eltern selbst erarbeitete, Handlungsschritte zur Verfügung stehen. Diese ermöglichen den Eltern bereits jetzt, neue Wege zu gehen. Der Kooperationsprozess wird dadurch unterstützt, dass die Eltern selbstgesteuert handeln können.

Warum es sich lohnt, die Werte der Eltern kennenzulernen, und gemeinsame Werte zu bilden? PINK liegt die Basis, den Beratungs- und Begleitungsprozess mit den Eltern partizipativ, individuell und kooperativ zu gestalten, zugrunde (siehe Kapitel 2 »PINK-Mindset«). Als Grundlage einer Zusammenarbeit werden gemeinsame Werte benötigt. Diese gemeinsam festzulegen, stärkt die Zusammenarbeit auf Augenhöhe und anerkennt die Individualität des Menschen. Mit Blick auf die Entwicklung von Gruppen und das interkulturelle Verständnis (siehe Kapitel 6.1.1 »Beziehung und Kommunikation gestalten«) bildet das PINK-Mindset den Gelingensfaktor »Werte« heraus. Werte können von Person zu Person sehr unterschiedlich sein. Wissen die Gruppenangehörigen um die Werte der anderen Gruppenteilnehmer:innen, können diesen mehr Achtung und Respekt entgegengebracht werden. Geraten die Werte ins Wanken, entsteht ein Spannungsfeld. Dieses Spannungsfeld muss gelöst werden, damit ein gemeinsamer Prozess wieder möglich ist. Die Betrachtung der Werte kann uns mit der Methode des Wertequadrats Aufschluss über mögliche komplementär wirkende Werte geben, die eine Erklärung für ein Spannungsfeld in der Kooperation sein könnten (siehe Kapitel 6.2 »Baustein PINK-Werkzeuge für die Beratung«, Wertequadrat).

4.8 Schritt 8: Transfer in die Prozessbegleitung

Der 8. Schritt stellt den Transfer des Beratungsgesprächs und der Schwerpunkte in den Alltag der Familie und den Begleitungsprozess sicher. Im Sinne der Nachhaltigkeit des Gesprächs sollte dies nicht alleinstehen und als abgeschlossen betrachtet werden. Vielmehr ist es der Anfang der Prozessbegleitung. Da ein Protokoll wie der individuelle PINK-Prozessbegleitungsplaner schnell im Schrank oder in einem Stapel von Papier verschwindet, wurde der PINK-Flip eingesetzt. Damit soll vermieden werden, dass die Schwerpunkte aus dem Fokus geraten können oder erst kurz vor dem nächsten Beratungsgespräch herausgesucht werden.

Beschreibung:

Der Übergang vom Beratungsgespräch zum Transfer in die Prozessbegleitung steht nun an. Die Prozessbegleitung wird auf der Grundlage der PINK-Schwerpunkte konstruiert. Die Bedürfnisse der Familie und des Kindes stehen im Vordergrund. Die Fachperson begleitet die Familie und das Kind so viel wie nötig bei der Umsetzung der PINK-Schwerpunkte.

Der PINK-Flip wurde unter dem Blickwinkel entwickelt, dass Schwerpunkte nicht statisch betrachtet werden können. Durch sich ständig intern und extern verändernde Faktoren verändern sich auch die Schwerpunkte. Um dieser Veränderung Rechnung zu tragen, wird der PINK-Flip genutzt, damit die Schwerpunkte, wenn es die Situation bedingt, nicht starr, sondern beweglich bleiben.

Der PINK-Flip visualisiert die gesetzten Schwerpunkte und sollte gut sichtbar im Wohnraum der Familie aufgehängt werden, um die Umsetzungswahrscheinlichkeit zu erhöhen. Der PINK-Flip dient nun als weiteres Arbeitsinstrument in der Prozessbegleitung. Er unterstützt kleine Beratungseinheiten durch die Fachperson, indem dieser bei jedem Zusammentreffen wieder hervorgenommen und verifiziert wird. Bereits erreichte Schwerpunkte können mit der PINK-Bewertungskarte Ressource gekennzeichnet werden. Bestenfalls haben sowohl die Eltern als auch die Fachperson einen solchen PINK-Flip.

Rolle und Zuständigkeiten:

Die Eltern setzen die Schwerpunkte mit Unterstützung der Fachperson um. Die Fachperson setzt immer wieder Impulse, um die Familie bei der Umsetzung zu unterstützen. Dabei bleibt sie in ihrer Rolle klar und bietet den Eltern Unterstützung für die Erreichung ihres Schwerpunkts.

Wichtig ist, dass die Fachperson mit den Eltern im Austausch ist, damit die Eltern im Prozess nicht über- oder unterfordert sind. Die Fachperson richtet ihr Handeln danach aus, dass die Eltern befähigt werden, in ihren Alltagssituationen handlungsfähig zu bleiben. Außerdem trägt die Fachperson die Verantwortung dafür, dass die Schwerpunkte transparent bleiben, woran gemeinsam gearbeitet wird.

Was wird getan?

Die gelegten Schwerpunkte der Begleitung (vgl. PINK-Flip) werden fortlaufend im individuellen Begleitungsprozess einbezogen und können in Tür-und-Angelgesprächen, Ad-hoc-Beratungen und beim nächsten Standortgespräch genutzt werden. Der PINK-Flip sollte ein stetiger Begleiter im Wohnraum der Eltern sein, damit er Anlass schafft, um nachzufragen und daran zu arbeiten. Erreichte Schwerpunkte können mit der PINK-Bewertungskarte Ressource oder mit einem selbstgewählten Symbol gekennzeichnet werden.

PINK-Materialien

- PINK-Flip
- Individueller PINK-Prozessbegleitungsplaner

Evaluation der Prozessbegleitung:
Wenn die Prozessbegleitung abgeschlossen wird, ist auch in PINK eine Evaluation geplant. Die Evaluation der Prozessbegleitung ist ein wichtiges Element für den Prozess. Zum einen ist es ein besonderer Moment, mit den Eltern die Entwicklung seit Beginn der Prozessbegleitung retrospektiv zu betrachten. Hierzu kann auch die fotografierte PINK-Landkarte des ersten Gesprächs zum Einstieg gewählt werden. Zum anderen kann gemeinsam mit den Eltern evaluiert werden, ob die Schwerpunkte erreicht wurden und sie sich durch die Prozessbegleitung gestärkt fühlen. In Kapitel 6.4 »Baustein PINK-Evaluation« wird dieses Element des Prozesses detailliert beschrieben.

Ein erster Schritt zur Evaluation als Fachperson ist nach dem 8-Schritte-Verfahren erreicht. Die Fachperson kann sich nun Zeit nehmen und das Gespräch entlang des 8-Schritte-Verfahrens reflektieren. Dazu sind in Kapitel 6.4 »Baustein PINK-Evaluation« Beispiele von Fragen aufgeführt. Auch die Fragen des PINK-Mindsets können herangezogen werden, um das Berater:innen-ICH zu reflektieren.

Es gibt verschiedene Zeitpunkte zur Evaluation mit den Eltern:

- Im Prozessverlauf von Besuch zu Besuch, indem nach den kleinen Veränderungen gefragt wird. Dazu kann der PINK-Flip genutzt werden, ebenso wie die PINK-Bewertungskarten Ressource (Daumen hoch), Barriere (Steine) und Durchbrechen der Barriere (Weg).
- Zum Zeitpunkt der Standortbestimmung nach einem bestimmten Zeitraum. Als Standortbestimmung wird der PINK-Flip aufgegriffen mit den Fragen: »Wie ist das Belastungserleben der Schwerpunkte?«, »Welche Schwerpunkte wurden erreicht?« Dies kann mit den PINK-Bewertungskarten visualisiert werden. Anschließend ist ein Einstieg bei Schritt 3 des 8-Schritte-Verfahrens möglich, damit die Eltern die aktuelle Lebenswirklichkeit erzählen und daraus neue Schwerpunkte festgelegt werden können. Der PINK-Flip ist ein verbindendes Element von Standortbestimmung zu Standortbestimmung.
- Die Evaluation kann als Abschluss der Prozessbegleitung erfolgen. Zu diesem Anwendungszeitpunkt der Evaluation wird der gesamte Begleitungsprozess betrachtet. Die Fachperson blickt mit den Eltern zurück auf die gemeinsame Reise. Was ist im Prozess gelungen? Welche Stolpersteine haben sich ergeben und wie wurden sie überwunden? Hat die Zusammenarbeit den Erwartungen und dem gemeinsamen Verständnis entsprochen? etc. Wenn die PINK-Landkarte von Standortbestimmung zu Standortbestimmung eingesetzt wurde, können die Fotos der PINK-Landkarte aufgereiht werden. Somit werden für alle die Veränderungen während des Begleitungsprozesses und die Entwicklungen sichtbar.

In Kapitel 7 »Kreativ weiterentwickelt: Ideen zum 8-Schritte-Verfahren« sind weitere Ideen zur Arbeit mit den PINK-Materialien dargelegt, die während des Begleitungsprozesses eingebunden werden können. Bei mehrmaligem Anwenden des 8-Schritte-Verfahrens bei derselben Familie können kleine Veränderungen in der Umsetzung erfrischend wirken.

5 PINK fachlich in Kürze

Nun sind Sie einmal Schritt für Schritt durch das 8-Schritte-Verfahren gewandert. Um die Zusammenhänge und Grundlagen des PINK-Konzepts besser verstehen zu können, laden wir Sie nun ein, unsere fachlichen Überlegungen zu den PINK-Materialien genauer kennenzulernen. Somit finden Sie hier die folgenden Bausteine: 5.1 Baustein PINK-Beratung auf einen Blick, 5.2 Baustein ICF ganz praktisch, 5.3 Baustein Lebensräume in PINK und 5.4 Baustein Lebensräume mit ICF-CY darstellen.

5.1 Baustein PINK-Beratung auf einen Blick

Die Gesprächsführung bildet einen wichtigen Baustein des PINK-Konzepts. Aus ihr heraus kann eine professionelle Beziehungsgestaltung angebahnt und eine Prozessbegleitung auf Augenhöhe möglich werden. Das PINK-Konzept stützt sich auf den systemischen Ansatz. Dieser wurde schon im PINK-Mindset verdeutlich, aber der Ansatz wird in Kapitel 6.1.2 »PINK-Grundlagen der Beratung« weiter vertieft. Das Verständnis von Autopoiesis, Kybernetik, Konstruktivismus und Zirkularität ermöglicht der Fachperson, die Familie in ihren unterschiedlichen Systemen zu betrachten: wie die Familienmitglieder zu sich selbst und zur Fachperson in Beziehung stehen, ebenso wie zur sozialen Umwelt und zur Welt im Allgemeinen. Damit PINK wirken kann, bedient es sich am Lösungsorientierten Ansatz. Der Lösungsorientierte Ansatz fokussiert auf Lösungen mit dem Schwerpunkt, die Zukunft in den Blick zu nehmen. Weitere Merkmale sind »Wahlmöglichkeiten schaffen«, »Ressourcen identifizieren«, »Kooperation realisieren«, »erste Schritte begleiten« und »Selbstwirksamkeit schaffen« (Bamberger 2015, S. 58). Diese Merkmale werden im 8-Schritte-Verfahren passend ein- und umgesetzt (siehe Kapitel 4 »Das 8-Schritte-Verfahren«). Die motivierende Gesprächsführung findet bei der Schwerpunktsetzung ihren Platz. Sie unterstützt die Fachperson dabei, die

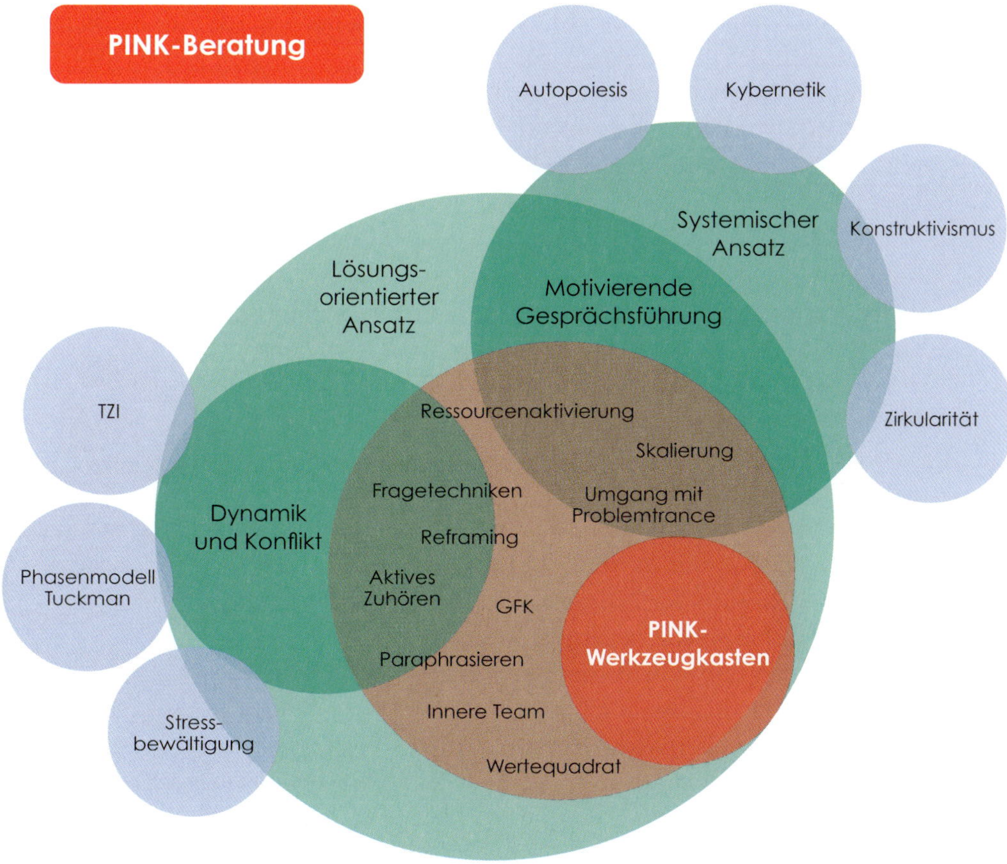

Abbildung 11: Mindmap PINK-Grundlagen und PINK-Werkzeuge der Beratung

passenden Schwerpunkte mit den Eltern auszuarbeiten, damit diese auch in eine Umsetzung finden werden.

Der Beratungs- wie auch der Begleitungsprozess ist Dynamiken und Konflikten unterworfen. Dazu können verschiedene Theorien herangezogen werden, um diese besser verstehen, beeinflussen und damit umgehen zu können. Das Tuckman-Phasenmodell, die Themenzentrierte Interaktion (TZI) nach Ruth Cohn oder auch der Blick auf die Bewältigungsstrategien von Stress und Belastungen sind Anknüpfungspunkte für Fachpersonen, um in diesem Moment als Co-Kapitän:in agieren zu können. Für die Umsetzung des 8-Schritte-Verfahrens benötigt die Fachperson einen gut ausgestatteten Werkzeugkasten für die Gesprächsführung. Die Werkzeuge werden im entsprechenden Kapitel genauer beschrieben (siehe Abbildung 11). Abbildung 11 zeigt die Inhalte des Kapitels 6.1 »Baustein PINK-Grundlagen der Beratung« auf.

Wenn Sie eine versierte Fachperson im Gebrauch von Gesprächsstrategien sind, ist diese Ausführung eventuell schon ausreichend für Sie. Sonst finden sich alle weiteren Ausführungen in Kapitel 6.1 »Baustein PINK-Grundlagen der Beratung« und in Kapitel 6.2 »Baustein PINK-Werkzeuge für die Beratung«.

Das PINK-Boot (siehe Abbildung 12) taucht neben der Metapher auch immer wieder bildlich im PINK-Konzept auf. Dieses wird an verschiedenen Stellen eingesetzt und ist wandelbar im Gebrauch. Sei dies zur Skalierungshilfe, als Werteboot oder auch zur Evaluation. Dieses Bild wurde bewusst geschaffen, um die Metapher der Bootsfahrt zu verankern, aber auch dem Gespräch einen leichteren Charakter zu vermitteln. Eine Werteskala im herkömmlichen Sinne kann mit bereits gemachten Erfahrungen der Eltern positiv oder negativ besetzt sein, zum Beispiel mit persönlichen Erfahrungen im Arbeitssetting, in der Therapie etc. Das PINK-Konzept möchte solche negativen Konnotationen vermeiden und schafft somit ein eigenes Bild. Der wiederkehrende Charakter wurde gewählt, um eine Überfüllung mit anregendem Material zu vermeiden.

Abbildung 12: PINK-Boot (abrufbar als Downloadmaterial)

5.2 Baustein ICF ganz praktisch

Das Modell der Internationalen Klassifikation der Funktionsfähigkeit, Behinderung und Gesundheit (ICF) dient als Grundlage, um den Menschen (in diesem Fall das Kind) und sein Gesundheitsproblem zu erfassen (Hollenweger/Kraus de Camargo 2017). Das Modell, das von der Weltgesundheitsorganisation (WHO) entwickelt wurde, hat sich bereits in vielen Fachbereichen der Medizin, Pflege und Pädagogik etabliert. Es wird zum Beispiel im Bereich der Ersterfassung, der Abklärung wie auch der Planung der weiteren Schritte genutzt. Das Modell der ICF unterstützt die ganzheitliche Erfassung des Menschen und den aktuellen Gesundheitszustand. Dabei bezieht das bio-psycho-soziale Modell (siehe Abbildung 13) nicht nur die Diagnose (Gesundheitsproblem), die Körperfunktionen und -strukturen mit ein und stellt diese in den Vordergrund, sondern gewichtet die Komponenten Aktivität, Teilhabe und die Kontextfaktoren bestehend aus Umweltfaktoren und personenbezogenen Faktoren gleichermaßen (Seidel/

Schneider/Steinborn 2021). So kann der aktuelle Gesundheitszustand unabhängig von einer Diagnose betrachtet werden und die aktuellen Ressourcen und Barrieren sowie fördernde und hemmende Faktoren werden sichtbar.

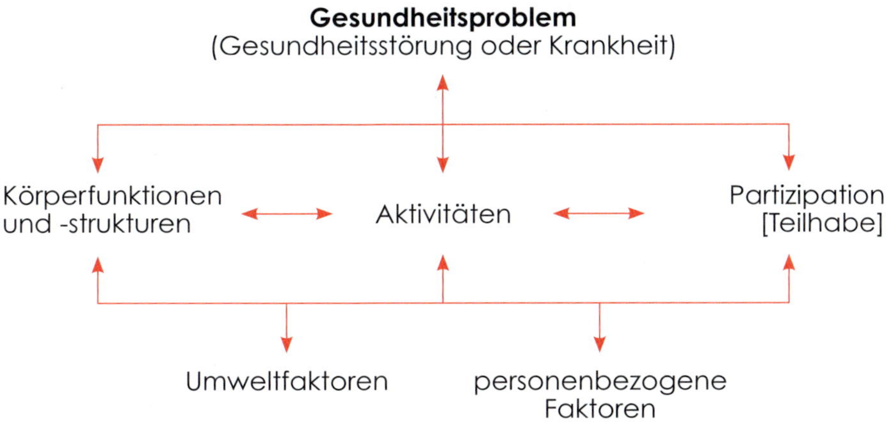

Abbildung 13: Das ICF-Rahmenkonzept der WHO (2001, S. 18; vgl. auch Bundesinstitut für Arzneimittel und Medizinprodukte 2022)

Die ICF bietet eine gemeinsame interdisziplinäre Sprache, die übergreifend für alle Fachpersonen verständlich sein kann und die das Ziel verfolgt, die Verständigung zu verbessern.

Ein Blick in die Praxis zeigt jedoch, dass die Vorstellung einer gemeinsamen Sprache sehr weit von den Umsetzungsmöglichkeiten in der Praxis abweicht. Ist es für Fachpersonen schon sehr herausfordernd, die ICF zu erfassen und in Institutionen umzusetzen, ist dies für Eltern kaum möglich. Hochbelastete Eltern haben nur wenig Kapazität, sich in ein sehr komplexes System einzudenken. Ebenso zeigen sich zusätzliche Herausforderungen bei fremdsprachigen Familien. Aber auch der Faktor Zeit spielt eine Rolle. Die Fachperson ist in ihren zeitlichen Ressourcen begrenzt und es ist kaum möglich, die Familie tiefgehend in die Philosophie und Umsetzung der ICF einzuführen. Das PINK-Konzept möchte hier eine Möglichkeit schaffen, wie die ICF-Philosophie in den Beratungs- und Begleitungsprozess der Familie hineinfließen kann, dabei diesen jedoch nicht dominiert oder stört. Dazu wird auf Visualisierung, leichte Sprache und Vereinfachung gesetzt.

Das PINK-Konzept bietet dazu zahlreiche Materialien, die unter dem Aspekt der Vereinfachung, Visualisierung und Verständlichkeit erarbeitet wurden und die ICF sowie die ICF-CY in Zusammenhang mit den Lebensräumen des Kindes aufzeigt.

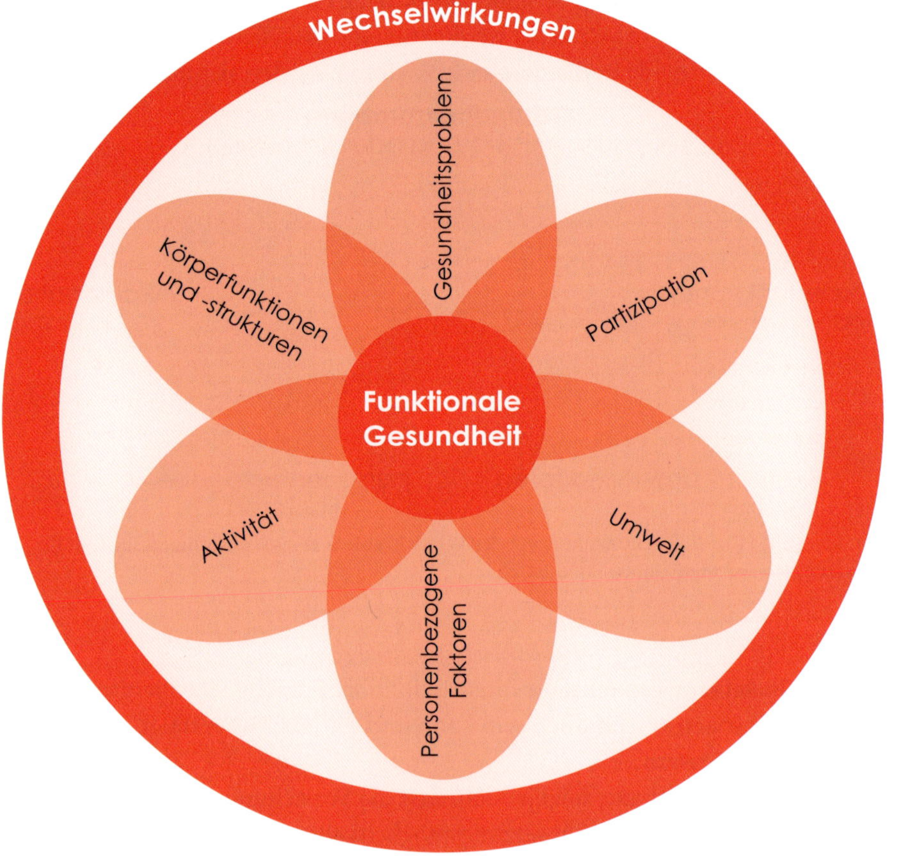

Abbildung 14: Wechselwirkungen im bio-psycho-sozialen Modell der WHO

Auf der Ebene der Erfassung des aktuellen Gesundheitszustandes wurde eine Visualisierung durch die PINK-Landkarte geschaffen. Die PINK-Landkarte ermöglicht den Eltern, einen Überblick darüber zu erlangen, in welchen Lebensräumen sie sich bewegen, wie sie und das Kind dort aktiv sein können und partizipieren. Die Darstellung der kindlichen Lebenswelt über die Lebensräume wurde gewählt, um ein Bewusstsein für den Beratungsprozess zu generieren, dass ein Problem häufig durch ein entsprechendes Verhalten in einem Lebensraum auftritt. Dieses Verhalten muss aber in einem anderen Lebensraum nicht auftreten. Diese örtliche Verbindung kann der Betrachterin, dem Betrachter sichtbar werden lassen, wie ein Problem in einem System vorhanden sein kann und in einem anderen nicht. Die Eltern können mit der PINK-Landkarte die darin liegenden Ressourcen und Barrieren erkennen. Diese visuelle Darlegung führt dazu, Lösungen zu entdecken, aus Ohnmachtsgefühlen auszusteigen und erste Handlungsschritte zu erkennen. Es geht also zunächst um die Frage »Wo«. Dies wird später noch weiter erläutert. Um nun die Welt der Eltern kennenzulernen, wurden die PINK-Lebensraumkarten entwickelt. Anhand dieser präsentieren die Eltern ihre aktuelle Situation und verorten diese auf der Landkarte. Daraus wird die aktuelle Situation des Kindes, aber auch die aktuelle Situation der Familie visuell unterstützt dargelegt. Somit findet eine Erfassung nach dem bio-psycho-sozialen Modell (Gesundheitsproblem, Körperfunktionen und -struktur, Aktivität, Partizipation, Umwelt, personenbezogene Faktoren) statt, jedoch direkt im Eltern-Kind-System und nicht isoliert nur das Kind (Abbildung 14).

Zur Visualisierung der Ressourcen, Barrieren und Durchbrechung von Barrieren sowie fördernden und hemmenden Faktoren wurden die PINK-Bewertungskarten entwickelt. Diese wurden zur Vereinfachung mit PINK-Bewertungskarte Ressource, PINK-Bewertungskarte Barriere und PINK-Bewertungskarte Weg bezeichnet (siehe Abbildung 15). Diese dienen dazu, eine sprachliche Brücke zu bauen und Ressourcen und Barrieren sichtbar werden zu lassen und somit entlang der Ressourcenerfassung auch auflösen zu können. PINK empfiehlt, die Bezeichnung der Bewertungskarte entsprechend dem Setting durch die Fachperson anzupassen.

Abbildung 15: PINK-Bewertungskarten Ressource, Barriere und Durchbrechen der Barriere (Weg)

Eine Erfassung der Ressourcen und Barrieren über die Wo-, Wann- und Wie-Fragen erleichtert, diese besser verstehen zu können, aber auch neue Wege erkennen zu können und einzuleiten. Dazu können von der Fachperson die untenstehenden Fragen genutzt werden.

- *Was* macht das Kind für Aktivitäten? (Aktivität, Partizipation)
- *Wo* zeigt sich die Barriere? (Ort)
- *Wann* zeigt sich die Barriere? (Zeit)
- *Wie* zeigt sich die Barriere? (Darstellung)
- *Wo, wann* und *wie* hat es funktioniert? (Ressource)

Das ICF-Modell legt einen weiteren Fokus auf die Wechselwirkungen. Die funktionale Gesundheit ergibt sich aus den Wechselwirkungen von Gesundheitsproblem, Körperfunktionen und -struktur, Aktivität, Partizipation, Umwelt und personenbezogenen Faktoren (Abbildung 14).

Die Wechselwirkungen ermöglichen, Hindernisse nicht als in jeder Situation gleich gegeben zu betrachten. Sie leiten uns auf dem Weg, wenn wir nach Lösungen suchen oder die lösungsorientierte Gesprächsführung einsetzen. Hindernisse sind häufig an einen Ort gebunden, da die menschlichen Verhaltensweisen (z. B. Aktivitäten) vom Kontext abhängig sind. Ressourcen lassen sich dann oft erkennen, wenn an anderen Orten danach gesucht wird.

Eine Familie erzählt, dass es schwer ist, dass das Kind am Essen zu Hause teilnimmt. Die Familie hat noch zwei weitere kleine Kinder, die viel Aufmerksamkeit beim Essen benötigen. Dies ist eine Einschränkung, die zu Hause stattfindet (Barriere), bedingt dadurch, dass die Mutter allein mit drei Kindern isst. Wechseln wir bei diesem Kind jedoch die Örtlichkeit und schauen uns das Essen in der Kindertagesstätte an, ist die Teilhabe beim Essen kein Problem (Kontext). Dies bedingt dadurch, dass das Kind dort eine zugewiesene Person hat, die mit dem Kind zusammen isst (Ressource).

Das Beispiel verdeutlicht, dass eine Barriere oder eine belastende Situation häufig an einen Ort gebunden ist. Es zeigt sich, dass es kein grundsätzliches Hindernis gibt, am Essen teilhaben zu können. Es ist in diesem Fall abhängig von den Umweltfaktoren, die in der Kindertagesstätte anders gestaltet sind als bei der Familie zu Hause. Somit können schon erste Ressourcen erkannt und Lösungsmöglichkeiten angedacht werden.

Die PINK-Landkarte lässt diese Betrachtung, »Wo« Aktivitäten und Partizipation stattfinden, in der Form von Lebensräumen zu. Im Zentrum steht das Kind mit seinem Gesundheitsproblem, seinen Körperfunktionen und -strukturen. Die Frage nach dem »Wie« zeigt die Ressourcen und Barrieren in den jeweiligen Lebensräumen auf. Die nachfolgende Grafik (Abbildung 16) stellt die Wechselwirkung von »Wer«, »Wo« und »Wie« dar, damit aktiv sein und partizipieren möglich ist.

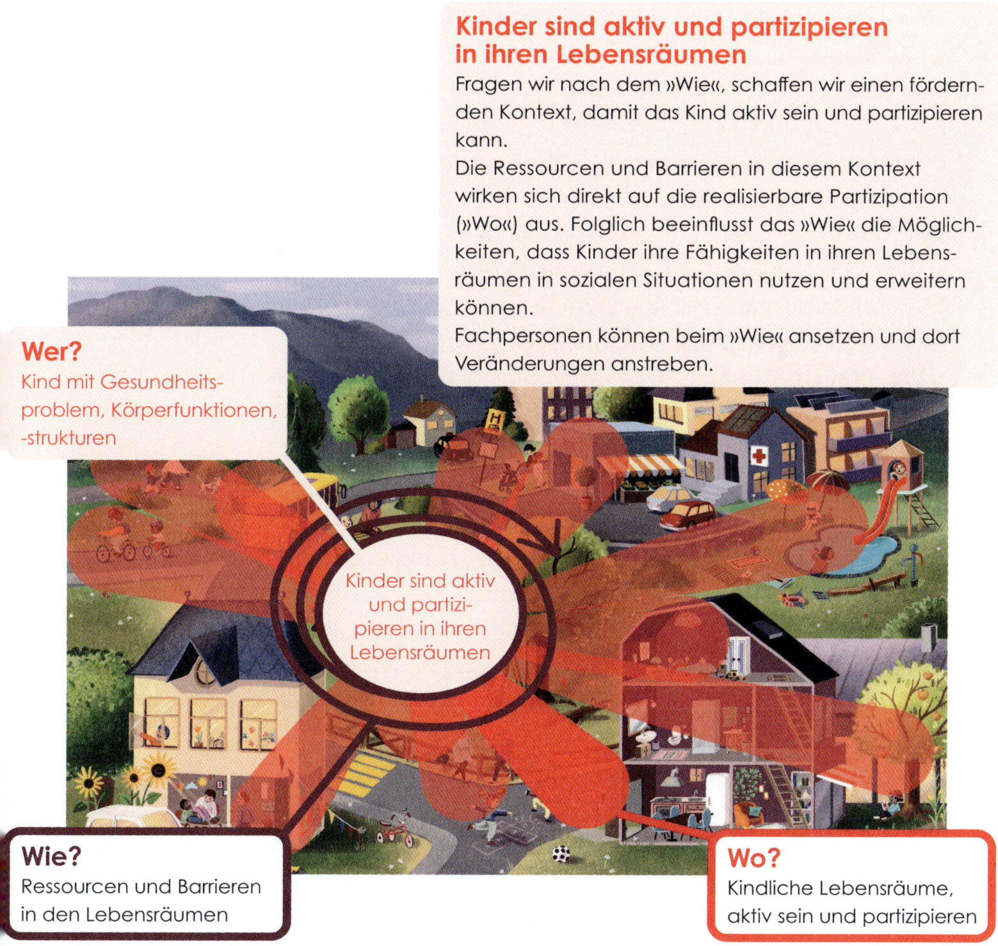

Abbildung 16: Wechselwirkungen des ICF-Modells verbunden mit der PINK-Landkarte

Durch die Darstellung des aktuellen Gesundheitszustandes auf der Landkarte mit den PINK-Bewertungskarten kann erkannt werden, in welchem Lebensraum sich Ressourcen oder auch Barrieren zeigen. Positive und negative Wechselwirkungen können so im gemeinsamen Gespräch besprochen werden.

Das Aufbrechen von Barrieren kann möglich werden, wenn bewusst Ressourcen auf der PINK-Landkarte in der Welt der Familie gesucht werden. Eventuell finden wir eine Person, die eine Ressource darstellt oder erkennen, dass in einer Situation Partizipation in einem Lebensraum möglich ist und in einem anderen nicht (siehe Fallbeispiel S. 100). Die Erfassung der Wechselwirkungen ermöglicht es, neue Lösungswege zu finden. Eine Lösungssuche kann kreativ sein. Die Kontextfaktoren spielen gerade hier eine bedeutsame Rolle bei der Lösungssuche.

Das Modell von Bronfenbrenner (1981) ermöglicht, die Familie oder das Kind in ihren verschiedenen Systemen (Mikro-, Makro- etc.) zu erfassen. Die Erfassung des Systems ist jedoch immer eine Momentaufnahme, wie das obige Beispiel zeigt. Das System verändert sich, je nach Lebensabschnitt des Kindes.

Dies lässt sich auf die Erfassung in Bezug auf das ICF-System übertragen. Eine Erfassung nach ICF in einem Beratungsgespräch ist ebenso eine Momentaufnahme. Dies kann sich schon nach einer Woche verändern oder aber erst nach einigen Monaten. Das System, in dem sich das Kind und die Familie bewegen, befindet sich dauerhaft in Bewegung. Es ist durch innere und äußere Einflüsse in einem dauerhaften Veränderungsprozess.

Die ICF wird in der Heilpädagogik auch als Instrument verwendet, um Ziele zum Beispiel in Förderprozessen zu formulieren. Dabei steht zum einen die Ausrichtung nach der Philosophie der ICF, zum Beispiel partizipative Ziele formulieren, im Vordergrund, zum anderen auch die Nutzung der ICF-Sprache als solches. Zusätzlich wird in der Heilpädagogik auf die ICF-CY zurückgegriffen, um entwicklungsorientierte Aktivitäten und die Partizipation von Kindern in den Blick zu nehmen. Das PINK-Konzept möchte auch hier vereinfachen und hat dafür den PINK-Flip geschaffen. Dieser bildet den PINK-Lebensraum ab und bietet die Möglichkeit einer Verknüpfung zur ICF.

PINK möchte die ICF und die ICF-CY in den Beratungs- und Begleitungsprozess einfließen lassen. Die Philosophie der ICF spiegelt sich auch im PINK-Mindset wider. Da die Eltern der ICF-Sprache jedoch nicht mächtig sind, nimmt dies Einfluss auf die Zusammenarbeit auf Augenhöhe. Für eine gemeinsame Kooperation benötigt es eine gemeinsame Sprache (siehe Kapitel 2 »Das PINK-Mindset«). Die Autorinnen dieses Buches sind der Ansicht, dass die ICF-Sprache nicht eins zu eins, wie aus dem Lehrbuch in einen Beratungs- und Begleitungsprozess übertragen werden kann. Es benötigt eine Übersetzung in eine gemeinsame Sprache mit den Eltern.

Die ICF als statisches System zu betrachten, das erfüllt ist, wenn alle Checklisten ausgefüllt sind, wird keine Wirkung zeigen. PINK möchte die ICF beweglich werden lassen. Erst dadurch kann sie ihre volle Wirkung zeigen.

5.3 Baustein Lebensräume in PINK

Von Anfang an »teilzuhaben«, ist bedeutsam für eine tragfähige Entwicklung des Kindes. Die kindlichen Lebensräume stellen einen wichtigen Ausgangspunkt dar, um die Lebenswelt des Kindes und dessen Familie sichtbar zu machen. Das Kind erwirbt das Wissen und Verständnis für die eigene Person nicht nur durch seine Beziehungen zu bedeutsamen Bezugspersonen, sondern auch durch die Auseinandersetzung mit seiner physischen Umwelt (unter anderem Gegenstände, Räume). Dieser Austausch mit der sozialen und räumlichen Umwelt stößt Entwicklungsprozesse an, das Kind erlebt sich selbstwirksam.

Der Raum stellt dabei einen Erfahrungsraum dar, in dem soziale Interaktionen stattfinden. Diese sozialen Erfahrungen unterstützen die Identitätsentwicklung und Sozialisation eines Menschen. Die Familie gilt unbestritten als wichtigste Sozialisationsinstanz. Der Alltag eines Kindes erschließt jedoch weit mehr Lebensräume als nur das System Familie. PINK betrachtet die kindlichen Lebensräume nicht nur im engen System Familie, sondern erweitert den Blick auf alle Beziehungen und Erfahrungsräume außerhalb der Familie. Jeder Lebensraum hält Entwicklungsaufgaben bereit, die gelingend bewältigt werden müssen, damit der Mensch (in diesem Fall das Kind) größtmöglich selbstständig und in seiner Lebenswelt teilhat. Die Lebenslage von Kindern mit Beeinträchtigungen ist oft geprägt von einer zeitintensiven medizinischen und therapeutischen Betreuung. Deshalb ist es umso zentraler, den Fokus auf die Lebensräume inner- und außerhalb der Familie zu setzen, damit sich die Lebenswelt des Kindes und dessen Familie an einem normalisierten Alltag orientiert.

Die Erfahrungsräume der Kinder sind vielfältig, der Wohnraum, das Bad, das Schlafzimmer, der Garten, der Wald, der Spielplatz, die Spielgruppe, die Kindertagesstätte, bei Freunden, beim Einkaufen, beim Arzt und viele weitere.

Damit Kinder sich in ihren Lebensräumen entwickeln können, benötigen sie entsprechende Rahmenbedingungen und ein Umfeld, welches sie dabei begleitet. Welche Räume dem Kind für seine Entdeckungen offenstehen, ist von vielen Faktoren abhängig, sei es von der allgemeinen Alltagsgestaltung, finanziellen Familiensituation, Arbeitssituation der Eltern, Einstellung der Eltern zu bestimmten Aktivitäten, den bisherigen Erfahrungen der Kinder und vieles mehr. Kinder können in ihren Wesenszügen beispielsweise offen, fröhlich, zurückhaltend, ängstlich, destruktiv, stur und redselig sein. Auch aufgrund von Entwicklungsbeeinträchtigungen des Kindes können Eltern herausgefordert sein. Gepaart mit den einflussnehmenden Faktoren, die oben genannt wurden, beeinflussen sich die Bedingungen, die Wirkung der Eltern-Kind-Interaktionen und die Möglichkeiten, um dem Kind Lebensräume zu erschließen, gegenseitig. Das bedeutet auch, dass in jedem Lebensraum fördernde oder hemmende Faktoren bestehen können, die auf die Entwicklung des Kindes einwirken. Eine Barriere oder ein fördernder Faktor ist oftmals an einen Lebensraum gebunden. Das heißt, was zu Hause gelingt, kann an einem anderen Ort zum Beispiel in der Spielgruppe eine Barriere darstellen. Diese Barrieren können sich auf das Wohlgefühl in bestimmten Lebensräumen auswirken und zum Beispiel zur Folge haben, dass dadurch gewisse Lebensräume gemieden werden. Diese Erfahrungsräume mit ihren jeweiligen Bedingungen und Wirkungen sind somit Katalysatoren für die individuelle Entwicklung des Kindes, aber auch der Eltern in ihrer Elternrolle. Deshalb ist es wichtig, dass gemeinsam mit den Eltern herausgearbeitet wird, in welchen Lebensräumen das Kind und die Familie teilhaben kann und wo diese Teilhabe eingeschränkt ist und warum.

Die PINK-Landkarte orientiert sich in der Typologisierung der Lebensräume maßgebend an der Publikation von UNICEF »Planung und Gestaltung von kindlichen Lebensräumen« (2020). Diese Typologisierung gründet auf zwei Studien von Meyer (2012, S. 14) und Blinkert, Höfflin, Schmider und Spiegel (2015). In Bezug auf diese fachliche Referenz ordnen sich die Räume in der PINK-Landkarte der kindlichen Lebensräume folgendermaßen in die drei übergeordneten Typen »Innenräume«, »Außenräume« und »Zwischen- und Verbindungsräume« (abrufbar als Downloadmaterialien). Diesen Raumtypen wurden spezifische Räume von uns zugeteilt, die sich auf die Zielgruppe Familien und Kinder in der Frühen Kindheit beziehen. Die Auswahl der kindlichen Lebensräume orientiert sich an den Entwicklungsaufgaben von Kindern in der Frühen Kindheit und an den Lebensräumen, die sich in einer eigenen Erhebung bei Fachpersonen in der Frühen Kindheit als bedeutsam und lebensnah zeigen. Die gewählten Lebensräume können in Verbindung mit den individuellen Lebenswelten der begleiteten Kinder und Familien verändert und erweitert werden. Die Lebensräume der Kinder und Familie können in ihrer Lage und Dimension vielfältig sein und erfordern, sich den Lebensräumen anzupassen.

Für die Typologisierung »Innenräume« (siehe Abbildung 17) wurden für die PINK-Landkarte die Räume »Zuhause«, »Wohnzimmer«, »Küche/Essen«, »Badezimmer« und »Schlafzimmer/Schlafen« ausgewählt. Die Erfüllung von Grundbedürfnissen wie Essen, Schlafen, Stuhlgang, Nähe und Geborgenheit, die eine sichere Bindung und Basis ermöglichen, stehen im frühen Kindesalter noch im Vordergrund. Somit wurde sich für diese Räumlichkeiten entschieden, die als wichtige Anker im Gespräch mit den Eltern eingeschätzt werden.

INNENRÄUME auf der PINK-Landkarte

Zuhause
Das Zuhause ist der alltägliche Lebensraum von Kind und Familie. Es bezieht sich auf das Zusammenleben als Familie. Das Teil-sein in der Familiengemeinschaft ist eine bedeutsame Basis für die Entwicklung.

Wohnzimmer
Das Wohnzimmer ist ein Ort, an dem sich die Familie trifft, sich austauscht und gemeinsamen Aktivitäten nachgeht (z. B. spielen).

Küche/Essen
Die Küche ist der tägliche Lebensraum, in dem das Essen der Familie zubereitet wird. Für Kinder finden hier die ersten Schritte zum selbstständigen Essen/Trinken statt. Ebenso helfen sie mit, das Essen zuzubereiten.

Schlafzimmer/Schlafen
Ausreichend Schlaf ist ein elementares Bedürfnis des Menschen und wichtig für die Gesundheit und das Wohlbefinden. Der Schlafplatz stellt auch einen Rückzugsort dar. Schlafen und Durchschlafen ist eine kindliche Entwicklungsaufgabe.

Badezimmer
Im Badezimmer werden die täglichen Bedürfnisse wie Körperausscheidungen, sich waschen oder wickeln erledigt. Es ist ein interessanter Ort für Kinder. Sie entdecken ihren Körper und lernen, wie sie für ihre körperliche (hygienische) Gesundheit sorgen können.

Abbildung 17: Innenräume auf der PINK-Landkarte

Für die Typologisierung »Außenräume« (siehe Abbildung 18) wurden für die PINK-Landkarte die Räume »Spielplatz«, »Spielstraße/Garten«, »Wald/Park« und »Freibad« gewählt. Das »Freibad« wird jedoch in PINK als zusätzlicher Außenraum für das Gespräch angeboten. Kinder im frühen Kindesalter entdecken ihre Umwelt, indem sie spielen, mit anderen Kindern in Kontakt treten und auch die Natur mit allen Sinnen entdecken können. Bewegen, spielen, sich mitteilen, soziale Beziehungen knüpfen, fühlen, tasten, hören sind entwicklungsförderliche Aktivitäten für ein Kind im frühen Kindesalter. Vordergründig haben wir die Spielräume und Erlebnisbereiche im Außenraum ausgewählt, die im Alltag der Familien unabhängig von Land und Stadt vorhanden sind.

AUßENRÄUME auf der PINK-Landkarte

Spielplatz
Spielplätze sind ein Ort der Begegnung und ein wichtiger Ort für Kinder, um Fertigkeiten für unterschiedliche Lebensbereiche zu entwickeln.

Spielstraße/Garten
Die Spielstraße/der Garten regt zum Spielen und Entdecken an. Im Garten/in der Spielstraße ist der Kontakt zu anderen Kindern möglich. Dieser Lebensraum lässt die Kinder sich selbst in Bewegung erleben, die Natur und ihre Kreativität entdecken.

Wald/Park
Im Wald entdecken Kinder das Tier- und Pflanzenreich und können Naturmaterialien tasten. Der Wald/Park ist auch ein Rückzugsort.

Freibad
Freibad ist eine Freizeitaktivität, die das Element Wasser erkunden lässt. Mit anderen Kindern im Wasser spielen, ist eine lustvolle Aktivität.

Abbildung 18: Außenräume auf der PINK-Landkarte

ZWISCHEN- und VERBINDUNGSRÄUME auf der PINK-Landkarte

Fortbewegung
Fortbewegungsmittel, mit denen das Kind und seine Familie von einem Ort an den anderen gelangt.

Abbildung 19: Zwischen- und Verbindungsräume auf der PINK-Landkarte

WOHNUMFELD auf der PINK-Landkarte

Nachbarschaft/ Freundschaft
Beziehungen zur Nachbarschaft und zu Kindern im Quartier zu pflegen, erweitert den Lebensraum Zuhause und sind bedeutsame Ressourcen für die Kinder. Die Freundschaften aus der Vorschule und dem Bekanntenkreis sind wertvolle Entwicklungsbegleiter.

Garten/Spielstraße
Der Garten/die Spielstraße regt zum Spielen und Entdecken an. Im Garten/ in der Spielstraße ist der Kontakt zu anderen Kindern möglich. Dieser Lebensraum lässt die Kinder sich selbst in Bewegung erleben, die Natur und ihre Kreativität entdecken.

Abbildung 20: Wohnumfeld auf der PINK-Landkarte

Für die Typologisierung der »Zwischen- und Verbindungsräume« (siehe Abbildung 19) wurden für die PINK-Landkarte verschiedene Fortbewegungsmittel dargestellt. Stellvertretend ist es der Bus, der die Fortbewegungsmittel darstellt. Kleine Kinder sind mit dem Dreirad, Fahrrad, Kinderwagen, zu Fuß, mit dem Bus, mit dem Auto und so weiter unterwegs. Die Verbindungen von Lebensraum zu Lebensraum sind durch unterschiedliche Wege zu bewältigen, sei es entlang einer Straße, auf einem Waldweg oder über einen Fußgängerstreifen. Die Fortbewegung ist ein zentrales Element, um sich Lebensräume außerhalb des Wohnraumes erschließen zu können. Wege verbinden die Möglichkeit, selbstwirksam zu sein, mit Gefahren umgehen zu können oder auch den Weg gemeinsam mit Freundinnen oder Freunden zu entdecken.

Die Innenräume, Außenräume und Zwischen- und Verbindungsräume können in Anlehnung an UNICEF (2020) noch mit dem »Wohnumfeld« (siehe Abbildung 20) und »Rauminseln« (siehe Abbildung 21) erweitert werden, damit die kindlichen Lebensräume in vollem Umfang abgebildet werden können. Das »Wohnumfeld« (wohnungsnahes Umfeld 50–500 Meter) steckt den Raum ab, den die Kinder nach und nach selbstständig bewältigen können. Die »Rauminseln« sind weiter weg von der Wohnung und können nicht selbstständig von den Kindern erreicht werden, da sie sich zum Beispiel in einem anderen Orts-

RAUMINSELN auf der PINK-Landkarte

Kita/Spielgruppe
Die Kita/Spielgruppe ist ein Ort, an dem die Kinder miteinander in Kontakt kommen und Alltagshandlungen teilen können.

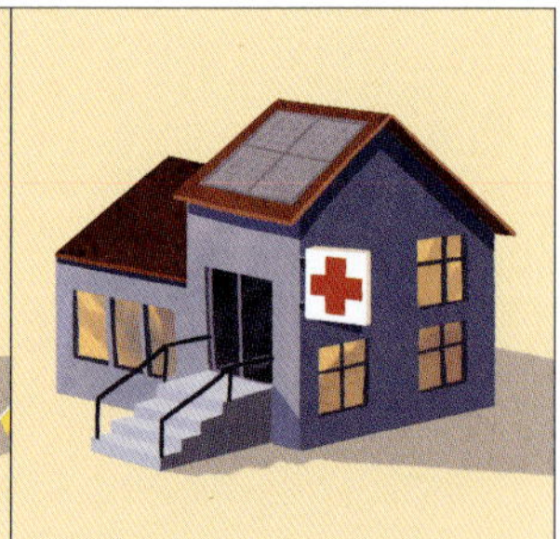

Ärztliche Versorgung
Der Besuch bei Ärztinnen und Ärzten kann für Kinder und Familien mit Sorgen und Ängsten verbunden sein. Für die physische und psychische Versorgung ist es eine wichtige Anlaufstelle.

Einkaufen
Einkaufen gehört zum Alltag dazu und kann alle miteinbeziehen. Beim Einkaufen können der Umgang mit Lebensmitteln, Zuordnungen der Lebensmittel, der Wert des Geldes und auch die Selbststeuerung gelernt werden.

Abbildung 21: Rauminseln auf der PINK-Landkarte

Abbildung 22: PINK-Landkarte mit den kindlichen Lebensräumen

teil befinden (z. B. Kinderturnen). Das Wohnumfeld und die Rauminseln können sich in den Familien sehr unterscheiden. Es sind jedoch beides Räume, die für die Partizipationsmöglichkeiten von Kindern in der Frühen Kindheit sehr bedeutsam sind. Es sind die Lebensräume, die die sozialen Beziehungen stärken und sich durch spielerische Erfahrungen weiterentwickeln. In den Rauminseln wurden auch die Räume »ärztliche Versorgung« und »Einkaufen« zugeteilt, da dies Lebensräume sind, die im Alltag des Kindes und der Familie regelmäßig zum Tragen kommen.

Die Zuteilung der Lebensräume in Wohnumfeld und Rauminseln kann aufgrund der realen Gegebenheiten abweichen. Wenn der Garten nicht direkt bei der Wohnung ist, sondern ein Kilometer von der Wohnung entfernt in einem Schrebergartenquartier, so ist der Garten ein Außenraum. Somit ist auch die Zuteilung in die Raum-Typen individualisierbar. Wir haben in PINK deshalb den Lebensraum Garten/Spielstraße als Kärtchen zusammengefasst, da sich die Wohngegebenheiten der Familien bei diesen Lebensräumen oftmals unterscheiden. Auf der PINK-Landkarte ist ein Gartenbeet noch separat abgebildet.

Die PINK-Landkarte visualisiert die Lebensräume möglichst schlicht und kultursensitiv, damit sich das Eltern-Kind-System mit seinen persönlichen Lebensräumen wiederfindet (vgl. Abbildung 22).

Die *Innenräume* Wohn-, Schlaf-, Badezimmer und Küche sind im Wohnkomplex rechts unten dargestellt. Die *Außenräume* sind in der Mitte als Spielwiese mit Spielgelegenheiten, oben links als Wald/Park und in der Mitte rechts als Freibad visualisiert. Bei der Spielwiese wurden Spielmaterialien ausgewählt, die lebensnah für neurotypische und -diverse Kinder sind.

Bei der Spielstraße und auf der Spielwiese sind bewusst Interaktionen zwischen Kindern auf verschiedenen Altersstufen abgebildet. Ebenso Erwachsene verschiedensten Alters, aus verschiedensten Kulturen, die im Austausch stehen. Die Verbindung zum Interaktionsgeschehen ist nicht nur einem Lebensraum zugeordnet, sondern bezieht sich auf jeden Lebensraum. Hier ist bedeutsam, ob es soziale Ressourcen gibt, die zu einem gelingenden Alltag beitragen (könnten), das heißt, ob die Familie in ihrer Lebenswelt sozial gut vernetzt ist und auf ein Helfer:innennetzwerk, sei es durch Großeltern, Nachbarschaft oder Freunde, zurückgreifen kann. Der Bezug zu Tieren kann überall auf der Karte aufgegriffen werden (vgl. Katze vor dem Gebäude rechts unten, Vogel auf dem Baum auf der Spielwiese, der Hund auf dem Spaziergang beim Wald). Dies ermöglicht auch das Sprechen über Haustiere und weitere Ressourcen und Barrieren, die sich im Alltag ergeben.

Die *Zwischen- und Verbindungsräume* sind die Wege auf der Landkarte, die von Lebensraum zu Lebensraum führen und die Fortbewegungsmittel (u.a. Dreirad, Fahrrad, Bus, Auto). Die Verbindungswege zwischen den Lebensräumen sind unter Umständen nicht realitätsnah abgebildet, gewisse Lebensräume befinden sich weiter weg von zu Hause und bedingen ein Fortbewegungsmittel. Durch die Darstellung der Bushaltestelle und auch eines Parkplatzes kann hier auf die Fortbewegungsmittel und die Erreichbarkeit eingegangen werden. Auch der Umgang mit Gefahren, zum Beispiel auf den Straßen, kann mit der Betrachtung der Verbindungswege und der Spielstraße besprochen werden.

Das *Wohnumfeld* ist gestaltet mit Garten und Nachbarschafts- und Freundschaftskontakten. Treppen wurden bei den Gebäuden bewusst eingesetzt, um die vielfältige Gebäudelandschaft abzubilden und die damit einhergehenden Zugänglichkeiten und entstehenden Barrieren anzusprechen. Auch das Thema der Übergangsobjekte kann aufgegriffen werden, da das Kind unten links eine Tigerente mit ins Gebäude nimmt.

Als *Rauminsel* befindet sich weiter weg eine kleine Stadt. Dort findet sich der Einkaufsladen und ein Haus mit ärztlicher Versorgung. Diese Häuser können auch genutzt werden, um hier mögliche weitere Therapieangebote anzusiedeln oder weitere Tätigkeiten, die in der Stadt erledigt werden müssen. Unten links ist ein Gebäude dargestellt, dass ein Ort für Kind und Familien sein kann, beispielsweise die Spielgruppe, Kita, Familienzentrum.

Weiter hinten ist ein Mensch auf einem Fahrrad zu erkennen, der die Stadt verlässt. Dies kann als Freizeitaktivität verstanden werden, aber auch als Weg zur Arbeit, die weiter entfernt liegt. Mit dem Schwimmbad werden weitere Freizeitmöglichkeiten angedeutet. Das Auto vor dem Gebäude links kann das Auto der Familien darstellen oder der Fachperson, die die Familie begleitet.

Hier wird also den Fragen nachgegangen:

- Welche Lebensräume gehören zur aktuellen Lebenswelt des Kindes und der Familie?
- In welchen Lebensräumen kann das Kind aktiv sein und partizipieren?
- In welchen Lebensräumen zeigen sich Ressourcen des Kindes und der Familie?
- In welchen Lebensräumen zeigen sich Barrieren/Stolpersteine?
- Welche Lebensräume werden vermieden oder nicht genutzt, möchten aber genutzt werden?
- Wie können diese Ressourcen oder gut funktionierenden Situationen aus anderen Lebensräumen genutzt werden, damit Barrieren aufgelöst werden können?

Dieses Vorgehen ermöglicht, zentrale Informationen zum Erleben, zu den Aktivitäten inner- und außerhalb der Familie und dem sozialen Netz der Familie zu erfahren. Die Informationen im Anschluss zu bündeln, Ressourcen zu veranschaulichen und Anliegen zu eruieren, trägt wegweisend zum Verlauf des Kooperationsprozesses bei.

5.4 Baustein Lebensräume mit ICF-CY darstellen

Die Auseinandersetzung mit der ICF zeigt deutlich auf, dass die Umwelt eine Schlüsselrolle spielt, Entwicklungs- und Lernprozesse von Kindern zu fördern. Dies zeigen auch Studien aus der Inklusions- oder Spielforschung. Wenn beispielsweise Erwachsene eine positive Einstellung gegenüber der Inklusion oder dem Freispiel haben, wirkt sich dies positiv auf die Kompetenzentwicklung der Kinder aus. Das bedeutet, die Einstellung der beteiligten Personen kann bereits eine Barriere oder Ressource für die Teilhabe darstellen. Ferner zählen weit mehr Faktoren zu den Umweltbedingungen, die die Entwicklung und die Partizipation der Kinder begünstigen.

Stellen Sie sich ein Kind mit einer Mehrfachbehinderung vor, welches nicht selbstständig zu den Spielsachen krabbeln kann. Das Kind ist auf die Umwelt angewiesen, dass diese das Kind so positionieren kann, damit es eine größere

Selbstständigkeit hat. Die Eltern benötigen somit die Hinweise und Unterstützung, adäquate und entwicklungsförderliche Situationen für das Kind gestalten zu können. Die Umwelt stellt ein wichtiger Motor für die Entwicklung dar. Dabei wirken bei Kindern mit Behinderungen passende Hilfsmittel und fördernde Rahmenbedingungen nochmals viel förderlicher oder hemmender auf ihre Möglichkeiten aktiv zu sein und partizipieren zu können.

Auf der PINK-Landkarte sind verschiedene kindliche Lebensräume dargestellt. Mit den Lebensräumen Küche, Bad, Garten, Kita und Wald verbinden wir Menschen verschiedene Tätigkeiten, Erfahrungsmöglichkeiten und Lerngelegenheiten. Unter Umständen erinnern wir uns auch an Konflikte, die wir mit Gleichaltrigen oder den Erziehungsberechtigten auf dem Spielplatz oder bei Übergängen von der Spielgruppe nach Hause hatten. Diese Lerngelegenheiten bilden die bedeutsame Grundlage für Entwicklungs- und Lernprozesse bei Kindern. Es ist für die kindliche Entwicklung wichtig, dass sie diese Erfahrungen machen und dadurch auf ihrem Weg, ein selbstständiges und selbstbestimmtes Leben führen zu können, gestärkt werden.

PINK und das 8-Schritte-Verfahren setzen bei diesen Tätigkeiten und Lerngelegenheiten an, die die Lebensräume bieten und verbinden damit die ICF-CY-Bereiche der Aktivitäten und Partizipation. Unter Umständen erschließen sich die Aktivitäten und Partizipationsmöglichkeiten nicht bei jedem Lebensraum auf einen Blick. Deshalb befindet sich im Buch in Kapitel 9 ein Poster für jeden Lebensraum, der auf der Landkarte abgebildet ist. Bei den Postern haben wir bewusst die ICF-CY-Klassifikation gewählt, da die Zielgruppe im Bereich der Frühen Kindheit liegt. Die ICF-CY wurde spezifisch auf die Aktivitäten und Partizipation von Kindern und Jugendlichen ausgelegt und erschließt die Entwicklung und Lebenswelt der Kinder und Jugendlichen konkreter. Die Poster leiten die Fachpersonen somit direkter zu den entwicklungsorientierten Perspektiven der Kinder und Jugendlichen in den einzelnen Lebensräumen. Die ICF-CY-Klassifikationen können von der Fachperson selbst priorisiert und auf die Familien angepasst werden. Die ICF-CY soll für alle Beteiligten greifbar und lebensnah werden (siehe Kapitel 5.2 »Baustein ICF ganz praktisch« und Kapitel 2 »Das PINK-Mindset«). Der Anspruch der ICF-CY, die Partizipation zu ermöglichen, wird durch den direkten Bezug zu den Lebensräumen sinnhaft verknüpft und trägt dem Anspruch der teilhabeorientierten Lebensgestaltung Rechnung. Mit PINK wird aktiv thematisiert, in welchen Lebensräumen Ressourcen und Barrieren vorhanden sind, welche Gewohnheiten des Alltags bestehen und welche Lebensräume für das Kind und die Familie erschlossen werden möchten beziehungsweise könnten.

Das Poster setzt sich aus unterschiedlichen Elementen zusammen: Jeder Lebensraum wird mit dem Symbol aus den PINK-Lebensraumkarten verbunden und kurz beschrieben, was darunter verstanden wird (siehe Abbildung 23). Der Bezug zur ICF-CY wird mit dem Verweis auf die ICF-CY-Klassifikation hergestellt. Zusätzlich gibt es noch drei weitere Felder: Ein Feld, das die Aktivitäten listet, die in diesem Lebensraum ermöglicht werden, respektive vom Kind entwickelt werden können. Ein zweites Feld, welches die Verbindung zu Partizipationsmöglichkeiten und somit dem Eingebundensein in die Lebenssituation aufgreift. Das dritte Feld gibt Hinweise zu förderlichen Umweltbedingungen. Diese Poster sollen die Fachpersonen in der Durchführung des 8-Schritte-Verfahrens unterstützen, damit bei der Arbeit mit der PINK-Landkarte die Fragen nach Aktivitäten und Partizipationsmöglichkeiten präzisiert werden können. Dadurch können den Eltern die Lebensräume nachvollziehbar gemacht werden. Die Poster sind nicht abschließend, sie laden zum eigenen Weiterdenken ein.

Abbildung 23: Poster Lebensraum Einkaufen

Die Poster sind als Hilfsmittel für die Fachperson zur Gesprächsvorbereitung gedacht. Wir möchten nochmals betonen, dass die Fachpersonen andere Aktivitäten, förderliche Umweltbedingungen und ICF-CY-Codes ins Zentrum stellen können. Die Poster dienen zur Nachvollziehbarkeit der fachlichen Verbindung zwischen der ICF-Philosophie und den Lebensräumen. Sie sind somit Ideengeber:innen für Fachpersonen. Die Inhalte werden maßgeblich von der Entwicklung des Kindes und der Gestaltung der Lebensräume der Familien beeinflusst.

Was machen Sie in dem jeweiligen Lebensraum mit Ihrem Kind?
Schätzen Sie zu jedem Lebensraum ein, wie es Ihnen in dem Lebensraum mit dem Kind geht.

Kreuzen Sie den Lebensraum an:
grün: wenn es gut geht
gelb: wenn es mittelgut ist
rot: wenn dieser Lebensraum schwierig oder belastet für Sie ist.

Abbildung 24: PINK-Einschätzungsraster

Die Eltern erhalten zur Vorbereitung auf das Gespräch das PINK-Einschätzungsraster. Dabei gehen sie die PINK-Lebensräume Schritt für Schritt durch und machen ihre Einschätzung. Die übergeordneten Fragen zum PINK-Einschätzungsraster für die Eltern sind:

- Wo läuft es gut mit dem Kind?
- Wo fühlen Sie sich belastet? Wo ist es schwierig?

Die Eltern werden angeleitet, sich am normalen Lebensalltag zu orientieren und entsprechend Skalenpunkte im PINK-Einschätzungsraster einzutragen (grün = gut, gelb = mittelgut, rot = belastet/schwierig; Abbildung 24).

Beim PINK-Einschätzungsraster ist auf der Rückseite eine kurze Erklärung für die Eltern, welches die Schritte zur Vorbereitung sind und wie sie das PINK-Einschätzungsraster ausfüllen können (vgl. Downloadmaterial). Die Fachperson kann die PINK-Lebensraumkarten und diese Erläuterungen auf der Rückseite auch in verschiedene Sprachen übersetzen.

Beim individuellen PINK-Prozessbegleitungsplaner und beim PINK-Flip (siehe Abbildung 25) ist die Zuordnung zur ICF-CY-Klassifikation zusätzlich möglich. Damit kann der Schwerpunkt mit dem Aktivitäts- und Partizipationsbereich präzisiert werden.

Zusammenfassung: gewählte Schwerpunkte		
Schwerpunkt 1	Schwerpunkt 2	Schwerpunkt 3
 **Schlafzimmer/Schlafen**	 **Spielplatz**	 **Einkaufen**
ICF-CY-Ziffer	ICF-CY-Ziffer	ICF-CY-Ziffer
Gemeinsame Werte:		

Abbildung 25: Beispiel eines PINK-Flips

6 PINK fachlich vertieft

An dieser Stelle angelangt, haben Sie die Inhalte zum Mini-Handbuch alle gelesen. Sind Sie motiviert, noch mehr in PINK einzutauchen?

Die nachfolgenden Kapitel legen Ihnen die fachlichen Grundlagen ausführlicher dar. Die Bausteine PINK-Grundlagen der Beratung, PINK-Werkzeuge für die Beratung, PINK-Visualisierung und PINK-Evaluation führen differenziert aus, welche fachlichen Wurzeln PINK tragen. Diese fachlichen Vertiefungen richten sich an versierte Anwender:innen, die ihr Fachwissen auffrischen möchten. Die Kapitel dienen auch Novizinnen und Novizen im Berufsfeld der Beratung in der Frühen Kindheit, die fachlichen Bezüge vertiefter nachvollziehen zu können.

6.1 Baustein PINK-Grundlagen der Beratung

In diesem Kapitel erhalten Sie zum einen Einblick, wie Sie Beziehung und Kommunikation gewinnbringend gestalten können, und zum anderen wird das Wirkungsverständnis der Gesprächsführung in der Beratung aufgezeigt und vertieft. Herausfordernde Gesprächssituationen werden thematisiert und erste Handlungs- und Reflexionsansätze aufgezeigt.

6.1.1 Beziehung und Kommunikation gestalten

Die Kunst der Gesprächsführung, die Haltung und das Rollenverständnis im Gespräch sowie der Umgang mit schwierigen Situationen können das Gespräch grundlegend beeinflussen und lassen sich weder durch Bildform noch in einem stringenten 8-Schritte-Verfahren widerspiegeln. Das folgende Kapitel beschäftigt sich mit dieser Kunst und zeigt auf, welche Beratungsansätze, Gesprächsführungsmodelle und Werkzeuge für PINK relevant sind. Das Feld der Beratung und Kommunikation ist breit, deshalb gibt es in Kapitel 7 »Kreativ weiterentwickelt:

Ideen zum 8-Schritte-Verfahren« zusätzliche Hinweise, um diese selbst weiterzuverfolgen.

Erinnern Sie sich an Ihre Antworten auf die Frage zu Ihren Beratungsmethoden aus dem PINK-Mindset? Was haben Sie geantwortet?

	Frage
1	… Ihre Beratungskompetenzen:
14	… Welche Gesprächs- und Beratungstechniken haben Sie eingesetzt?

Nehmen Sie Ihre Reflexion mit in die weitere Ausführung des Beratungskapitels und erweitern Sie Ihren Werkzeugkasten Schritt für Schritt.

Blicken wir zuerst auf das Setting der Beratung in der Frühen Kindheit, auf welches wir Bezug nehmen.

Die Beratung verlangt von den Fachpersonen, dass sie die lebensweltlichen Rahmenbedingungen der Familien berücksichtigen. Es gibt meistens kein festes Setting, das in der Beratung stattfindet, sondern es geht darum, ein angemessenes Setting im individuellen lebensweltlichen Kontext der Familien herzustellen. Das Erstgespräch findet unter Umständen auf der Terrasse statt, in der Institution oder bei der Familie zu Hause. Dem Beratungsrahmen müssen somit passende Konturen gegeben werden, damit der Einstieg ins Boot gelingt. Das Gespräch findet bei der aufsuchenden Beratung in der Regel am Lebensort und in den familiären Lebensräumen statt. Im Gespräch leitet uns die systemische Denkweise. Somit ist entscheidend, dass bei einem systemischen Beratungsverständnis keine linear-kausalen Zusammenhänge gemacht werden, dass eine Ursache zu einem Ergebnis führt. Das systemische Beratungsverständnis geht davon aus, dass Wechselwirkungen zwischen dem Verhalten aller beteiligten Personen auf einzelne Personen und das gesamte System bestehen. Dieses zirkuläre Denken ist ein bedeutender Faktor, systemisch zu denken und zu handeln.

Beratungsmomente können auch in Tür-und-Angelgesprächen entstehen, ad hoc am Telefon oder im Wartezimmer. Aber am Anfang des Begleitungsprozesses ist es der Erstkontakt, mit dem die Prozessbegleitung startet. Beim Erstkontakt beginnt eine soziale Situation, in der Menschen in Beziehung zueinander treten. Nur wenn Menschen in Beziehung zueinander treten, ist Kooperation und ein gemeinsamer Prozess möglich. Was braucht es, damit Menschen in Beziehung treten können? Bauer (2014) beschreibt die Beziehungskompetenz in sechs Komponenten für eine erfolgreiche zwischenmenschliche Beziehung: »1. Sehen und Gesehenwerden, 2. Gemeinsame Aufmerksamkeit, 3. Emotionale Resonanz, 4. Gemeinsames Handeln, 5. Grundsätzliche Kooperationsbereitschaft und 6. Das Verstehen von Motiven und Absichten« (Bauer 2014, S. 193 f.). Im 8-Schritte-Verfahren sind die Komponenten »Sehen und Gesehenwerden«, die »gemeinsame Aufmerksamkeit«, die »emotionale Resonanz« und »das Verstehen von Motiven und Absichten« in den Schritten 1, 2 und 3 enthalten. Die Fachperson nimmt sich Zeit, den Eltern zuzuhören und zu erfahren, wie die aktuelle Lebenssituation aussieht. »Das gemeinsame Handeln« und die »grundsätzliche Kooperationsbereitschaft« erstrecken sich über alle Schritte hinweg. Gerade das Auslegen der Lebenssituation auf der Landkarte und die gemeinsame Priorisierung der Schwerpunkte stützt sich auf gemeinsames Handeln. Ferner ist das gemeinsame Handeln im 8. Schritt des 8-Schritte-Verfahrens tragend. Dort beginnt die Phase, in der gemeinsam an den Schwerpunkten gearbeitet wird. Die Umsetzung dieser sechs Komponenten nach Bauer (2014) benötigen nebst Zeit, Rollenperformanz und Klarheit auch Kommunikation. Die Kommunikation leistet einen bedeutsamen Anteil an eine beziehungsstiftende, professionelle Prozessbegleitung. Diese baut darauf auf, dass sich die Fachperson an Absprachen hält, sich die Anliegen der Eltern anhört und die Stärken des Kindes und der Familie erkennt. Die positive Haltung gegenüber dem Kind und der Familie fördert die professionelle Beziehung.

Was Sie über die PINK-Kommunikation wissen sollten

Die Stärken anzuerkennen, bezieht sich auch darauf, den Eltern die gelingenden Kompetenzen zurückzumelden. Für das Gelingen der Beratung spielt somit die Kommunikation zwischen Berater:in und Eltern eine wichtige Rolle. Wenn Sie sich an das PINK-Mindset erinnern – dort wird Kommunikation als Gelingensfaktor aufgeführt. Dem Gelingensfaktor »Kommunikation« in PINK liegt ein Kommunikationsverständnis zugrunde, dass nicht mit einer spezifischen Beratungsmethode oder einem Beratungsansatz dargestellt werden kann.

Abbildung 26 zeigt auf, welche Kernelemente im Sprachverhalten, Sprechverhalten und dem optisch wahrnehmbaren Verhalten in PINK in der Umsetzung und Reflexion der eigenen Kommunikation mit den Eltern wichtig sind. Die Kernelemente lassen die nonverbale und verbale Kommunikation sichtbar werden. Dahinter liegen jedoch Dynamiken und die Wirkkraft von Kommunikation, die in Beziehungen entstehen. Diese stützen sich auf die Rahmenbedingungen, Beratungsmethoden und Gesprächsführungstechniken (siehe Kapitel 6.2 »Baustein PINK-Werkzeuge für die Beratung«).

Das *Sprachverhalten* zeichnet sich durch einen einfachen Wortschatz und Satzbau aus. Der sprachliche Ausdruck ist anschaulich und konkret. In PINK wird das Sprachverhalten mit den visuellen Darstellungen wie zum Beispiel PINK-Landkarte, PINK-Lebensraumkarten und PINK-Bewertungskarten unterstützt. Dabei setzt das PINK-Konzept darauf, dass die eigenen Befindlichkeiten mit visuellen Darstellungen leichter ausgedrückt und verstanden werden können und die verbale Ebene ergänzen. In einem zweiten Schritt ist es dann oft einfacher für die Sprecherin, den Sprecher, selbst bei sich wahrzunehmen, was es ausmacht, dass ein Bereich als zufriedener bewertet wurde als ein anderer.

Da sich PINK auf die ICF-Philosophie stützt und diese eine komplexe Fachterminologie mit sich bringt, wird diese in den Gesprächen mit den Eltern vereinfacht. Dazu dienen die visualisierten Darstellungen. Dadurch, dass PINK die ICF-Philosophie integriert, entspricht die Ausrichtung der Prozessbegleitung »partizipativ und individuell« der Umsetzung einer gemeinsamen Sprache unter Fachpersonen (siehe Kapitel 2 »Das PINK-Mindset« und Kapitel 5.2 »Baustein ICF ganz praktisch«). Auch wenn sich die ICF noch nicht in allen Berufsfeldern gleichermaßen etabliert und vor allem implementiert hat, ermöglicht PINK eine Durchlässigkeit, dass das Konzept auch von Fachpersonen verstanden werden kann, die die ICF noch nicht nutzen. Damit sich die Fachperson im 8-Schritte-Verfahren konkret und einfach ausdrücken kann, ist eine Vorbereitung über die passenden Formulierungen im Vorfeld nützlich.

Das *Sprechverhalten,* unterteilt in Stimme, Sprechtempo/Pausen und Sprechmelodie/Artikulation, sind Kernelemente, die den Gelingensfaktor »Zeit« unterstreichen. Sich Zeit nehmen und Pausen machen, auch Pausen aushalten, nicht zu viele Fragen auf einmal stellen, sondern sich für eine gezielt entscheiden, den Eltern die Zeit zum Antworten geben und dann die nächste Frage stellen, sind wirksame Aspekte der Gesprächsführung. Achten Sie also darauf, dass Ihr Fragetempo eher langsam als schnell eingesetzt wird. Es gibt den Befragten ausreichend Zeit, die Frage zu verarbeiten und es wird auch das Gefühl vermittelt, reagieren zu dürfen. Ein langsames Fragetempo wirkt beruhigend. Wenn am Ende einer Frage langsamer gesprochen wird, zeigt die Person dadurch, dass sie ausgeredet hat (Delfos 2004).

Haben Sie auch schon einmal eine Audioaufnahme von einem Gespräch von sich gemacht? Wie wirkt Ihre Stimme? Entspannt, gepresst, angespannt, fröhlich? Würden Sie sich bei dieser Stimme, Sprechmelodie und Artikulation wohlfühlen, wenn Sie ihr gegenübersitzen würden?

Mit dem Sprechverhalten transportieren wir Informationen auf der zwischenmenschlichen Ebene, die Anerkennung, Empathie und Wertschätzung ausdrücken können. Auch der eigene Gemütszustand wird durch das Sprechverhalten unbewusst übermittelt.

Das *optisch wahrnehmbare Verhalten,* also Mimik und Gestik, hat einen wesentlichen Beitrag zum Ausdrücken der Haltung, Emotionen und kann den Gesprächsinhalt positiv unterstützen. Ein Gespräch, in der Gesprächspartner:innen angespannte Körperhaltungen zeigen oder nervös auf dem Stuhl herumrutschen, sendet nonverbale Signale an das Gegenüber. Die Signale können vielfältig interpretiert werden, dass das Gespräch womöglich anstrengend, belastend oder aufreibend ist. Eine zugewandte Körperhaltung (leicht nach vorne gebeugt, Augenkontakt, Arme offen) drückt Interesse und Anerkennung aus.

Diese drei Bereiche Sprachverhalten, Sprechverhalten und optisch wahrnehmbares Verhalten sind in allen 8 Schritten des 8-Schritte-Verfahrens bedeutsam (siehe Abbildung 26). Gelingt es der Fachperson, diese Kernelemente passend umzusetzen, schafft sie eine Basis, auf der sich Vertrauen und Kooperation aufbauen können.

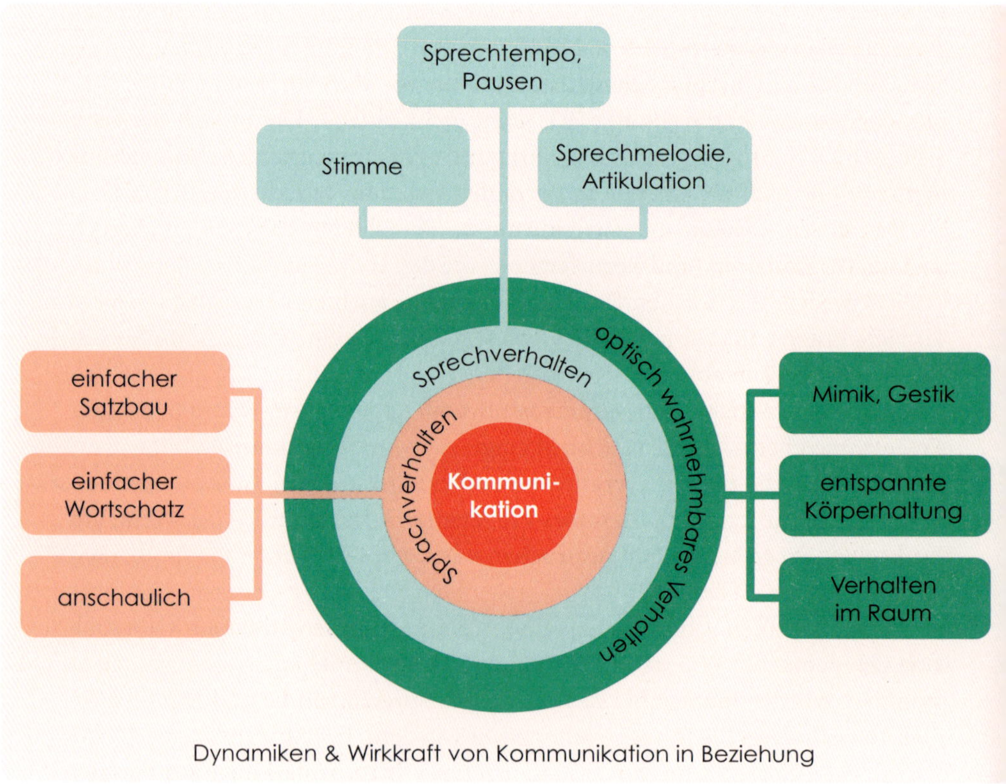

Abbildung 26: Kommunikation in PINK

Wenn die Prozessbegleitung startet
Blicken wir nochmals zurück zum Kontaktmoment, in dem die Prozessbegleitung startet – der Erstkontakt. Der Erstkontakt mit der Familie stellt oft einen Knackpunkt in der Zusammenarbeit mit Eltern dar. Gelingt es uns, dass wir alle in Beziehung treten können?

In unserem Berufsalltag als Fachperson haben wir oft erlebt, dass wir als »Expertinnen bzw. Experten« oder auch als »Ratgebende« in der Familie angesehen wurden. Aber was hat das zur Folge?

Eltern fragen nach Rat und nach Tipps.

Bereits vor und während des Erstkontakts entstehen Erwartungen bei den Eltern, da sie in der Alltagsgestaltung mit dem Kind Unterstützung benötigen. Diese Erwartungen zeigen sich in ihren Fragen in drei Teilen. Es beschäftigen sie Fragen zum Kind, was mit ihm los ist und sie erwarten von der Fachperson Wissen rund um die Diagnose oder Entwicklungsbeeinträchtigung. Sie fragen konkret nach, was sie tun können und ersuchen spezifische Interventionen bei der Fachperson. Ein dritter Bereich, der im Erstkontakt bereits bei den Eltern auftaucht, ist die Frage nach dem Entwicklungsverlauf (Pretis 2017, S. 96).

Für uns Fachpersonen ist nachvollziehbar, dass die Eltern in ihrer neuen Situation nach Orientierung und Klarheit suchen. Die Eltern wollen sich auf die kommende Zeit gut vorbereiten können.

Es ist zu Beginn somit wichtig, dass gemeinsam mit den beteiligten Personen im Sinne eines Arbeitsbündnisses, eines Contractings, die Erwartungen, Schwerpunkte und Formen der Zusammenarbeit geklärt werden. Daraus lässt sich die Prozessbegleitung konzipieren.

In PINK lässt sich hier auf die Schritte 6, 7 und 8 zurückgreifen, bei denen die Schwerpunkte und die Form der Zusammenarbeit durch die Darstellung von Werten besprochen werden (Abbildung 27).

Damit die Prozessbegleitung gelingt, wissen wir aus den Forschungen der psychosozialen Hilfen, dass es Wirkfaktoren gibt, die die Prozessbegleitung begünstigen. Diese Wirkfaktoren psychosozialer Hilfen, Beziehung, Aktivierung von Ressourcen, Problemaktualisierung, motivationale Klärung und aktive Hilfe zur Problembewältigung (Grawe 2005), verbinden wir in Tabelle 2 mit PINK. Die partizipative, individuelle und kooperative Prozessbegleitung soll auch in PINK gelingen. Ergänzt werden diese mit vier weiteren Wirkfaktoren nach Erpelding (2012, S. 15 f.): 1. Förderung kreativer Erlebnismöglichkeit, 2. Förderung Einsicht und Sinnerleben, 3. Erarbeitung positiver Zukunftsperspektiven und 4. Ermöglichung supportiver, protektiver, konfrontativer Erfahrungen (siehe auch Tabelle 2). Es ist uns bewusst, dass die psychosozialen Hilfen der Psychotherapie zugeordnet sind. PINK ist kein psychotherapeutisches Beratungs-

Abbildung 27: Darstellung des 8-Schritte-Verfahrens in PINK als Seekarte

konzept, aber das Setting der psychosozialen Hilfen (Beratung, Gespräche, Begleitung von Kind und Familie) lässt sich mit dem Begleitungssetting der Zielgruppe in PINK vergleichen. Die inhaltlichen Schwerpunkte unterscheiden sich, da in PINK nicht psychotherapeutische Schwerpunkte gesetzt werden. Tabelle 2 stellt die Wirkfaktoren psychosozialer Hilfen dar und zeigt auf, wie diese im PINK-Konzept und genauer im 8-Schritte-Verfahren berücksichtigt werden.

Tabelle 2: Bezug der Wirkfaktoren psychosozialer Hilfen zum 8-Schritte-Verfahren in PINK

Wirkfaktoren psychosozialer Hilfen (Grawe 2005, S. 7; Erpelding 2012, S. 15f.)	**PINK-Konzept 8-Schritte-Verfahren**
Beziehung *Das Gelingen der Begleitung ist von der Qualität der professionellen Beziehung abhängig. Kernaspekte sind Empathie, aktives Zuhören und Akzeptanz.*	Das PINK-Mindset sensibilisiert für die Beziehung. Die Schritte 1, 2 und 3 im 8-Schritte-Verfahren haben großen Anteil an einem positiven Beziehungsaufbau. Der Fokus liegt auf dem aktiven Zuhören, das beziehungsstiftend wirken soll.
Aktivierung von Ressourcen *Vorhandene Ressourcen stärken und ausbauen, zum Beispiel zwischenmenschliche Beziehungen.*	Die Schritte 4 und 5 im 8-Schritte-Verfahren erfassen die Ressourcen und machen diese sichtbar. In der weiteren Prozessbegleitung und vordergründig beim Schritt 6, bei der Festlegung der Schwerpunkte, können auf diese Ressourcen zurückgegriffen werden.

<table>
<tr><td>Problemaktualisierung
Die Person wird sich durch ihre eigenen Beschreibungen bewusst, in welchen Situationen welche Schwierigkeiten auftreten.</td><td>Die Schritte 3 und 4 im 8-Schritte-Verfahren machen den Eltern, durch eigene Darlegungen der Lebenswirklichkeit, bewusst, wo sich im Alltag Schwierigkeiten zeigen.</td></tr>
<tr><td>motivationale Klärung
Die Person wird sich über bewusste und unbewusste Ziele, Erwartungen und Werte klar.</td><td>Die Schritte 6, 7 und 8 im 8-Schritte-Verfahren beziehen sich auf die Ziele, Erwartungen und Werte der Zusammenarbeit und Prozessbegleitung. Durch den Einsatz von Gesprächstechniken (z. B. motivierende Gesprächsführung) wird die Motivation der Eltern miteinbezogen.</td></tr>
<tr><td>Aktive Hilfe zur Problembewältigung
Die Person lernt, mit ihren Schwierigkeiten umzugehen und diese selbst zu lösen. Die Fachperson unterstützt diesen Prozess.</td><td rowspan="5">Diese Wirkfaktoren werden im 8-Schritte-Verfahren berücksichtigt und mit dem weiteren Verlauf des Schrittes 8 des 8-Schritte-Verfahrens gemeinsam betrachtet und der Transfer in den Alltag sichergestellt.</td></tr>
<tr><td>Förderung kreativer Erlebnismöglichkeit</td></tr>
<tr><td>Förderung von Einsicht, Sinnerleben</td></tr>
<tr><td>Erarbeitung positiver Zukunftsperspektiven</td></tr>
<tr><td>Ermöglichung supportiver, protektiver, konfrontativer Erfahrungen</td></tr>
</table>

Die Familie muss bei ihren aktuellen Themen anknüpfen können, damit alle beteiligten Personen in der Prozessbegleitung Anschluss finden. Anschluss finden meint, dass die gewählten Schwerpunkte aus Sicht der Beteiligten eine bedeutsame Veränderung für die Alltagsgestaltung und die Entwicklungsbegleitung des Kindes haben. Der Transfer aus dem Beratungssetting in den Begleitungsprozess in den Familienalltag ist dabei zentral. Haupt (2011, S. 187) betont, »dass die Wirksamkeit daran gebunden ist, dass die Förderung in ihren Interaktionen und in ihrem Lebensalltag bedeutsam werden. Daher ist die Einbeziehung der Bezugspersonen und die Berücksichtigung des sozialen Umfeldes für die kindliche Entwicklung von entscheidender Bedeutung.« Es braucht eine kooperative und partizipative Zusammenarbeit, die die Lebenssituation der Familien individuell beleuchtet und die Eltern als Experten und Expertinnen von ihrer Lebenswelt mitwirken lässt.

Diese Darlegungen zeigen auf, dass die Beziehungsgestaltung und die Kommunikation zentrale Faktoren für einen gelingenden Beratungsprozess sind. Weiter wurde sichtbar, welche Wirkfaktoren aus den psychosozialen Hilfen tragend für eine gelingende Prozessbegleitung sind. Wir wollen wirksam sein in dem, was wir in der Prozessbegleitung als Fachperson tun. Wie können wir das erreichen? Welche Ansätze, Modelle und Konzepte dienen uns als Fachpersonen in der Beratung?

Die nachfolgenden Ausführungen befassen sich mit den theoretischen Grundlagen der Beratung und verbinden diese mit dem PINK-Konzept.

6.1.2 PINK-Grundlagen der Beratung

Die Beratung im Begleitungsprozess in der Frühen Kindheit beruht auf einer humanistischen Grundhaltung, die sich auszeichnet durch Akzeptanz, Empathie und Kongruenz. Die Grundhaltung stützt auch die Annahme, dass sich der Mensch weiterentwickeln und selbstständig sein will (Rogers 1972).

Mit dem Begriff der »Akzeptanz« nach Rogers (1972) werden die Eltern als eigenständige Menschen anerkannt. Ihrer Lebenswirklichkeit wird mit Respekt und Achtung entgegengetreten. Durch den Ausdruck von Wertschätzung, indem das Gesagte des Gegenübers anerkannt und nicht infrage gestellt wird, wird die Haltung der Akzeptanz unterstützt. Diese Wertschätzung muss jedoch nicht bedeuten, dass das Gegenüber alles gut oder richtig finden muss, was gesagt wird. Ebenso muss dieses nicht belobigt werden. Es geht um die Akzeptanz des Gegenübers »vor dem So-Sein […] wie er grade ist und wie er die Welt wahrnimmt« (Wilmes/Loebbert 2013, S. 31).

Für PINK ist der Aspekt der Akzeptanz gerade im Schritt 3 des 8-Schritte-Verfahrens von großer Bedeutung. In diesem Schritt legen die Eltern ihre Sichtweise der aktuellen Situation der Familie dar. Die Rolle, die hier der Fachperson zukommt, ist die der Zuhörenden. Akzeptanz drückt aus, dass es keine Bewertung des Gesagten von uns als Fachperson benötigt, auch keine Einordnung nach Richtig oder Falsch oder etwa Korrekturen von unserer Seite. Es ist eine Aufnahme der gesprochenen Informationen. Diese Aufnahme kann durch den Ausdruck von Wertschätzung unterstützt werden.

Akzeptanz allein genügt oft nicht, dass die Eltern ein ausreichendes Wohlgefühl empfinden, sich im 8-Schritte-Verfahren, gerade zu Beginn, zu öffnen. Empathie als Haltung »hier bist du sicher und ich verstehe deine Bedürfnisse und Gefühle« (Rogers 1998, S. 35), kann Eltern unterstützen, sich in Schritt 3 des 8-Schritte-Verfahrens zu öffnen. Dem Aufbau des Wohlgefühls der Eltern kommt eine hohe Bedeutung zu. Eine offene und verständnisvolle Haltung führt zu Beziehungsaufbau und offener Kommunikation (Killersreiter/Rottlaender 2023). Im 8-Schritte-Verfahren kommt dem Aspekt der Empathie in Schritt 4 eine besondere Bedeutung zu. In diesem Schritt greift die Fachperson das Gesagte der Familie auf, fasst dieses zusammen und benennt ihre Wahrnehmungen während der Erzählungen der Eltern. Auch hier geht es nicht darum, diese zu bewerten, sondern abzugleichen, ob die Fachperson die Eltern richtig verstanden hat und in ein tieferes Verständnis der familiären Situation einzutauchen. Dabei möchte die Fachperson vertieft die Bedürfnisse, Gefühle und Wünsche der Eltern verstehen und aufnehmen.

Die dritte Variable nach Rogers (1972) betrifft die Kongruenz der Fachperson. Durch die (Selbst-)Kongruenz wird die Echtheit der Fachperson beschrieben. Oft wird der Begriff »Authentizität« verwendet. Ein authentisches Auftreten der Fachperson unterstützt die Beziehung und den Beratungs- und Begleitungsprozess der Eltern. Die Fachperson tritt den Eltern, als das, was sie ist, gegenüber und gibt ehrliche Rückmeldungen. Eine durchweg kongruente Erfahrung der Fachperson unterstützt das 8-Schritte-Verfahren. Es geht also darum, dass wir als Fachperson nicht eine Rolle in PINK spielen oder in eine Rollenvorgabe schlüpfen, sondern die Vorgaben von PINK mit unserer Individualität als Person umsetzen.

Dabei steht nicht im Vordergrund, dass die Fachperson durchweg ihre Meinungen zu den genannten Themen der Familie darlegt, aber auch nicht, dass sie diese verbergen muss. Verlässliche und vorhersagbare Reaktionen und Botschaften der Fachperson können die Eltern darin unterstützen, Vertrauen zu der Fachperson zu fassen. Wenn sich die Fachperson verstellt und nicht mehr authentisch agiert, so wird die Wahrnehmung der Kongruenz beeinflusst. Die Balance zu finden, wann die Fachperson welche Rolle einnimmt, ist die Kunst in den Beratungsgesprächen.

Diese Basisvariablen spiegeln wichtige Grundlagen des Berater:innen-ICHs von PINK wider. Nutzen Sie diese und lassen Sie diese in Ihr Handlungsrepertoire einfließen.

Kommunikation und Beziehung gestalten

Schulz von Thun (2022a) beschreibt in seinem Kommunikationsquadrat vier Seiten der zwischenmenschlichen Kommunikation. Diese vier Seiten enthalten den Sachaspekt, Beziehungsaspekt, den Selbstoffenbarungsaspekt und den Appellaspekt (Schulz von Thun 2022a; Abbildung 28).

Das Wissen um das Kommunikationsquadrat kann Sie als Fachperson zum einen darin unterstützen, die Botschaften, die Ihnen gesendet werden, und das, was damit bei Ihnen ausgelöst wird, einzuordnen. Zum anderen kann es auch ein Bewusstsein bei Ihnen auslösen, welche Wirkungen und Auslöser Ihre Nachrichten bei Empfänger:innen auslösen. Die Sachebene bezieht sich darauf, worüber eine Person informiert. Was die Person von sich preisgibt, ist die Selbstkundgabe. Die Beziehungsseite transportiert die

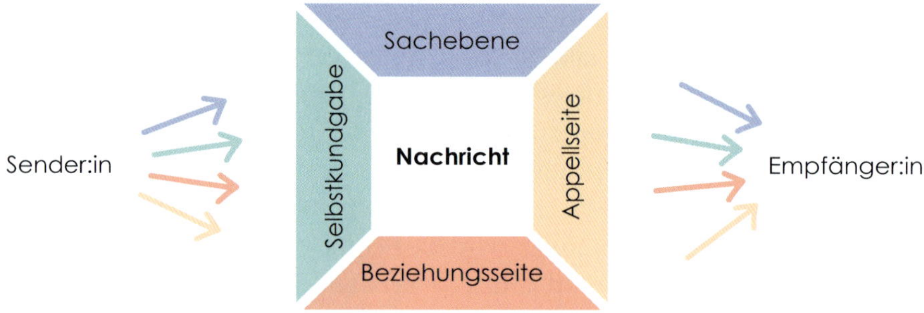

Abbildung 28: Kommunikationsquadrat nach Schulz von Thun (2022a)

Informationen, welche Meinung eine Person von einer anderen Person hat und wie sie zu ihr steht. Die Appellseite drückt aus, was die Person beim Gegenüber erreichen möchte.

Der Klärung der vier Kommunikationsebenen kommt bei der interkulturellen Kommunikation eine große Bedeutung zu. Kulturunterschiede zeigen sich nicht nur zwischen zwei verschiedenen Ländern, sondern auch bereits innerhalb eines Landes. Dialekte, Traditionen, Formen der Höflichkeit und vieles mehr divergieren bereits innerhalb verschiedener Regionen eines Landes, aber auch zwischen verschiedenen Familien/Menschen. So kann es jederzeit dazu kommen, dass die »vier Botschaften, die der Sender gemeint hat, und die vier Botschaften, die beim Empfänger angekommen« (Kumbier/Schulz von Thun 2017, S. 13) sind, voneinander divergieren, auch wenn die Verständigung akustisch einwandfrei war. So kann zum Beispiel die Ablehnung einer Tasse Tee im westlichen Verständnis eine einfache Ablehnung bedeuten. Im chinesischen Verständnis wäre das Angebot der Tasse Tee erst ernst gemeint, wenn eine Wiederholung des Angebotes erfolgt (Kumbier/Schulz von Thun 2017). Als Fachperson ist es nicht möglich, alle kulturellen Begebenheiten immer zu beachten. Es besteht jedoch ein Klärungsbedürfnis aller vier Seiten des Kommunikationsquadrats. Die explizite Metakommunikation und die implizite Metasensibilität können für eine Klärung genutzt werden.

Auflösung von Missverständnissen:

Die explizite Metakommunikation sieht vor, dass ein direktes Ansprechen des Empfindens des Kontakts, der Kommunikation und die Art des Verstehens und Missverstehens durch ein klärendes Gespräch genutzt werden kann. Dies kann zu einem besseren Verstehen des Gegenübers führen (Kumbier/Schulz von Thun 2017).

Die implizite Metasensibilität beschreibt die Fähigkeit der Fachperson zu erkennen, dass Missverständnisse vorliegen und ein »behutsamer Weg« gewählt wird, ohne diese anzusprechen, um aus dieser Sackgasse herauszusteuern (Kumbier/Schulz von Thun 2017, S. 24).

Egal welchen Weg Sie einschlagen, es ist immer eine Herausforderung, dies in einem behutsamen Sinne zu tun, ohne Einbußen auf der Beziehungsebene zu riskieren.

Das Wissen um die interkulturellen Begebenheiten bildet für das PINK-Berater:innen-ICH einen wichtigen Baustein. Das Kommunikationsquadrat im Blick zu behalten und auch interkulturelle Missverständnisse frühzeitig zu erkennen, und durch explizite Metakommunikation oder auch implizite Metasensibilität aufzufangen, ist unabdingbar für einen gelingenden Beratungs- und Begleitungsprozess. Dies bedeutet, dass Fachpersonen ein fallbezogenes Wissen über kulturspezifische Begebenheiten aufbauen können.

Im 8-Schritte-Verfahren kommt dem richtigen Verstehen des Gegenübers in Schritt 4, 5 und 6 eine verstärkte Wirkkraft zu. Besonders in Schritt 4 geht es um die Verifizierung des Gesagten der Eltern. Hier können entstandene Missverständnisse aufgeklärt werden und die richtige Entschlüsselung der Nachricht sichergestellt werden.

Kommunikationsquadrat in PINK:
PINK verfolgt das Ziel, die Eltern in ihrem Lösungsprozess zu den Hindernissen und Schwierigkeiten, die sich in ihrem Familienalltag zeigen, zu begleiten. Um dies störungsfrei zu gewährleisten, sollte vermieden werden, dass Eltern auf der Ebene des Beziehungsaspektes Botschaften empfangen, die eine Abwertung enthalten oder verunsichernd wirken. Dies kann durch eine Herstellung von Transparenz, wertschätzenden Botschaften, aktives Zuhören oder auch Selbstkundgabe vermieden werden (Schlee 2012).

Im PINK-Mindset wird in den Gelingensfaktoren über Werte, Kultur und Regeln gesprochen. Die bereits beschriebenen Ausführungen legen dar, wie wichtig es ist, diese im gemeinsamen Beratungs- und Begleitungsprozess immer wieder zu klären. Im 8-Schritte-Verfahren wird dies in Schritt 7 aufgegriffen. Eine weitere Möglichkeit, die kulturellen und familienspezifischen Begebenheiten kennenzulernen, bietet die PINK-Landkarte, indem im Gespräch ausgetauscht wird, was von ihrer Realität abweicht (z. B., dass eine erwachsene Person niemals auf einer Sitzbanklehne sitzt).

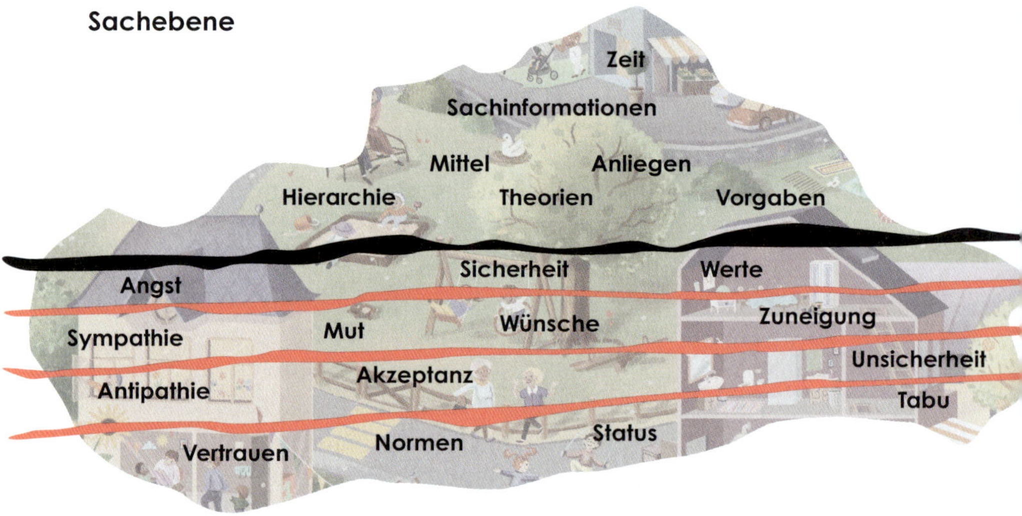

Abbildung 29: Eisbergmodell mit PINK (in Anlehnung an Langmaack 2017)

In der Begleitung von Familien mit Kindern in der Frühen Kindheit sind die Familien divers. Patchworkfamilien, multikulturelle Familiensysteme, Ein-Eltern-Familien, Regenbogenfamilien und viele mehr – zusammengefasst sind es Familien aus unterschiedlichen kulturellen Kontexten und sozialen Schichten in vielfältigen Wohn-/Lebensformen. PINK ist ein Konzept für die Kooperation mit *allen* Familien. Die Prozessbegleitung individuell zu konzipieren, berücksichtigt die Lebenswirklichkeiten der Familien. Dabei können die kulturell geprägten Vorstellungen und individuellen familienspezifischen Variationen thematisiert werden. Nicht die Fachperson stülpt ihre Vorstellungen von Familienalltag und Werte über die Familie, sondern anerkennt deren Sichtweisen und tauscht sich mit der Familie aus.

Für uns ist nur ein kleiner Teil sichtbar (z. B. die Räumlichkeiten, Wohnungseinrichtung, Spielmaterial des Kindes, Stimmlage, Körperhaltung, Ausdrucksweise). Einen großen Teil der Lebenswirklichkeit der Familien sehen wir nicht und wird von den Eltern durch ihre Erzählungen sichtbar gemacht. Indem uns die Eltern von ihrem Alltag berichten, können wir auch wahrnehmen, wie sie etwas sagen. Diese unsichtbare Ebene, die von Angst, Sorgen, Wut, Ärger, Sympathie, Antipathie, Misstrauen, Werten und Normen geprägt sein kann, wirkt sich auch auf die Erzählungen aus. Die Metapher des Eisbergs ist beliebt, um Kommunikation und Konfliktsituationen zu veranschaulichen. Beim Bild des Eisbergs gibt es einen sichtbaren (über der Wasseroberfläche) und den unsichtbaren Bereich (unter der Wasseroberfläche). Das, was sich sichtbar über der Wasseroberfläche befindet, wird von der psychosozialen Ebene (siehe Abbildung 29) gesteuert und beeinflusst (König/Schattenhofer 2016).

So können Beobachtungen von Verhaltensweisen des Senders, der Senderin zu Interpretationen auf der Seite des Empfängers, der Empfängerin zu Rückschlüssen auf die psychosoziale Ebene führen. Da dem Empfänger, der Empfängerin aber nur die Sachebene zur Verfügung steht, handelt es sich um eine Hypothesenbildung. Eine solche Hypothesenbildung kann genutzt werden, um das beobachtete Verhalten und die vermuteten Ursachen im weiteren Gespräch mit den Eltern zu prüfen.

In Schritt 5 des 8-Schritte-Verfahrens wird das Gesagte der Eltern durch die Fachperson nochmals aufgegriffen und verifiziert. Die Fachperson kann an dieser Stelle auch ihre Beobachtungen miteinfließen lassen. Zum Beispiel: »Bei der Beschreibung der Arztbesuche haben Sie kurz gestockt ... gibt es da noch etwas, was Sie erzählen möchten?« oder »Ich habe beobachtet, dass Sie sehr ruhig sind ...?«. Die Form des Spiegelns auf der Ebene was »gesehen, gehört und verstanden« wurde (Fuller/Taylor 2012, S. 110) in einer sanften Stimmlage, ermöglicht, sich die weitere Welt des Gegenübers zu erschließen, mehr über die Gefühle des Gegenübers zu erfahren. Somit erlangen die beteiligten Personen ein breiteres Problemverständnis.

In Tabelle 3 sind Beobachtungen und hypothetische Überlegungen, was sich in einem Beratungsgespräch unter der Wasseroberfläche abspielen könnte, dargestellt:

Tabelle 3: Sichtbares und Unsichtbares in der Kommunikation

Sichtbar, über der Wasseroberfläche	Unsichtbar, unter der Wasseroberfläche (Hypothesen)
Kaum Wortbeiträge auf Fragen der Fachperson	Verunsicherung, Demotivation, Scham, Nachdenklichkeit, Schüchternheit
Lachen	Wohlfühlen, Sympathie, Humor
Grobe Sprache	Gefühle verbergen, Distanz wahren
Die Beratung wird infrage gestellt	Den Sinn nicht sehen, Angst vor Versagen, Ablenkung
Intensives Nachfragen	Interesse, Neugier, alles gut machen wollen
Keine Fragen stellen	Das Gespräch möglichst rasch hinter sich bringen, Angst als inkompetent zu gelten, alles klar und verstanden
Arme verschränkt	Zurückhaltung, Gefühle verbergen, etwas stört, Rivalität, Macht

Die Auseinandersetzung mit dem Eisbergmodell macht deutlich, dass die Kooperation zwischen Menschen durch die Dynamik und Wirkkraft der Kommunikation und Beziehung beeinflusst wird.

Psychosoziale Ebene in PINK (Eisbergmodell):
Das Beobachten des Sprach-, Sprech- und optischen Wahrnehmungsverhaltens bietet der Fachperson neben der gesprochenen Sachebene und der Visualisierungen im 8-Schritte-Verfahren weitere wichtige Informationen für die Erfassung der Lebenswirklichkeit der Familie und der einzelnen Elternteile. Für die Erfassung dieser Ebene benötigt es eine genaue Beobachtung des Gegenübers.

Sie können diese Beobachtungen zu Beginn des Beratungsprozesses nutzen, um Vertrauen und Empathie aufzubauen. Aber auch gerade in Schritt 3 können diese Beobachtungen während der Erzählungen und Ausführungen der Eltern genauer vorgenommen werden. »Wenn im Inneren einer Person etwas Bedeutendes passiert, spiegelt es sich oft in der Körpersprache und besonders im Gesicht wider« (Fuller/Taylor 2012, S. 110). Sie als Beobachter:in wissen wahrscheinlich nicht, was im Inneren der Person passiert, aber Sie wissen, dass etwas passiert (Fuller/Taylor 2012). Dieses Wissen können Sie sich dann in Schritt 4 und 5 zunutze machen durch die Beratungstechnik des Spiegelns.

PINK denkt systemisch
Erklärungsmodelle für die Beziehungsdynamiken zwischen Menschen gibt es zahlreich.

Dem PINK-Konzept liegt das systemische Verständnis zugrunde. Die systemische Denkweise geht davon aus, dass Menschen sich unterschiedlich in verschiedenen Systemen verhalten. Verschiedene Systeme im Alltag der Familie erlauben den einzelnen Familienmitgliedern, unterschiedlich zu agieren und verschiedenste Verhaltensweisen zu zeigen. Die Verhaltensweisen sind eng damit verknüpft, welche Vielfalt an Verhalten uns die verschiedenen Systeme ermöglichen. Dies bringt uns zu einer wichtigen Erkenntnis für die Arbeit mit den Eltern: Die Eltern und die Familienmitglieder *sind* nicht, sie *verhalten* sich ständig und dies »entsprechend dem System, dem Sie (gerade) angehören« (Radatz 2018, S. 61). Als Fachperson hilft uns dieses Verständnis, das Verhalten der Eltern in Wechselwirkung mit dem System zu sehen und zu erkennen, welche Wirkungen zu welchen Handlungen führen. Somit können wir zum Beispiel nicht sagen »die Eltern sind gestresst«, »wir können lediglich feststellen, dass sie sich gestresst verhalten«, dies beruhend auf den Anforderungen des Systems an sie und den ihnen zur Verfügung stehenden Ressourcen. Das Verhalten verändert sich womöglich mit dem Wechsel in ein anderes System. Das Verhalten kann als funktional oder dysfunktional eingeordnet werden. Jedoch liegt es häufig im Auge des Betrachters, was funktional und was dysfunktional für ein System ist (Loebbert 2013). So kann für Eltern zum Beispiel die Übernahme aller Pflegemaßnahmen durch die Mutter für die Familie funktional sein, da die Aufgaben klar verteilt sind und so der Alltag gelingt. Als Fachperson sehen wir dies von außen eventuell als dysfunktional für das System an, da die Mutter aus der Perspektive der Fachperson kraftlos und gestresst wirkt. So können Sie als Fachperson zu einem anderen Schluss kommen als agierende Personen in dem System. Aus der kybernetischen Überlegung heraus wird auch die Fachperson zu einer Bezugsperson oder einer:einem Interaktionsberater:in. Durch das Einbezogensein in das System ist eine objektive Betrachtung durch die Fachperson nicht mehr möglich. Die Einnahme einer Metaposition von Zeit zu Zeit ist somit sinnvoll und unterstützt den Reflexionsprozess (Bamberger 2015).

Systemisches Denken geht davon aus, dass familiäre Konstrukte komplex zu verstehen sind und vielfältige Wechselwirkungen im Verhalten aller Personen im System zum Verhalten einzelner Personen beiträgt. Es wird also nicht von einem linear-kausalen Denken ausgegangen, eine Ursache führt zu einem Ergebnis, sondern systemisches Denken meint hier zirkuläres kausales Denken. »Zirkulär-kausal denken heißt ›im Kreis denken‹: Alles ist mit allem vernetzt, alles hat auf alles einen Einfluss« (Radatz 2018, S. 64). Es entstehen daraus gewollte und ungewollte Wechselwirkungen, die wiederum zu funktionalen und dysfunktionalen Wahrnehmungen der Situation führen können. Das systemische Denken wird dahingehend verstanden, dass in Auswirkungen gedacht wird. Somit gehen wir nicht von einem richtigen oder falschen Verhalten aus, sondern von einem »passenden« und »nicht passenden« Verhalten.

Systemisches Denken im PINK-Konzept:
Dieses systemische Verständnis greift PINK in der PINK-Landkarte mit der Vernetzung der PINK-Lebensräume auf (siehe auch Kapitel 5 »PINK fachlich in Kürze«).

Die Nutzung der systemischen Sichtweise im PINK-Konzept ermöglicht der Fachperson, das Agieren der Eltern in den verschiedenen Lebensräumen einordnen zu können, aber auch Probleme systemorientiert zu erfassen und in die Lösungsrichtung lenken zu können.

Nicht die Fachperson gibt die Lösung vor, sondern durch leitende Fragen werden die Eltern auf dem Weg zur Lösungsrichtung unterstützt.

In Tabelle 4 werden zukunfts-, verhaltens- und zielgerichtete Fragen veranschaulicht.

Tabelle 4: Fragen zur systemischen Sichtweise (Radatz 2018, S. 71)

Statt analysierend-statische Fragen über die Vergangenheit …	… zukunfts-, verhaltens- und zielorientierte Fragen
Welche Ursache hat das Problem?	Was müsste wer wann in der Zukunft anders tun, damit für Sie ein optimales Ergebnis herauskommt?
Wer hat es verursacht?	Was müssten Sie vor allem tun/ unterlassen?
Wer oder was ist letztendlich schuld daran?	Welche Ziele wollen Sie mit Ihrem geänderten Verhalten erreichen?
Was ist das Schlimmste daran?	Was soll in Zukunft anders sein?
Was ist in der Vergangenheit schiefgelaufen?	An welchem Verhalten von Ihnen würden Sie/jemand anderes merken, dass Sie Ihr Ziel erreicht haben?
Warum?	Wer würde sich freuen, wenn Sie Ihr Ziel nicht erreichen würden?

Somit gibt es nicht eine Ursache und eine Lösung für ein Problem. Das systemische Denken zielt darauf ab, nicht ursachen- oder vergangenheitsorientiert, sondern zielorientiert zu denken. Wie Steve de Shazer sagte: »Problem talking creates problems. Solution talking creates solutions« (Radatz 2018, S. 69).

Dieser Satz legt nahe, dass wir in der Beratung nicht zu lange im Problemtalk, auch genannt Problemtrance, verweilen möchten. Die Eltern sollen nicht tiefer in ihre Problemtrance hineingezogen werden.

Die Problemtrance überwinden

Wenn wir die Situation der Familien betrachten, so sind diese manchmal so belastet, dass sie den Blick ausschließlich auf die Schwierigkeiten legen und keine positiven Momente schildern können. Die Familien äußern dann, dass sie keine Kraft haben, etwas zu verändern. Familien können aufgrund des Helfer:innensystems auch in die Haltung gelangen, dass die Fachpersonen die Probleme lösen sollen, da diese dafür ausgebildet sind. In der Systemischen Interaktionstherapie (SIT) (Biene, 2009) nennt sich dieser Zustand der Eltern »Problemtrance«. Biene (2009) beschreibt im SIT-Ansatz, dass je stärker die Eltern im Prozess beteiligt sind, umso wirkungsvoller und nachhaltiger die Unterstützung für das Kind ist.

Wir möchten als Fachpersonen nicht, dass die Eltern in ihrer Problemtrance verharren. Der SIT-Ansatz betrachtet drei Beziehungsmuster zwischen Eltern und Fachpersonen: das Kampfmuster, das Abgabemuster und das Kooperationsmuster. Das Kampfmuster charakterisiert das Beziehungsmuster, dass die Eltern kein Problem mit dem Kind haben und wenn andere eines mit ihrem Kind haben, so ist das ihr eigenes Problem und nicht das der Eltern. Beim Abgabemuster nehmen die Eltern die Haltung ein, dass die Eltern nicht mehr weiterwissen und die Fachperson das Kind behandeln soll. Aktives Zuhören, exploratives Fragen, Paraphrasieren, aktivierende Sprachmuster und Rollenspiele können einen Denkprozess beim Gegenüber anregen. Es kann aber auch passieren, dass das Gegenüber nicht aus der Problemtrance aussteigen kann und Unterstützung benötigt, um in eine lösungsorientierte Sichtweise zu gelangen und somit wieder handlungsfähig für den Alltag zu werden. Das Kooperationsmuster zeichnet sich dadurch aus, dass sich alle beteiligen und miteinander arbeiten.

Der Begleitungsprozess gelingt nachhaltig, wenn wir in einem Kooperationsmuster sind. Sie fragen sich jetzt zurecht, wie können wir dieses Kooperationsmuster erreichen?

Das zeigt, wie wichtig es ist, in der Situationserfassung der Eltern zu erfahren, in welcher Phase des Bewältigungsprozesses sie stehen und wie viel Autonomie durch sie selbst getragen werden kann. Es geht darum, dass sie Zutrauen in ihre Kompetenzen haben, herausfordernde Situationen zu meistern, um ferner die Entwicklungsbedürfnisse des Kindes im Blick zu haben zu können. Sarimski, Hintermair und Lang (2013, S. 36) äußern hierzu: »Die Stärkung der personalen Ressourcen der Eltern, insbesondere ihres Zutrauens in ihre Kompetenzen, ihr Kind erziehen zu können, ist in der Beratung und Begleitung der Familien ein zentrales Anliegen.«

Die Fachpersonen der Frühen Kindheit übernehmen im Sinne des Empowerments dabei die Aufgabe anzustiften, Informationen und Ressourcen bereitzustellen und Situation zu arrangieren, in denen sich Individuen bzw. Gruppen ihrer Ressourcen bewusst werden (Theunissen 2013). Dabei gibt die Fachperson den Eltern durch das Einfordern der Partizipation eine aktive Rolle, sich den herausfordernden Alltagssituationen zu stellen und in eine lösungsorientierte Sichtweise zu gelangen. Die Handlungsmöglichkeiten werden von den betroffenen Eltern selbst oftmals nicht mehr gesehen. Die Situation wird als unveränderbar betrachtet, die Eltern sind nicht mehr handlungsfähig.

Es geht also darum, dass sich die Familien selbstwirksam erleben und stressige Situationen respektive Probleme bewältigen können. Dies erfordert das Zusammenwirken von einer gelingenden Selbststeuerung, sozialen Kompetenzen und einer sich abgleichenden Selbst- und Fremdwahrnehmung (Fröhlich-Gildhoff/Rönnau-Böse 2019). Diese Kompetenzen können den positiven Umgang mit herausfordernden Situationen unterstützen und zielführende Bewältigungsstrategien entwickeln und umsetzen lassen.

Hilfen im PINK-Konzept, durch die Fachperson aus der Problemtrance auszusteigen:

- Paraphrasieren,
- exploratives Fragen,
- aktivierende Sprachmuster einsetzen (motivierende Gesprächsführung),
- Rollenspiele, um Situationen nachzuempfinden und neue Lösungen zu kreieren,
- der Situation, den Verhaltensweisen positive Bilder gegenüberstellen (Reframing).

Hier kann die Fachperson positive Bilder gegenüberstellen, indem auf aktivierende Sprachmuster zurückgegriffen wird, und so Interaktionssequenzen oder Lebensbereiche herausfiltern, die herausfordernd sind und dort die Interaktionsmuster beginnen zu verändern.

Es ist ein schmaler Grat, soviel Raum in Schritt 4 wie nötig zu lassen, dass Eltern ihre Lebenswirklichkeit darlegen können und gleichzeitig nicht in eine Problemtrance zu verfallen. Im Kapitel 6.2 »PINK-Werkzeuge für die Beratung« gehen wir auf weitere Möglichkeiten zum Ausstieg aus der Problemtrance ein.

Zusammenarbeit auf Augenhöhe

Mit dem systemischen Verständnis, dass sich Systeme und somit auch Beziehungsdynamiken verändern, wenn sich im System ein Teil verändert, gehen wir davon aus, dass von außen vielleicht banal wirkende Aspekte wie »wertschätzen, empathisch sein« einen bedeutsamen Einfluss auf die Beziehungsdynamik nehmen. Für einen gelingenden Start und die Zusammenarbeit auf Augenhöhe braucht es die gegenseitige Anerkennung, welche in der Transaktionsanalyse mit der Haltung »ich bin ok und du bist ok« ausgedrückt wird (Kriz 2001). Hier wird Bezug auf das Modell des Lebensskripts aus der Transaktionsanalyse (Kriz 2001) genommen, welches beeinflusst wird vom Selbstbild und dem Bild, das sich vom Gegenüber gemacht wird.

Die Sicht auf sich selbst und auf die anderen lässt sich auf die Entwicklung seit der Frühen Kindheit zurückführen. Kleine Kinder machen sich ein Bild von sich, von anderen, von ihrer Umgebung und von der Welt aufgrund ihres Erlebens und ihren Gefühlen. Aus den Erfahrungen, die das Kind macht, wie zum Beispiel ein Konflikt ausgetragen wird, wie Menschen aufeinander zugehen, wie von anderen Menschen gesprochen wird, wie in neuen Situationen vorgegangen wird, wie Probleme gelöst werden, wie reagiert wird, wenn ein Becher umfällt oder jemand Geburtstag hat, entwickelt sich ein Weltbild, das die Beziehung und die Kooperation mit anderen Menschen prägt.

In der Zusammenarbeit mit Eltern auf Augenhöhe bedarf es der Positionen, dass sich beide gleichwertig fühlen und anerkennen, dass beide einen wertvollen Beitrag für die Kooperation leisten können. Auch der Wert »Würde eines Menschen« steckt in »ich bin ok, du bist ok« – jeder Mensch bringt unabhängig von seinem Bildungshintergrund und seiner sozialen Schicht seine Lebenssicht und Expertise an Erfahrungen mit. Den eigenen Wert und den des Gegenübers anzuerkennen, wird als eine gesunde Position verstanden (Killersreiter/Rottlaender 2023, S. 40).

Die Kommunikationsmuster können auch aus transaktionsanalytischer Sicht detailliert betrachtet werden. Wenn Beratungssituationen ins Stocken geraten und die Beratungsmethoden sowie Gesprächsführungstechniken keine Veränderung erbracht haben, gibt es noch weitere Reflexionswerkzeuge in der Beratung, denen wir an dieser Stelle nicht in vollem Umfang Raum geben können.

Nutzung der Transaktionsanalyse in PINK:
Mit der Haltung »ich bin ok und du bist ok« ermöglicht die Fachperson den Eltern, Vertrauen aufzubauen, sich gleichwertig zu fühlen und eine Rolle auf Augenhöhe einzunehmen.

Familien können zu Beginn der Zusammenarbeit verunsichert sein, da sie ein Beratungsangebot in Anspruch nehmen. Dies kann am eigenen Selbstbild rütteln, nicht zu genügen und es nicht allein schaffen zu können. Es kann aber auch sein, dass Eltern aus ihrer familiären Prägung positive Erfahrungen mit Unterstützungsangeboten gemacht haben und gelernt haben, dass es wichtig ist, Hilfe anzunehmen, wenn sie nicht weiterkommen. Auch diese Positionen beeinflussen die Beziehungsdynamik zwischen Fachperson und Eltern.

Das 8-Schritte-Verfahren greift in der Auslegung der PINK-Landkarte die Lebenswirklichkeit auf und nimmt mit dem PINK-Werteblatt auch konkret die gemeinsamen Werte in den Blick. Der Blick im Begleitungsprozess wird auf das gerichtet, was einen gesunden Familienalltag aufrechterhält. Wie muss die Situation sein, damit alle Beteiligten gelassen und freudvoll mitwirken können? Der Fokus im Begleitungsprozess liegt dabei darauf, die Familien für ihren Alltag mit dem Kind zu befähigen und konkrete Kompetenzen zu erweitern. Daraus wird deutlich, dass es wichtig ist, den aktuellen Familienalltag kennenzulernen.

Trotz allem kann das Stresserleben der Eltern gerade im Erstkontakt oder auch in problembezogenen Gesprächen sehr hoch sein. Im transaktionalen Stresskonzept nach Lazarus (2005) wird das Stresserleben in der Person-Umwelt-Beziehung begründet. Wenn die Anforderungen so empfunden werden, dass die Handlungsmöglichkeiten und die zur Verfügung stehenden Ressourcen überstiegen werden, entsteht Stress (Balz/Spieß 2009).

Durch eine Kumulation von Stressfaktoren kann es zu einer Destabilisierung des Alltags kommen (Fröhlich-Gildhoff et al. 2019). Diese Destabilisierung könnte sich unter Umständen auf der PINK-Landkarte dadurch zeigen, dass viele Barrieren im Familienalltag vorliegen und die Familie wenig in soziale Situationen eingebunden ist.

Stress kann unterteilt werden in positiven Stress, den sogenannten Eustress, und in belastenden Stress, den Distress. Eustress beschreibt einen positiven Anspannungszustand, während Distress die unangenehme und belastende Form des Stresses darstellt. »Psychologischer Distress ist demnach definiert als eine Reaktion auf die Umwelt, in der (1) der Verlust von Ressourcen droht, (2) der tatsächliche Verlust von Ressourcen eintritt oder (3) der adäquate Zugewinn von Ressourcen nach einer Ressourceninvestition versagt bleibt« (Hobfoll/Buchwald 2004, S. 13). Es kann zu einem Effekt wechselseitiger Verstärkung kommen, was zu einer Verlustspirale von Ressourcen führt. Die Bewältigungs- und Copingstrategien der einzelnen Personen, beziehungsweise Eltern, spielen dabei eine entscheidende Rolle. Diese können sich auf die Veränderung der Situation, das eigene Verhalten oder auf den Umgang mit den eigenen Emotionen richten. Bewältigungsstrategien sind ein »aktives Herangehen in einer Auseinandersetzung mit den Stressoren«, Rückzug oder Flucht (Fröhlich-Gildhoff et al. 2019, S. 25).

Bewältigungsstrategien, die sich daraufhin zeigen können, sind: »Informationssuche«, »direkte Aktionen«, »Aktionshemmungen«, »intrapsychische Bewältigung zur Regulation von Emotionen« und »die Suche nach Unterstützung« (Lazarus/Folkman 1984, zitiert nach Balz/Spieß 2009, S. 85).

An dieser Stelle fallen Ihnen sicher zahlreiche Beispiele aus Ihrer Praxis ein, in denen Ihnen Eltern mit einem hohen Maß an Aktionismus begegnet sind. Eltern, die sich dem Beratungs- und Begleitungsprozess versperren oder auch nach externen Faktoren suchen, um die aktuell belastende Situation zu erklären. Dies sind alles Formen der Stressbewältigung und es ist wichtig, diese als solche zu erkennen und anzuerkennen.

Aufgrund der Stressbewältigung können Verhaltensweisen wie Problemlöse-, Vermeidungs-, Flucht- und Angriffsverhalten und Konsum von Genussmitteln (Asshauer/Burow/Hanewinkel 1999, S. 15) entstehen. So kann zum Beispiel das Beratungsgespräch mit der Fachperson als eine weitere Bedrohung wahrgenommen werden und Angriffs- oder Fluchtverhalten bei den Eltern auslösen. Dazu mehr in Kapitel 6.1.3 »Herausfordernde Gesprächsführung mit Eltern in PINK«. Wichtig für Sie als Fachperson zu wissen ist, dass eine Folge von nicht bewältigtem Stress Angst sein kann.

Wie kann Stress in PINK abgebaut werden?

Die Fachperson kann den Stressabbau bei den Eltern vor dem Beratungsgespräch unterstützen, indem den Eltern die Vorbereitungsunterlagen vor dem Gespräch zugestellt werden, wie in Schritt 1 und 2 beschrieben. Durch ausreichende Informationen über den Ablauf des Gesprächs und eine Vorbereitung aufseiten der Eltern kann eine Stressreduktion stattfinden. Eine Vorhersagbarkeit des Beratungsprozesses wird durch die Erklärung des PINK-Prozessablaufs in Schritt 2 getroffen. Das Aufzeigen verschiedener Unterstützungssysteme in den Schritten 5 und 6 und die damit verbundenen Ressourcen können auch stressreduzierend wirken.

Ebenso kann die Fachperson den Faktor Stress in Schritt 4 benennen und somit ein Verständnis für die Entstehung von Stress generieren und eine Auseinandersetzung mit eigenen Handlungsmöglichkeiten schaffen. Die kognitive Bewertung und Einordnung ermöglichen einen besseren Umgang mit den Stressoren hin zum Gefühl der Handlungsfähigkeit (Fröhlich-Gildhoff et al. 2019).

Falls im Beratungssetting akute Stressmomente auftreten, die sich zum Beispiel durch starke Gefühlsäußerungen wie Weinen oder Schreien zeigen können, wird diesen Ausbrüchen Vorrang gegeben. Warten und gemeinsames Aushalten stehen hier im Vordergrund. Zusätzlich können hier Entspannungs- und Atemübungen unterstützend wirken.

Über einen längeren Zeitraum Stress zu erleben, kann physische und psychische Auswirkungen haben. Grawe (2004) geht von vier evolutionär bedingten psychologischen Grundbedürfnissen aus (siehe auch Epstein 1990; 1993), deren Befriedigung oberste Priorität hat:

- das Bedürfnis nach Orientierung und Kontrolle,
- das Bedürfnis nach Lustgewinn bzw. Unlustvermeidung,
- das Bedürfnis nach Bindung,
- das Bedürfnis nach Selbstwerterhöhung bzw. -schutz.

Die Erfüllung dieser vier Grundbedürfnisse wird als bedeutsame Grundlage für die psychische Gesundheit von Menschen angesehen. Wenn einzelne Grundbedürfnisse nicht befriedigt sind, hat dies Einfluss auf die Motivation des Menschen.

Damit diese Grundbedürfnisse erfüllt bleiben, greift der Mensch nach Grawe (2004) zu zwei Strategien, die Annäherungs- und Veränderungsziele. Die Annäherungsziele sind danach ausgerichtet, die befriedigenden Erfahrungen herbeizuführen. Durch Veränderungsziele werden die Erfahrungen geschützt, die die Bedürfnisse verletzen. Somit werden durch Veränderungsziele verletzende Erfahrungen reduziert. Die Mittel zur Bedürfnisbefriedigung sind analog zu den Bewältigungs- und Copingstrategien auch hier wieder von Mensch zu Mensch verschieden. Menschen lernen und erwerben Fähigkeiten und Fertigkeiten, um die Bedürfnisbefriedigung aufrechtzuerhalten. Diese Fähigkeiten können als Ressourcen betrachtet werden. Diese Ressourcen unterstützen den Menschen, die motivationalen Ziele zu erreichen.

Durch die Prozessbegleitung sollen die Eltern für ihren Alltag mit dem Kind gestärkt werden. Falls Stresserleben vorliegt, kann die Reduktion dessen einen Schwerpunkt für die Prozessbegleitung bilden. Die Eltern sollen ihren Alltag mit dem Kind sicher gestalten können und Handlungsstrategien haben, unvorhersehbare Situationen bewältigen zu können. Welche Schwerpunkte in der Prozessbegleitung gesetzt werden, priorisieren die Eltern aktiv mit der Fachperson.

Die Bewältigung von Stress spielt auch in der Salutogenese (Antonovsky 1997, zitiert nach Fröhlich-Gildhoff/Rönnau-Böse 2019, S. 14) eine große Rolle. Aus der Salutogenese stammt der Begriff »Kohärenzgefühl«. Das Kohärenzgefühl bezeichnet ein Grundgefühl, Stress und Belastungen erfolgreich bewältigen zu können. Es ist die Orientierung des Menschen, mit dem Gefühl der Vorhersehbarkeit von Lebensereignissen und diese Zusammenhänge und Strukturen im eigenen Leben verstehen zu können. Dazu benötigt der Mensch das Gefühl der Handhabbarkeit, die eigenen inneren und äußeren Ressourcen zu kennen, die es braucht, um die Anforderungen des Lebens bewältigen zu können. Der dritte Aspekt dieses Kohärenzgefühls ist das Gefühl der Sinnhaftigkeit, den Herausforderungen des Lebens eine Bedeutung zu verleihen. Hier braucht der Mensch die Haltung, dass es sich lohnt, sich aktiv einzusetzen. Retzlaff (2016, S. 121) schreibt, »Eltern mit hohem Familien-Kohärenzgefühl sind in der Lage, auch in schwierigen Situationen Sinn zu finden, aktiv zu handeln und eine Balance zu finden«.

In Abbildung 30 ist das Kohärenzgefühl mit dem grünen Dreieck (Verstehbarkeit, Handhabbarkeit und Sinnhaftigkeit) dargestellt. Meier Magistretti, Topolino und Meinecke (2019) haben mit ihrem Modell »salutogene Beratungspraxis« das Kohärenzgefühl in den Kontext der Beratung gestellt.

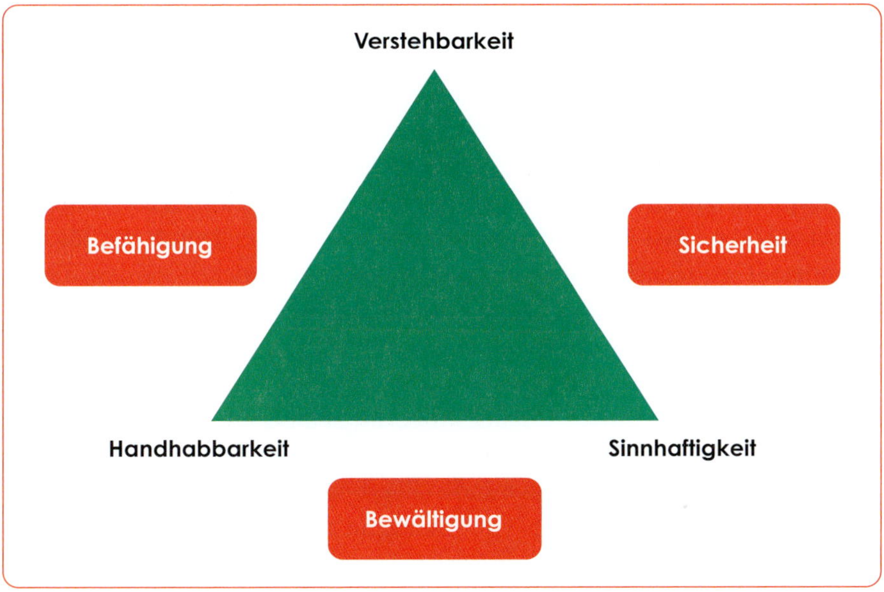

Abbildung 30: Salutogenese Beratungspraxis nach Meier Magistretti, Topalidou und Meinecke (2022, S. 67)

Welche Dimensionen im beraterischen Handeln daraus erwachsen, sind durch Meier Magistretti et al. (2019) mit den drei gelben Zieldimensionen »Sicherheit, Bewältigung und Befähigung« beschrieben. Im 8-Schritte-Verfahren wird mit Schritt 6 die Grundlage gelegt, den Schwerpunkt der Prozessbegleitung festzulegen. PINK zielt darauf ab, dass nach dem 8-Schritte-Verfahren die Eltern gemeinsam mit der Fachperson die Schwerpunkte festlegen, die für sie verstehbar, handhabbar und sinnhaft sind. Damit ist die Basis geschaffen, damit sie in diesem Schwerpunkt im weiteren Verlauf der Prozessbegleitung befähigt sind, den formulierten Schwerpunkt anzugehen. Die Eltern erlangen im Prozess mehr und mehr Sicherheit, damit diese Situationen bewältigbar werden. Die Prozessbegleitung richtet sich danach aus, dass die Eltern befähigt und sicherer werden, Veränderungen anzugehen und in den Alltag zu integrieren. Somit stärkt dies die Nachhaltigkeit der Kompetenzentwicklung der Eltern, Situationen und Aktivitäten zu schaffen, die die Entwicklung des Kindes unterstützen.

Geben die Fachpersonen nun die Ziele der Prozessbegleitung vor?
In PINK werden die Schwerpunkte der Prozessbegleitung in den Schritten 6 und 7 gemeinsam festgelegt. Damit der Mensch motiviert ist, müssen seine psychischen Grundbedürfnisse erfüllt sein und er muss den herausfordern-

den Lebenssituationen einen Sinn zusprechen, um darin zu investieren. Die Konsequenz für die Schwerpunktsetzung in PINK liegt darin, dass die Schwerpunkte für die Eltern bedeutsam, sinnhaft, anschaulich, selbst erreichbar und positiv formuliert sind. Der Kontext, in welchem der Schwerpunkt verfolgt wird (wann, wo, mit wem, wo nicht, mit wem nicht) soll geklärt werden. Der Schwerpunkt soll auch so formuliert werden, dass festgehalten ist, woran die Eltern merken, dass der Schwerpunkt erreicht wurde. Durch die lösungsorientierte Gesprächsführung können Hypothesen entwickelt werden, die die Wechselwirkungen erklären. Diese inneren Hypothesen leiten den Entscheidungsprozess über mögliche Handlungsschritte, Maßnahmen und Indikatoren. Der nachfolgende Abschnitt geht auf die partizipative und kooperative Ebene zu den PINK-Schwerpunkten in der Prozessbegleitung ein.

Das PINK-Konzept verfolgt einen lösungsorientierten Ansatz. Dabei bildet das Zitat: »Start with the end in mind« (Eberling et al. 1998, zitiert nach Eberling 2013, S. 52) ab, dass bereits von Anfang an der Zielzustand eine wichtige Rolle im Prozess spielt. Lösungsorientiert kann im Kontext von systemischer Vorstellung als Modell, als Methode oder auch als Werkzeug verstanden werden. Bamberg (2012, zitiert nach Eberling 2013, S. 52) stellt das lösungsorientierte Vorgehen in 5 Phasen dar:

- »Synchronisation: einander kennenlernen, erste Orientierung, Problemverstehen, Lösungsauftrag, Kontaktbildung,
- Lösungsvision: Ressourcenfokussierung, Exploration von Ausnahmen, hypothetische Lösungsmöglichkeiten und sonstige Lösungspotenziale,
- Lösungsverschreibungen: Entwurf einer geeigneten Intervention [...], Kommunikation des Lösungsvorschlags,
- Lösungsevaluation: Analyse der Verbesserung und Konzeption der weiteren Veränderungsschritte,
- Lösungssicherung: Verankerung des Erreichten im Verhaltensrepertoire der Klienten, Beendigung der Beratung.«

Dieses lösungsorientierte Grundverständnis lässt sich angepasst in den Schritten des 8-Schritte-Verfahrens wiederfinden. Die lösungsorientierte Sichtweise steht auch bei der Erstellung der PINK-Schwerpunkte in Schritt 6 im Vordergrund.

Die Frage, die sich hier stellt, ist: Woran möchten die Eltern in der nächsten Zeit arbeiten?

Das PINK-Konzept hat sich entschieden, von der herkömmlichen Zielsetzung, wie dies momentan vorrangig im sonderpädagogischen Bereich umgesetzt wird, abzuweichen, um ICF-orientierte Schwerpunkte der Zusammenarbeit in den Vordergrund zu stellen. In der Umsetzung des 8-Schritte-Verfahrens zeigt sich immer wieder, dass ein Lebensraum so multifaktoriell belastet ist, dass in einem Schwerpunkt die Bedürfnisse der Eltern umfassender abgebildet werden können. Dies bedeutet nicht, dass daraus keine weiteren SMART-Ziele abgeleitet werden dürfen. In der Handhabung des Gesprächs gestaltet es sich in einem ersten Schritt einfacher, in Schwerpunkten zu denken.

Bei der Setzung von PINK-Schwerpunkten stehen die Wünsche der Eltern im Vordergrund. Wo wünschen sie sich Veränderung? Was sind ihre Hauptanliegen? Bei der Suche nach dem passenden PINK-Schwerpunkt ist es wichtig, als Fachperson zu beobachten und zu erfragen, welcher Schwerpunkt den Eltern wichtig ist, wie zuversichtlich sie sind, diesen zu erreichen, und ob eine Bereitschaft da ist, sich für diesen einzusetzen. Eine Erreichung ist nur dann möglich, wenn Wichtigkeit, Zuversicht und Bereitschaft ausreichend vorhanden sind (Langosch 2015).

Andernfalls zeigen sich Widerstände (siehe auch Kapitel 6.1.3 »Herausfordernde Gesprächsführung mit Eltern in PINK«). Dabei können Leitfragen wie »Ist es den Eltern wichtig?«, »Können die Eltern das leisten?«, »Wollen die Eltern das leisten?« unterstützen.

Um dies abzufragen, wird auch die Skalierungsmethode (siehe Kapitel 6.2 »Baustein PINK-Werkzeuge für die Beratung«) eingesetzt. Fragen, die sich hier stellen, können auf einer Skala von 1 bis 10 skaliert werden (Langosch 2015, S. 55):

- Wie wichtig ist es Ihnen, den Schwerpunkt zu erreichen?
- Wie zuversichtlich sind Sie, dass Sie diesen Schwerpunkt erreichen?
- Wie hoch zeigt sich Ihre Bereitschaft, den nächsten Schritt in Richtung Ihres Zieles zu gehen?

Auch hier gehen wir wieder mit der Haltung des PINK-Mindsets in das Gespräch hinein: Nur die Eltern können die passende Lösung für sich finden. Die motivierende Gesprächsführung kann an dieser Stelle eingesetzt werden, um über die Sprache in erste Handlungsschritte zu gelangen (siehe Kapitel 6.2 »Baustein PINK-Werkzeuge für die Beratung«).

Die Attraktivität der Schwerpunkte und die Motivation der Eltern ist ein wichtiger Aspekt bei der Setzung von diesen. Finden diese Aspekte bei der Schwerpunktsetzung keine Beachtung, wird kein Transfer der Schwerpunkte in die Praxis stattfinden.

Wichtig ist bei der Suche nach Schwerpunkten und den dazugehörigen angedachten Lösungen zu beachten, den Denkmustern der Eltern eine Bedeutung zukommen zu lassen. Jeder Mensch verfügt über eigene Denkmuster. Diese können zum Beispiel geprägt sein von einem »Growth Mindset« (dt. auch: dynamisches Selbstbild), das davon ausgeht, dass durch Übung und Anstrengung eine Veränderung hervorgerufen werden kann. Diese Personen verfügen über einen hohen Selbstwert. Neben dem Growth Mindset gibt es das »Fixed Mindset«, das hingegen davon ausgeht, dass etwas angeboren oder mit Glück zu tun hat und somit weniger eigener Einfluss auf die Situation genommen werden kann (Niechzial 2023, S. 125). Solchen Glaubenssätzen Beachtung im Beratungsprozess zu schenken, ist wichtig. Stehen Glaubenssätze konträr zu den gesetzten Schwerpunkten, werden die Eltern diesen eine niedrige Zuversicht zuweisen und somit wird die Erreichung des Schwerpunkts unwahrscheinlicher. Als Fachperson können wir durch Fragetechniken an Glaubenssätze herankommen und diese auflösen oder umstrukturieren.

Setzen wir erreichbare Schwerpunkte. Das konsistenztheoretische Modell des psychischen Geschehens nach Grawe (2004) zeigt auf, dass bei Verfehlung von Zielerreichungen ein Gefühl der Inkongruenz entsteht. Das Erleben von Inkongruenz kann auf der emotionalen Ebene Emotionen wie Wut, Angst oder Enttäuschung freisetzen. Um motivationale Schwerpunkte mit den Eltern zu setzen, ist es somit wichtig, die Ebene der Kongruenz miteinzubeziehen.

Welche Schwerpunkte beziehen die Grundbedürfnisse der Eltern (Bedürfnis nach Orientierung und Kontrolle, Lustgewinn/Unlustgewinn, Bindungsbedürfnis, Bedürfnis nach Selbstwerterhöhung/-schutz) (Grawe 2004, S. 188) mit ein und führen so zu einer Umsetzung im Alltag?

Steht der Schwerpunkt in einem Konflikt zu den Grundbedürfnissen der Eltern, kann dies zu einer Vermeidungshaltung zugunsten des eigenen Gefühls des Konsistenzerhalts der Eltern führen.

6.1.3 Herausfordernde Gesprächsführung mit Eltern in PINK

Familien haben bis zum Erstkontakt oft bereits viele emotional bewegende Erfahrungen gemacht, die sie unter Umständen mit nicht so vielen Personen teilen können. Fachpersonen werden oftmals schnell zu vertrauten Personen, die das Befinden der Familien nah miterleben. In der Phase des Erstkontaktes, auch »Joining« genannt, ist es wichtig, diese Zeit zu haben. Es ist anspruchsvoll, hier die Balance zu finden, empathisch, echt und kongruent zu sein und dabei den Fokus sowie den Zeitrahmen des Gesprächs im Blick zu behalten.

Im PINK-Mindset wurde das Phasenmodell nach Tuckman in Bezug auf die Gruppenphasen und die Kooperationsprozesse erwähnt. Mit dem Erstkontakt startet ein Kooperationsprozess. Wie bildet sich eine kooperative

Gruppe? Dazu betrachten wir diese Dynamik anhand zweier Modelle, mit dem Phasenmodell nach Tuckman und der Themenzentrierten Interaktion nach Cohn.

Wenn wir das Phasenmodell von Tuckman (1965, zitiert nach Kauffeld 2014) heranziehen, ist die erste Phase des »Formings« bezeichnend für die Phase des Erstkontaktes im 8-Schritte-Verfahren. In der Phase des »Formings« begegnen sich die Personen zum ersten Mal, lernen sich kennen. Mit der Gesprächsvorbereitung in PINK wird eine erste Basis gelegt, die Unsicherheiten, was im Gespräch Thema sein wird, aufzufangen. Auch der erste und zweite Schritt im 8-Schritte-Verfahren tragen dem Ankommen der Eltern Rechnung, indem der Ablauf, die Inhalte und das Ziel des Gesprächs visuell und verbal von der Fachperson dargelegt werden. Die Art und Weise, wie die Fachperson kommuniziert und dieses Setting gestaltet, kann zu einer positiven Atmosphäre beitragen. Die Gesprächsvorbereitung für die Eltern bietet Ihnen eine erste Orientierung. Wenn die Eltern jedoch zum ersten Mal ein solches Gespräch erleben, werden die Unsicherheiten, was sie erwartet, weiterhin bestehen. Die Beziehung zwischen Eltern und Fachperson ist in dieser Phase noch nicht geklärt. Die zweite Phase, »Storming«, beschreibt Tuckman (1965, zitiert nach Kauffeld 2014) als die Phase, in der die Gruppenmitglieder ihre Rolle und Aufgaben suchen und einnehmen wollen. Dies kann zu Konflikten führen, wenn jemand führen und bestimmen möchte. Damit dieser Rollen- und Zuständigkeitskonflikt nicht auftritt, ist die Basis des PINK-Mindsets wichtig. Hier werden die Rollen bereits in der Bootsmetapher definiert, sodass die Zusammenarbeit auf Augenhöhe gelebt wird und alle Personen partizipativ in den Prozess eingebunden sind. Jede Person ist Expertin, Experte von ihrer Lebenswirklichkeit. In den jeweiligen Schritten des 8-Schritte-Verfahrens sind die Rollen und Zuständigkeiten klar ausgelegt. Die Hauptpersonen stellen die Eltern dar. Die dritte Phase, »Norming«, definiert die Rollen und Regeln der Zusammenarbeit. In PINK passiert dies bereits in Schritt 2, wenn der Ablauf des Gesprächs dargelegt wird. An dieser Stelle wird auch auf die einzelnen Schritte Bezug genommen und die Rollenzuteilung geregelt. Die Regeln der Zusammenarbeit werden mit Schritt 7 gefestigt, in dem ein Contracting inklusive der gemeinsamen Findung von Werten festgehalten wird. Die vierte Phase, »Performing«, beschreibt die eigentliche Arbeitsphase. Bereits während des 8-Schritte-Verfahrens wird ab Schritt 3 gemeinsam visualisiert und gehandelt. Diese Arbeitsphase in PINK ist jedoch in unterschiedliche Schritte geteilt (Schritte 3–8). Die letzte Phase des Modells nach Tuckman (1965, zitiert nach Kauffeld 2014) ist »Adjourning«. Diese Phase ist eine Ablösungsphase, wenn die gemeinsame Arbeitsphase abgeschlossen ist. In PINK findet diese Phase mit dem Abschluss und der entsprechenden Evaluation der Prozessbegleitung statt.

Diese Phasen sind linear aufgeführt, doch in der Praxis können gewisse Phasen wieder auftauchen. Das kann zum Beispiel auch in der Prozessbegleitung der Fall sein, wenn sich während der Prozessbegleitung herausfordernde Gesprächssituationen ergeben oder wenn das Gespräch sich vom eigentlichen Fokus abwendet, da sich die Eltern über die Erlebnisse im Krankenhaus ärgern, Beschwerdeverfahren laufen oder sich bei einem Elternteil Widerstand zeigt, da es den Bedarf für die Begleitung nicht sieht. Herausfordernd wird es in den Gesprächen auch, wenn sich die Erziehungsberechtigten nicht einigen können, sich streiten und gegenseitig Vorwürfe machen. Es kann auch sein, dass die Eltern andere Erwartungen an die Fachpersonen haben und mit der Erfüllung des Auftrags nicht zufrieden sind. Dann tritt die Storming-Phase nochmals hervor, in der die Rollen und Zuständigkeiten neu ausgelotet werden müssen. Es wird deutlich, dass in diesem Kooperationsprozess bewusste und unbewusste Dynamiken bestehen. Weiß die Fachperson um diese und schenkt ihnen Beachtung im Prozess, lassen sich diese Dynamiken bewusst steuern und Störungen vermeiden. Weitere Dynamiken betrachten wir nun noch mit der Themenzentrierten Interaktion (TZI) nach Ruth Cohn (2016).

Nach Cohn (2016) finden Gespräche und Interaktionen in Gruppen immer auf drei Ebenen statt: Auf der Sach-, Ich- und der Wir-Ebene. Die Sachebene oder auch »Es« bezieht sich auf das Thema, das »Ich« auf das Individuum und das »Wir« auf Interaktionen zwischen Menschen. Diese drei Ebenen werden umgeben vom Globe, der unter anderem für die strukturellen und organisatorischen Rahmenbedingungen steht. Der Globe wie auch jede Chairperson, so nennt Cohn die Personen, geben ihre Grenzen vor. Es ist jedoch im Spannungsfeld der Autonomie und der Verbundenheit zur Gruppe auch möglich, seine persönlichen Grenzen zu erweitern und bei sich einen Veränderungsprozess anzustoßen. Eine Gruppe benötigt dazu die Wertschätzung gegenüber den Werten und Einstellungen der anderen und die Bereitschaft, sich für eine gemeinsame Sache einzusetzen. Das »Ich«, erläutert Cohn (2016), muss eine Chairperson sein. Cohn (2016, S. 121) versteht darunter Folgendes:

»Als mein eigener Chairman bin ich der ›Vorsitzende meiner inneren Gruppe‹ meiner verschiedenen Bedürfnisse und Bestrebungen. Ich versuche, sie mir auch in der Gruppensitzung bewusst zu machen: die körperlichen Empfindungen, die wechselnden Gefühle und die tief verankerten Grundstimmungen, die Wahrnehmung im Gruppengeschehen, die gedanklichen Eingebungen, Fantasien, Intuitionen, Urteile, Wertungen, Absichten. [...] Ich bin immer nur mein eigener Chairman und nie der des anderen«.

Ihre Hilfsregeln verdeutlichen die Chairperson und die Kommunikation in der Gruppe (Cohn 2016, S. 124–128):

- Vertritt dich selbst in deinen Aussagen; sprich von dir in der Ich-Perspektive und nicht in einer verallgemeinernden Form per »wir« oder per »man«.
- Wenn du eine Frage stellst, sage, warum du fragst und was deine Frage für dich bedeutet. Sage über dich selbst aus und vermeide das Interview.
- Sei authentisch und selektiv in deinen Kommunikationen. Mache dir bewusst, was du denkst und fühlst, und wähle, was du sagst und tust.
- Halte dich mit Interpretationen von anderen so lange wie möglich zurück. Sprich stattdessen deine persönlichen Reaktionen aus.
- Sei zurückhaltend mit Verallgemeinerungen.
- Seitengespräche haben Vorrang. Sie stören und sind meist wichtig. Sie würden nicht geschehen, wenn sie nicht wichtig wären.
- Wenn mehr als einer gleichzeitig sprechen will, verständigt euch in Stichworten, über was ihr zu sprechen beabsichtigt.

Wenn ein Übergewicht in einer der drei Ebenen Sach-, Ich- oder Wir-Ebene entsteht, so leidet die Effektivität der Gruppenarbeitsfähigkeit. Somit ist es für eine kooperative Prozessbegleitung bedeutsam, dass sich die drei Ebenen in einem Gleichgewicht befinden.

Wenn sich in Gesprächen herausfordernde Situationen ergeben, kann dies bedeuten, dass sich ein Ungleichgewicht eingestellt hat und zum Beispiel die persönlichen Anliegen in den Hintergrund gerückt sind und diese nicht mehr mit den Gruppenwerten übereinstimmen. Oder das gemeinsame Ziel ist zu hoch gesetzt und die Kräfte der Gruppe reichen nicht aus, um das Ziel zu erreichen. Wir hatten eingangs des Kapitels 6.1 »Baustein PINK-Grundlagen der Beratung« das Eisbergmodell vorgestellt. Wenn wir diese beiden Modelle miteinander verbinden, sehen wir, dass, wenn das »Ich« und das »Wir« auf der Beziehungsebene beispielsweise unbeachtete Bedürfnisse haben oder Werte divergieren, es in der Basis beginnt zu wanken und der gemeinsame Weg mit der Sache ins Stocken gerät.

Cohn (2016) hat im Zusammenhang mit der TZI beschrieben, dass, wenn der gemeinsame Prozess aufgrund einer Betroffenheit oder Störung ins Stocken gerät, diese Störung zuerst angegangen werden muss. Die Sache rückt dann in den Hintergrund und die Störung in den Vordergrund.

Das Eisbergmodell besagt, dass das, was im Gespräch sichtbar wird, vom Unsichtbaren darunter gesteuert wird. Sich zu überlegen, welches Bedürfnis dem Verhalten zugrunde liegt oder auch, was das Verhalten beim Gegenüber für

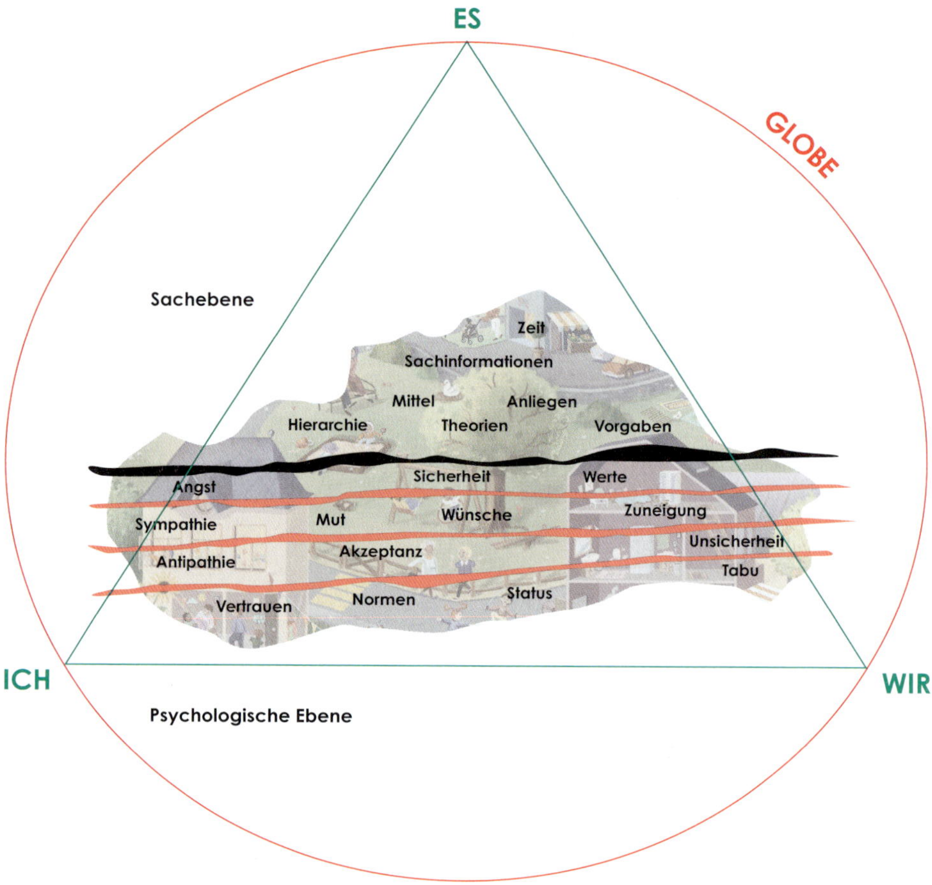

Abbildung 31: Eisbergmodell und TZI (in Anlehnung an Langmaack 2017)

einen Sinn, Zweck erfüllen soll, hilft, die herausfordernde Situation im Gespräch zu analysieren (Abbildung 31).

Wir haben bereits mit den vier universellen Grundbedürfnissen und zum Umgang mit Stress beschrieben, dass der Mensch unterschiedliche Bewältigungs- und Copingstrategien anwendet, um das persönliche Gleichgewicht wiederherzustellen. Fühlen sich die beteiligten Personen in der Gruppe beispielsweise nicht mehr zugehörig, nicht mehr wahrgenommen in ihren Anliegen, aktiviert der Mensch einen Bewältigungsmechanismus. Die gewählten Strategien, zum Beispiel Flucht, Rückzug oder Widerstand, können jedoch dazu führen, dass die Prozessbegleitung stockt. Es liegt in der Prozessbegleitung somit ein Konflikt vor. Dieser Konflikt ist eine Spannungssituation zwischen zwei oder mehreren

Parteien, die versuchen Handlungspläne zu verwirklichen, aber die Übereinstimmung der Parteien hinsichtlich der Inhalte fehlt (Rüttinger/Sauer 2016).

Weshalb entsteht Widerstand?

Widerstand wird oft als negative Kraft wahrgenommen, die als Gegenteil von Mitmachen und Beteiligung aufgefasst wird. Wie Menschen mit Widerstand umgehen, hat wieder mit ihren biografischen Erfahrungen und Erlebnissen zu tun. Hinter dem Widerstand steht oft ein unerfülltes Bedürfnis und er hat deshalb einen guten Grund für die Person. Der Widerstand enthält somit eine verschlüsselte Botschaft. In einem ersten Schritt können wir als Außenstehende nur die sichtbaren Zeichen annehmen, die auf einen Widerstand hindeuten. Ob es eine Widerstandsposition ist, wird sich erst später zeigen. Aus psychologischer Perspektive entsteht Widerstand, wenn ein Reiz von außen zu stark ist, um sich darauf einzulassen. Der Widerstand ist dann eine Schutzfunktion des Menschen, das zu schützen, was ihm wichtig ist. Widerstand hat somit eine positive Kraft. Sie ist eine natürliche Funktion des Menschen, sich zu schützen. Wenn wir als Fachpersonen den Widerstand positiv betrachten und ihn als Zeichen deuten, dass ein Prozess der Veränderung angestoßen werden kann, so geht die Fachperson mit einer konstruktiven und positiven Haltung zur Klärung der Situation in das Gespräch. Abbildung 32 zeigt, dass der Veränderungsimpuls auf ein soziales System trifft. Dieser Veränderungsimpuls schafft ein Spannungsfeld beim Individuum, alles daran zu setzen, seinen Ursprungszustand zu erhalten oder seine Situation zu erneuern. Bei der Erhaltung erstarrt die Person und das System, wenn der Veränderungsimpuls die Situation oder den Menschen komplett erneuern möchte, entsteht Chaos. In beiden Zuständen, Erstarrung und Chaos,

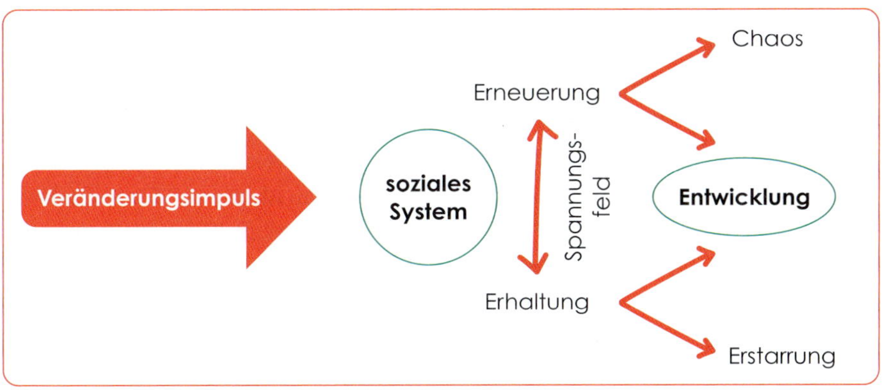

Abbildung 32: Konzept des Widerstands nach Egli (1992, zitiert nach Friedl 2020, S. 67)

ist keine Entwicklung möglich. Deshalb liegt auch hier die Kunst darin, diese Balance zu finden, den Veränderungsimpuls zu integrieren und diesen zu verstehen, ihn handhabbarer machen zu können, sodass er Sinn ergibt.

Die Gründe für Widerstand können vielfältig sein. Im Zusammenhang mit Widerstand stellen Doppler und Lauterburg (2019, S. 357 f.) drei zentrale Fragen, die die Gründe des Menschen erklären könnten:

1. »Warum und wozu das Ganze?«
2. »Kann ich das?«
3. »Will ich das?«

Eltern können oder auch nur ein Elternteil kann somit im Prozess die Position einnehmen, etwas zu schützen. Das könnte sein, dass ein Elternteil merkt, dass es nicht mehr sich selbst sein kann und sich die Veränderungen nicht zutraut. Die Person kann merken, dass die besprochene Veränderung für sie nicht passend ist. Sie kann aber auch merken, dass sie nicht dieselbe Ansicht, dieselben Werte vertritt, wie ihr:e Partner:in und deshalb die eigene Sichtweise schützen möchte. Eine Widerstandsposition kann auch Ausdruck einer Überforderung sein, aktuell etwas entscheiden zu müssen oder bereits zu viel gehört zu haben und nun mit Inhalten überflutet zu sein. Die Eltern können auch Stresserleben zeigen und deshalb in eine Widerstandsposition treten. Wenn Eltern in Widerstandspositionen sind, kann sich dies darin äußern, dass sie aus der Situation flüchten und das Gespräch abrupt abbrechen. Eine andere Form der Bewältigungsstrategie ist, sich innerlich zurückzuziehen und sich nicht mehr zu äußern. Eltern können aber auch nach außen treten und laut ihren Ärger aussprechen, externe Faktoren für die aktuelle Situation suchen. Dies kann auch bedeuten, dass die Fachperson Zielscheibe des Ärgers wird.

Wenn Konflikte und der Widerstand in einem Gespräch aufkommen, braucht es die Kunst der Gesprächsführung durch die Fachperson. Die Konflikte und Widerstände können in der Beziehungsdynamik Fachpersonen-Eltern oder Eltern-Eltern auftreten.

Konflikte und Widerstände müssen aufgegriffen werden, da ansonsten die Blockade verstärkt wird. Bei Widerständen ist die Sach- und Beziehungsebene immer involviert und somit kann der Widerstand nicht nur auf der Sachebene gelöst werden (Friedl 2020). Wenn wir diesen Gedanken mit dem Kommunikationsquadrat verbinden, zeigt sich, dass ein Konflikt entstehen kann, wenn die Informationen vom Sendenden nicht auf derselben Ebene vom Empfangenden dekodiert wurden. Daraus können sich Missverständnisse und weitere Konflikte entwickeln. Ob es zu einem größeren Konflikt führt, ist davon abhängig, welche Strategien die beteiligten Personen wählen, um eine Irritation in einem Gespräch aufzulösen. Es kommt auf die Form der Kommunikation und die Bereitschaft zur Kooperation an. Für die Fachperson bedeutet dies, dass sie die eigenen und auch die Verhaltensweisen der anderen hinsichtlich der Bewältigungs- und Copingstrategien reflektieren sollte. Auch in Konfliktsituationen greifen die Menschen auf unterschiedliche Konfliktstile zurück. Abbildung 33 stellt diese Konfliktstile dar. Nach Thomas und Kilmann (2008) gibt es fünf Konfliktstile, die sich an zwei Dimensionen orientieren: Die erste Dimension ist die Orientierung an den eigenen Bedürfnissen, die zweite Dimension ist die Orientierung an den Bedürfnissen der anderen.

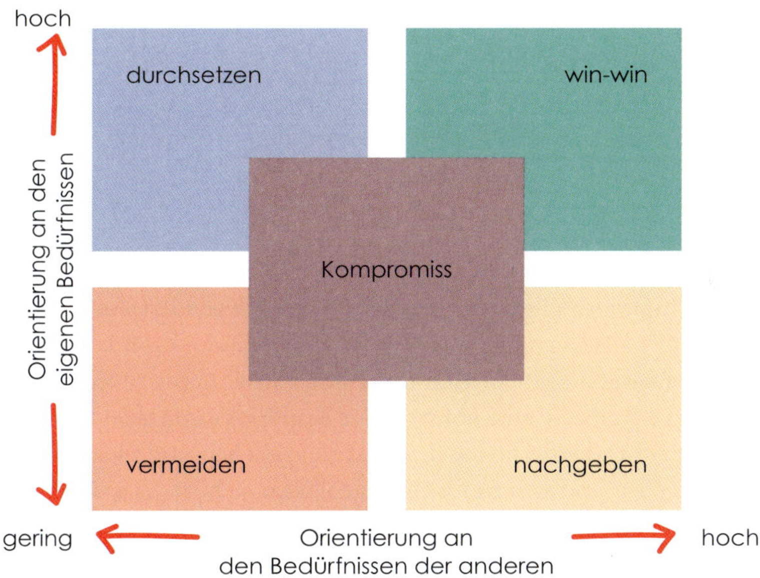

Abbildung 33: Konfliktstile nach Thomas und Kilmann (2008)

Orientiert sich ein Mensch einzig an den eigenen Bedürfnissen und berücksichtigt die der anderen nicht, so lässt sich der Konfliktstil als *durchsetzungsorientiert* beschreiben. Im Gegensatz dazu, wenn die Person sich ausschließlich an den Bedürfnissen der anderen orientiert, bezeichnet dies den Konfliktstil *nachgeben* oder anpassen. Die Person gibt somit im Konflikt nach. Wenn sich jemand weder an den eigenen noch an den Bedürfnissen anderer orientiert, charakterisiert dies den Konfliktstil *vermeiden,* da er dem Konflikt aus dem Weg geht. Wenn die Bedürfnisse von beiden Parteien versucht werden zu berücksichtigen, mit dem Ziel sich irgendwo in der Mitte zu treffen, steht dies für *Kompromiss.* Die eigenen Bedürfnisse und die der anderen werden teilweise befriedigt, alle machen jedoch Abstriche, damit es ein akzeptierbares Mittelmaß gibt. Es gibt nun noch den *Win-win-Konfliktstil,* der bezeichnet, dass beide Interessen gleichermaßen erfüllt werden können und somit beide Parteien gewinnen. Hier wird somit eine neue dritte Lösung gesucht. Die Fachperson kann diese Konfliktstile für die Selbstreflexion nutzen.

Den eigenen Konfliktstil reflektieren:

- Wie würden Sie Ihre Gefühle in Konfliktsituationen beschreiben?
- Wie reagieren Sie jeweils in Konfliktsituationen?
- Welcher Konflikttyp fühlt sich für Sie gut an?
- Tendieren Sie in jeder Situation zum gleichen Konflikttyp oder gibt es Ausnahmen?

Es gibt in der Fachliteratur auch Inventare zur Selbstreflexion des eigenen Konfliktstils, wenn Sie sich selbst testen möchten.

Für die Selbstreflexion kann auch die Gewaltfreie Kommunikation (GFK) nach Rosenberg (2021) als Reflexionsmodell für Konflikte genutzt werden (siehe Kapitel 6.2 »PINK-Werkzeuge für die Beratung«). Mit der GFK kann eine differenzierte und sorgfältige Selbst- und Fremdwahrnehmung reflektiert werden. Damit wird die Basis für eine konstruktive Konfliktlösung gelegt.

Es bedeutet für die Fachperson, zuerst zu verstehen und nicht direkt Erklärungen abzugeben und sich zu rechtfertigen. Dazu gehört, dass die emotionale Seite des Themas angesprochen wird. Somit fühlt sich das Gegenüber gesehen. Es ist ebenso wichtig, dass nicht ein Elternteil bevorzugt wird. Das bedeutet, einem allfälligen Widerstand Raum zu geben und auch Denkpausen einzubauen. Es braucht Zeit, die verschiedenen Sichtweisen aller Teilnehmer:innen allen im Gespräch zugänglich zu machen. Daraus können auch gemeinsame Lösungen entwickelt werden. Wenn ein Contracting vorliegt und die Werte zur Zusammenarbeit festgelegt wurden, können auch diese hervorgenommen werden, ob diese noch stimmig sind oder verändert respektive erweitert werden müssten.

Die Gefühle, die Bedürfnisse, die hinter diesen Verhaltensweisen stehen, können als Gesprächspartner:in zum Beispiel mit den Methoden der Gewaltfreien Kommunikation, Aktives Zuhören, Ich-Botschaften aufgegriffen werden. Es ist für die Fachperson in dieser Situation wichtig zu entscheiden, welche Optionen für das Gespräch bestehen. Die Erfahrung zeigt, dass es wichtig ist, das Stockende/die Störung im Gespräch offen anzusprechen und die Eltern ins Boot zu holen, wie jetzt weiter vorgegangen werden kann. Es ist wichtig, dass die Fachperson einfach, strukturiert kommunikativ führt und auch das optisch wahrnehmbare Verhalten wie Körperhaltung, Bewegung, Gestik, Mimik kongruent zum Gesprochenen ist. Dabei kommen konkret reflektierende Fertigkeiten (paraphrasieren, reflektieren, Feedback geben, sich Dinge erklären lassen, Schlüsselbegriffe aufnehmen, zusammenfassen) und sondierende Fertigkeiten (Feststellungen treffen, konkretisieren, Fragen stellen) zum Tragen. Auch die Möglichkeit einer kurzen Pause ist denkbar. Miller und Rollnick (2002) setzen die Form der sokratischen Fragen gemeinsam mit reflektierenden Aussagen ein, um die freiwerdende Energie des Widerstandes für Veränderungsprozesse zu nutzen und so zu einer Umlenkung des Widerstandes zu gelangen (»Was wäre die Alternative …?«, »Was wäre, wenn …?«, »Was sind die Gründe …?«, »Was sind die Konsequenzen …?«) (Fuller/Taylor 2012, S. 146). Ein Bewusstsein als Fachperson bei sich selbst darüber zu entwickeln, was ein Konflikt auf der eigenen Emotionsebene auslöst, also Aggressionen, Flucht oder Vermeidung, kann einen konstruktiven Umgang mit Konfliktsituationen fördern.

Die Optionen für die Weiterführung des Gesprächs können aufgrund der reflektierenden und sondierenden Auslegung der Situation sein, dass das Gespräch nicht weitergeführt wird, da die Eltern noch nicht bereit sind oder dass sich die Eltern darauf einigen, weiterzumachen und die Uneinigkeit ruhen zu lassen oder auch mit den Eltern zu schauen, was sie benötigen, damit sie sich auf das Gespräch einlassen können. Die Auslegung der Optionen unterstützt die klärende Wirkung für ein stockendes Gespräch.

In der Reflexion ist es dann für die Fachperson wichtig zu betrachten, wie die Verhaltensweisen im Gesprächsverlauf nachzuvollziehen sind. Könnte es ein Ausdruck von Überforderung mit der Situation sein? Könnte es sein, dass sich die Eltern vor den Gesprächen mit der Fachperson fürchten? Wie bereits beschrieben, kann Stressbelastung zu unterschiedlichsten Bewältigungsstrategien führen.

In der Analyse einer herausfordernden Gesprächssituation kann auch ein Wertequadrat erstellt werden, dass aufzeigt, welche Werte in der Gesprächssituation gewirkt haben, die die Kooperation gehemmt haben.

Das 8-Schritte-Verfahren ermöglicht im Schritt 7, die vereinbarten Werte der Zusammenarbeit anzupassen und die Themen, die aufkommen, in die Festlegung der Schwerpunkte aufzunehmen. Wenn es Themen sind, die nicht direkt aufgegriffen werden können, können diese auch auf einer Haftnotiz notiert werden und zum Beispiel auf der PINK-Landkarte oder dem individuellen PINK-Prozessbegleitungsplaner festgehalten werden.

Konfliktbewältigung für PINK:
Aktives Zuhören, ohne in eine Haltung des Angriffs oder der Verteidigung zu gehen, ermöglicht, dass das Gegenüber sich gehört fühlt. Spiegeln kann dabei unterstützen, die Haltung des Gegenübers besser zu verstehen und diesem das Gefühl zu vermitteln, dass sein Anliegen ernst genommen wird.

Über persönliche Mitteilungen können, ohne das Gegenüber zu attackieren, Gefühle, Fragen, Gedanken und Wünsche zum Ausdruck gebracht werden. Dies kann zum Abbau von Abwehr und Gegenangriff beim Gegenüber führen.

Zeigt sich ein hoher Druck beim Gegenüber, »Dampf Ablassen« zu müssen, ist es manchmal ratsam, dem Ablassen des Drucks Vorrang zu gebieten. Dies kann dazu führen, dass das Gegenüber nach dem Abbau der emotionalen Erregung wieder bereit ist, auf eine Ebene der Versachlichung überzugehen (Staatsinstitut für Schulqualität und Bildungsforschung 2010, S. 47).

6.2 Baustein PINK-Werkzeuge für die Beratung

Dieses Kapitel nimmt Bezug auf das Kapitel 6.1 »Baustein PINK-Grundlagen der Beratung«. Die Werkzeuge, die in PINK oft zum Tragen kommen und passend zum Berater:innen-ICH sind, werden in diesem Kapitel priorisiert dargestellt. Beratungsmethoden und Gesprächsführungstechniken werden verwendet, um den Entwicklungsprozess des Gegenübers anzustoßen und zu begleiten. In der Zusammenarbeit auf Augenhöhe und der partizipativen Prozessberatung und -begleitung ist die Fachperson immer in der Auseinandersetzung hinzuschauen und -zuhören, welche Unterstützung und Hilfen das Gegenüber benötigt, damit Selbststeuerung und Selbstwirksamkeit im Prozess umsetzbar sind. Im Wissen, dass Sie bereits über Ihren fundierten Erfahrungsschatz an Beratungsmethoden verfügen und viele dieser Methoden und Techniken bereits anwenden, greifen wir konkrete Werkzeuge der Beratung und Gesprächsführung auf, die in PINK eingesetzt werden können. Die 8 Schritte werden durch die Verbindung zu den Werkzeugen nachvollziehbar in ihrem Nutzen, Sinn und Zweck, damit die 8 Schritte nachhaltig wirken.

Jedes Werkzeug wird zu Beginn theoretisch eingeführt, damit die fachliche Referenz sichtbar wird. Danach wird das Werkzeug in Bezug zu den 8 Schritten gesetzt und es werden Möglichkeiten aufgezeigt, wie Sie dieses als PINK-Berater:in im Gespräch anwenden können.

6.2.1 Aktives Zuhören

Gerade in der Phase des ersten Kennenlernens spielt das aktive Zuhören eine wichtige Rolle. PINK setzt dieses bewusst ein, um das »Selbst-Erleben, die Selbst-Klärung und [...] das Bewusstsein für die Selbst-Verantwortung« (Wilmes/Loebbert 2013, S. 31) der Eltern zu stärken. Im 8-Schritte-Verfahren findet dies gerade in den ersten 3 Schritten seinen Platz. Wir möchten hier gern mehr vom Gegenüber erfahren. Der Fokus liegt also darauf, das Gegenüber kennenzulernen und im Redefluss zu unterstützen.

Wilmes und Loebbert (2013, S. 30) beschreiben das aktive Zuhören als »die Kunst, konzentriert wahrzunehmen, was der andere denkt und fühlt.« Achten Sie als Zuhörer:in in diesem Schritt darauf, dass Sie eigene Deutungen, Konfrontationen oder auch aktive Lösungsvorschläge zunächst für sich behalten. Aufmerksamkeit und Interesse durch Sie kann hingegen bei den Eltern ein Wohlgefühl auslösen, dass sie zum Erzählen anregt. Sie als Zuhörer:in möchten nun also erfahren, was die Eltern Ihnen erzählen möchten. Aktives Zuhören setzt sich aus verschiedenen Komponenten zusammen und kann wie folgt zusammengefasst werden:

»– sich konzentrieren auf den anderen, sich einstellen, sich in seine Lage versetzen,
- nonverbale Anteilnahme, Blickkontakt, Nicken, zugewandte Haltung,
- verbale Anteilnahme, aussprechen lassen, nicht unterbrechen, kleine Wörter: ja, aha, so,
- Erkennen der Schlüsselwörter; Mimik und Gestik wahrnehmen: Was ist dem anderen wichtig?
- Erfassen von Inhalten, Gefühlen, Strategien; Rückfragen (offene Fragen) stellen,
- Verbalisieren, die emotionale Aussage mit eigenen Worten wiederholen, ohne es umzudeuten« (Wilmes/Loebbert 2013, S. 31).

Auch hier ist zu beachten, dass Kulturunterschiede dazu führen können, dass wir uns auf sprachlicher und nonverbaler Ebene missverstehen können. Ein »Nicken« kann in einer anderen Kultur anders gedeutet werden als in der westlichen Kultur. Ebenso kann es über gesendete Signale des Gegenübers zu Missinterpretationen aufseiten des Zuhörers kommen. Entsteht eine Vermutung dahingehend, so macht dies aufzugreifen Sinn, zum Beispiel durch Beschreibung des Gesehenen: »Ich habe bemerkt, dass Sie bei der Erzählung in die Ferne schauen, hat das eine Bedeutung?« Wie bereits im Kapitel 6.1 »Baustein PINK-Grundlagen der Beratung« erklärt, findet Kommunikation nur zu einem Bruchteil auf der sprachlichen Ebene statt. »92 Prozent der Kommunikation« verläuft auf der nonverbalen Ebene (Fuller/Taylor 2012, S. 106). Beziehen Sie diese Ebene mit in Ihren Beratungsprozess ein.

6.2.2 Paraphrasieren

Diese Technik bedeutet, dass das Gesagte des Gegenübers in eigenen Worten wiedergegeben wird. Diese Technik wird genutzt, um sicherzustellen, dass die Botschaft richtig beim Empfänger, bei der Empfängerin angekommen ist. Aber auch, um dem Sender seine Botschaft nochmals vor Augen zu führen, ihm die Möglichkeit zu geben, diese nochmals zu verifizieren oder neu zu betrachten. Durch das Aufgreifen der Botschaft des Gegenübers fühlt sich dieser in seinem Anliegen ernst genommen. Diese Form spielt beim aktiven Zuhören eine wichtige Rolle in Schritt 3 des 8-Schritte-Verfahrens, aber auch in Schritt 4, in welchem die Fachperson das Gehörte nochmals umfassend aufgreift. Wichtig dabei ist zu beachten, dass Rückfragen gestellt werden.

Beispielsätze für Fragen, um Botschaften sicherzustellen:
- »Ich habe aus Ihren Ausführungen verstanden …«
- »Wenn ich Ihre Beschreibungen auffasse …«
- »Habe ich das richtig verstanden, Sie erleben xy als belastend.«

Beispielsätze für Rückfragen:
- »Habe ich das richtig verstanden?«
- »Ist das so stimmig für Sie?«

6.2.3 Empathie, Wertschätzung und Kongruenz ausdrücken

Die humanistische Grundhaltung in der Gesprächsführung und Kommunikation zum Ausdruck zu bringen, ist herausfordernd. An was erkennt das Gegenüber, dass ich wertschätzend, empathisch und kongruent bin? Die folgenden Hinweise zur Gesprächsführung sollen zur Umsetzung dieser beziehungsstiftenden Haltung dienen. Die Zusammenstellung ist nicht abschließend zu betrachten.

Wie kann Wertschätzung ausgedrückt werden?
- Spiegeln, was das Gegenüber bereits alles geleistet hat, »ich bin beeindruckt, …«
- Das Gesagte des Gegenübers anerkennen und nicht infrage stellen.
- Die Gefühle des Gegenübers benennen.

Wie kann Empathie ausgedrückt werden?
Empathie ausdrücken, indem das Gesagte wiederholt wird. Damit kann das Gegenüber nochmals selbst reflektieren, was es gesagt hat und verifizieren, ob die Fachperson alles richtig verstanden hat. Das Gegenüber erhält die Bestätigung, dass ihm zugehört wird. Empathie kann sich auch ausdrücken, indem die wahrgenommenen Gefühle des Gegenübers benannt werden oder indem bestärkt wird, was alles bereits an Ideen und Kraft aufgebracht wurde.

Wie kann Kongruenz umgesetzt werden?
Kongruenz bedeutet, ich möchte verstehen wie der andere denkt und weshalb er/sie es tut. Kongruenz kann sich auch zeigen, indem die Fachperson etwas von sich preisgibt und Bezug auf eine ähnliche Situation nimmt, in der dieselben Gefühle aufgetaucht sind. Mit diesen Selbstoffenbarungen drückt sie dem Gegenüber aus, dass sie diese Situation auf andere Weise nachvollziehen kann. Die Ich-Botschaften sind ein wesentliches Element, kongruent zu sein. Die Kongruenz kann auch durch eine klare Haltung und Rollenbewusstheit, die verbalisiert wird, gestützt werden. Kongruent sein, heißt auch, dass ich die Metakommunikation als Technik einsetze und Widerstand als Chance sehe und in die Bearbeitung dieser mit allen Beteiligten trete.

6.2.4 Gewaltfreie Kommunikation (GFK)

Beim Schritt 4 im 8-Schritte-Verfahren, in welchem die Fachperson das Gehörte nochmals zusammenfasst, kann Sie auf die Gewaltfreie Kommunikation (GFK) nach Marshall Rosenberg (2021) zurückgreifen. Das Ziel der GFK ist, authentisch und wertschätzend zu kommunizieren und dabei die Gefühle und Bedürfnisse von mir und dem Gegenüber zu berücksichtigen. Die GFK-Methode umfasst vier Schritte:

- *Beobachtung* einer Situation, ohne sie zu bewerten oder zu interpretieren,
- *Gefühl,* welches in dieser Situation wahrnehmbar ist,
- *Bedürfnisse* sind eng verknüpft mit Gefühlen, die den Weg weisen, ob das Bedürfnis erfüllt ist oder nicht, oder ob zum Beispiel das Bedürfnis nach Sicherheit, Verständnis im Raum ist,
- *Bitte,* die sich aus dem Bedürfnis ableitet, damit sich die Situation klärt.

Rosenberg (2021) fasst die Methode in folgender Faustregel zusammen: »Wenn ich a sehe, dann fühle ich b, weil ich c brauche. Deshalb möchte ich bitte d«.

Bei herausfordernden Gesprächen kann die Gewaltfreie Kommunikation hilfreich sein, um die eigenen Gefühle und Bedürfnisse ausdrücken zu können.

Es kann sein, dass Erwartungen formuliert werden, denen die Fachperson nicht entsprechen kann und will. Es kann sein, dass Elternteile laut und vorwurfsvoll werden. Diese aufkommenden Gefühle und Bedürfnisse können mit der GFK transparent gemacht werden. Außerdem kann die GFK auch eingesetzt werden, wenn Eltern sich nicht einig sind und während des 8-Schritte-Verfahrens Konflikte aufkommen. An dieser Stelle kann die Fachperson die GFK aufgreifen und entweder bei beiden Elternteilen die Aspekte der GFK nachfragen oder als Mentorin dienen und die vermuteten Gefühle und Bedürfnisse stellvertretend in der Runde formulieren.

6.2.5 Skalierung

Das PINK-Konzept bedient sich in diesem Buch beim 8-Schritte-Verfahren der Skalierung. Skalierungen erweisen sich als unterstützend, die aktuelle Situation besser einschätzen zu können, aber auch um kleinste Unterschiede oder auch Fortschritte erkennen zu können. Der Einsatz findet sich zum einen im Kapitel des PINK-Mindsets (Kapitel 2). Hier wird in der Erfahrung über das eigene Berater:innen-ICH die Skalierung zur Standortbestimmung der Fachperson eingesetzt. Zum anderen findet sie in der Vorbereitung der Eltern auf dem PINK-Einschätzungsraster statt. Hier schätzen die Eltern ihr Belastungserleben (Wo läuft es gut mit dem Kind? Wo fühlen Sie sich belastet? Wo ist es schwierig?) in den einzelnen Lebensräumen ein. Das PINK-Einschätzungsraster weist eine Farbenskala mit grün, gelb und rot auf. Die Farben sind gleichmäßig in drei Kreisen verteilt. Die Farbenskala stellt eine alltagsnahe Verbindung her, da beispielweise Verkehrsverhaltensregeln bei den Ampeln auch nach einem Farbenprinzip geregelt sind. Dieser alltagsnahe Bezug unterstützt die Verständlichkeit der Vorbereitung mit dem PINK-Einschätzungsraster für die Eltern. Die Assoziationen mit den Farben, sei es an der Fußgänger:innenampel, in der Autowaschanlage oder im Sport und gelernten Regeln, tragen zu einer einfachen Sprache bei. Somit fällt es den Eltern womöglich einfacher, die Einschätzung der erlebten Belastung einzutragen. Wird das PINK-Konzept ein zweites Mal angewendet, so kann es zu einer Verbesserung des Belastungserlebens kommen. Dies kann zu einer Verbesserung des Belastungserlebens auf dem PINK-Einschätzungsraster führen. Dadurch kann ein Gefühl von Selbstwirksamkeit bei den Eltern ausgelöst werden. Zu beachten ist natürlich, dass sich auch ein höheres Belastungserleben bei der erneuten Einschätzung zeigen kann und dies Gefühlsreaktionen bei den Eltern auslösen kann.

Ein weiterer Einsatz der Skalierung erfolgt an der Stelle der Schwerpunktsetzung in Schritt 6 im 8-Schritte-Verfahren. Auch hier findet eine Einschätzung bei der Suche nach passenden Schwerpunkten statt. In der Evaluation wird ebenso mit Skalierungen gearbeitet. Hier wird die Skala auch dazu verwendet, nach den Fortschritten zu fragen. Wo möchten Sie in einem halben Jahr mit diesen Schwerpunkten auf der Skala stehen? Wir arbeiten bei PINK also vornehmlich mit der »Fortschrittsskala« (Eberling 2013, S. 58 ff.).

Beispielsätze für den Einsatz der Skalierung zur Standorterfassung in PINK:

- Zufriedenheit erfragen: »Auf einer Skala von 1 bis 10, wie zufrieden sind Sie mit Ihrer Beratung?«
- Aktuelle Belastung erfragen: »Auf einer Skala von 1 bis 10, wie belastet sind Sie in diesem Lebensraum?«
- Ziele erfragen: »Auf einer Skala von 1 bis 10, wo stehen Sie in der aktuellen Situation mit diesem Ziel?«

Beispielsätze für den Einsatz der Skalierung, um Denkanstöße zu geben und Lösungen zu entwickeln:

- Nächste Schritte finden: »Was muss passieren, dass Sie ein kleines bisschen auf der Skala nach oben rutschen?«
- Ressourcen erfragen: »Was oder wer könnte Sie in Ihrer Zielerreichung oder dem nächsten Schritt unterstützen?« (Betrachten Sie dazu die PINK-Landkarte.)
- Fortschritte erfragen: »Wenn Sie auf Ihre Skala schauen, was ist schon etwas besser geworden?«
- Unterschiede erfragen: »Wie fühlen Sie sich auf Stufe 5, was ist der Unterschied zu Stufe 6?«
- Wirkung erfragen: »Was wird anders sein, wenn Sie die nächste Stufe erreicht haben?« (Eberling 2013, S. 58 ff.)

Die Antworten, die Sie hier von den Eltern erhalten, können Lösungswege sichtbar werden lassen. Sie können aber auch aufzeigen, wo sich noch Stolpersteine befinden, die zunächst aus dem Weg geräumt werden müssten. Nebst diesen Effekten bietet die Skalierung die Möglichkeit, die Eltern in eine aktive Rolle zu bringen und ein erstes Erleben hervorzurufen, wie es sein könnte, das Ziel zu erreichen. Auf der Gefühlsebene können sie erleben, wie sich das anfühlt, das Ziel erreicht zu haben. Dies kann die Motivation der Eltern steigern, das Ziel anzugehen. Ebenso wurde ein Bewusstsein geschaffen, dass es kleine Stufen gibt, die bis zur Zielerreichung gegangen werden können. Das Ziel wird in kleine Scheiben geschnitten, kleine Handlungsschritte werden ersichtlich und nehmen die Übermacht von unerreichbaren Zielen. Dies kann sich positiv auf die Handlungsfähigkeit der Eltern auswirken. Eine Steigerung des Selbstwirksamkeitsgefühl wird dadurch möglich. Beide Eltern sollten die Möglichkeit erhalten, ihre Einstufung auf der Skala vorzunehmen. Diese muss nicht auf der gleichen Stufe sein. So können z. B. individuelle Belastungserleben erfasst werden, ebenso kann das Elternpaar so die Belastung des anderen wahrnehmen und eventuell anerkennen. Das Belastungserleben kann in großem Maße voneinander divergieren.

Das 8-Schritte-Verfahren enthält einzelne Mittel zur Skalierung (z. B. PINK-Boot). Eigenes Handeln führt zu eigener Lösung. Das unterstützt die Haltung des PINK-Mindsets. Denken Sie aber daran, nicht alles passt zu jeder Person. Es kann auch sein, dass Sie die Eltern damit überfordern. Wählen Sie sorgsam aus, welche Skalierungsmittel zu welchen Eltern passen.

Im Kapitel 7 »Kreativ weiterentwickelt: Ideen zum 8-Schritte-Verfahren« finden Sie kreative Ideen, wie mit Skalierungen gearbeitet werden kann.

6.2.6 Fragetechniken/-methoden

Fragen und Fragetechniken begleiten das 8-Schritte-Verfahren durchgängig. Die Einnahme der fragenden Haltung ermöglicht uns, davon auszugehen, dass wir nichts über die Lebenswirklichkeit des Gegenübers wissen und uns diese erfragen möchten. Dazu eignet sich die Nutzung von offenen Fragen. Geschlossene Fragen, die lediglich mit »ja« und »nein« beantwortet werden können, bringen einen geringen Ertrag an Informationen. Ihr Ziel ist es, mehr über das Gegenüber zu erfahren. Fuller und Taylor (2012) weisen auf die Stolperfalle der halboffenen Fragen hin. Diese beginnen häufig mit »wer, wo, wann und wie viel« (Fuller/Taylor 2012). Meist erhalten Sie darauf Antworten, die nur aus ein oder zwei Worten bestehen. Möchten Sie mehr über das Denken und Fühlen des Gegenübers erfahren, müssen Sie darauf achten, dass Sie vollständige offene Fragen verwenden, zum Beispiel: »Was …?«, »Erzählen Sie mir davon?«, »Wie konnte das passieren?«, »Wie fühlen Sie sich? …« (Fuller/Taylor 2012, S. 131).

Durch Fragen kann der Beratungsprozess gesteuert werden. Sie zielen darauf ab, die Gegenüber in ein vertieftes Nachdenken zu begleiten. Ebenso kann dadurch eine Lenkung hin zu einer nutzbringenden, lösungsorientierten Richtung erreicht werden. Nun geht es aber beim 8-Schritte-Verfahren nicht darum, möglichst viele und schlaue Frage zu stellen. Fischer-Epe (2021) legt vier Prinzipien fest, nach denen eine Auswahl der passenden Frage getroffen werden kann:

- Die Frage soll dem Gegenüber dabei helfen, sich »zu öffnen und ins Nachdenken zu kommen,
- Perspektiven zu erweitern und sich Verbindungen, Auswirkungen und Abhängigkeiten bewusst zu machen,
- zukünftige Lösungen zu (er)-finden und dabei
- Unterschiede und kleine Entwicklungsschritte wahrzunehmen« (Epe-Fischer 2021, S. 59).

Weiter verweisen von Schlippe und Schweitzer (2003, S. 143 f.) auf folgende Frageformen:

- Hypothetische Fragen,
- Zirkuläre Fragen,
- Ziel- und Wunderfragen,
- Reflektive Fragen,
- Fragen, die den Unterschied verdeutlichen,
- Fragen der Wirklichkeitskonstruktion,
- Fragen der Möglichkeitskonstruktion,
- Fragen zu Hypothesen,
- Fragen zu Problem- und Lösungsszenarien,
- Fragen zur Problemorientierung,
- Reflexive Fragen,
- Fragen nach Zukunftsplänen,
- Dekonstruktionsfragen.

6.2.7 Reframing

Reframing heißt übersetzt etwas »um-rahmen«. Dieser Begriff wird genutzt, um einer Situation oder einem Verhalten einen neuen Kontext oder eine neue Bedeutung zu geben.

Das »Bedeutung-Reframing« kann genutzt werden, das Verhalten positiv umzudeuten (Killersreiter/Rottlaender 2023, S. 56). So könnte zum Beispiel aus der Unpünktlichkeit der Eltern abgeleitet werden, dass diese sehr beschäftigt und hoch engagiert für ihre Kinder sind.

Im »Kontext-Reframing« werden die Ressourcen der betroffenen herangezogen. Ein Beispiel wäre: Die Eltern können beharrlich sein. Eine positive Umdeutung wäre hier, dass sich die Eltern für sich und ihre Familie einsetzen.

Reframing kann im PINK-Konzept situativ eingesetzt werden. Zum Beispiel, wenn die Eltern in der Problemtrance feststecken und aufgrund vieler Herausforderungen die positiven Aspekte nicht mehr lesen können oder wenn es zu

Persönlichkeitszuschreibungen kommt, auf Ebene zum Kind, der Eltern, oder auch weiteren Personen im System. Dies kann den Prozess ins Stocken bringen. Das Umdeuten oder Neudeuten des Verhaltens kann eine Veränderung in den Sichtweisen der Eltern hervorrufen. Auch kann diese Technik genutzt werden, um zum Beispiel unangenehm erlebte Erfahrungen aus einem anderen Blickwinkel zu betrachten.

6.2.8 Ressourcenaktivierung

Ressourcen sind individueller und kontextueller Natur. Sie werden genutzt, um Ziele zu erreichen wie auch Bedürfnisse zu erfüllen und das Leben nach eigenen Wünschen zu führen. Ressourcen bilden den Gegenpol von Problemen (Bamberg 2005).

Im PINK-Konzept wird ein großer Schwerpunkt in Schritt 5 darauf gelegt, individuelle und kontextuelle Ressourcen zu erfassen. Die bildliche Darstellung der PINK-Landkarte unterstützt die Suche nach diesen. Die Ressourcen liegen nun im Schritt 5 vor Ihnen auf dem Tisch. Sie müssen sie nun aktivieren, um sie für den Lösungsprozess nutzbar werden zu lassen. Dazu können Sie Fragetechniken verwenden und diese auf der Ebene von Verhaltensmerkmalen und Lebensumständen anknüpfen.

Ressourcenaktivierende Fragen in PINK:

- Was in Ihrem Familienleben, wenn Sie auf die PINK-Landkarte schauen, soll so bleiben, weil Sie damit rundum zufrieden sind?
- Wenn Sie auf das Familienleben zurückblicken, gab es da mal eine ähnliche Situation, die Sie erfolgreich lösen konnten? Was haben Sie da gemacht?
- Wenn Sie auf die PINK-Landkarte schauen, sehen Sie für sich Personen und Lebensräume, die Sie als Unterstützung nutzen könnten?

6.2.9 Wertequadrat

Das Wertequadrat ist ein (Selbst-)Reflexionswerkzeug, um Beziehungsdynamiken in Bezug auf Werte und Haltung zu analysieren und daraus Interventionen ableiten zu können.

Sie kennen das Wertequadrat nach Schulz von Thun (2022b; Abbildung 34) vielleicht als Methode, um die individuelle Entwicklungsrichtung zu reflektieren und die eigenen Werte in einer Situation zu erkennen. Das Wertequadrat kann auch bei Konfliktsituationen eingesetzt werden, wenn zum Beispiel zwei

Personen zwei gegenteilige Haltungen und Werte vertreten. In diesem Fall kann das Wertequadrat unterstützend sein, um festzustellen, welche Spannungs- und Wirkverhältnisse zwischen diesen unterschiedlichen Werten liegen.

Das Wertequadrat zeigt vier Arten von Beziehungen auf, die das Verhältnis der Werte zueinander kennzeichnen:

- Die obere Linie zwischen dem Wert 1 und Wert 2 bezeichnet ein positives Spannungsverhältnis.
- Die diagonale Linie zwischen Wert 2 und Wert 3 sowie zwischen Wert 1 und 4 sind konträre Gegensätze, wobei der Wert 1, 2 ein positiver Wert ist und der Wert 3, 4 ein Unwert.
- Die senkrechten Linien zwischen Wert 1 und Wert 3 sowie zwischen Wert 2 und Wert 4 sind eine entwertende Übertreibung.
- Die Verbindung zwischen den beiden Unwerten Wert 3 und Wert 4 stellt eine Überkompensation zu den Werten 1 und 2 dar. Wenn der Mensch keine Kraft hat, die positiven Werte 1 und 2 zu verfolgen, flüchtet er zum Beispiel vom Wert 3 in den Wert 4. Dies stellt dann eine Überkompensation dar.

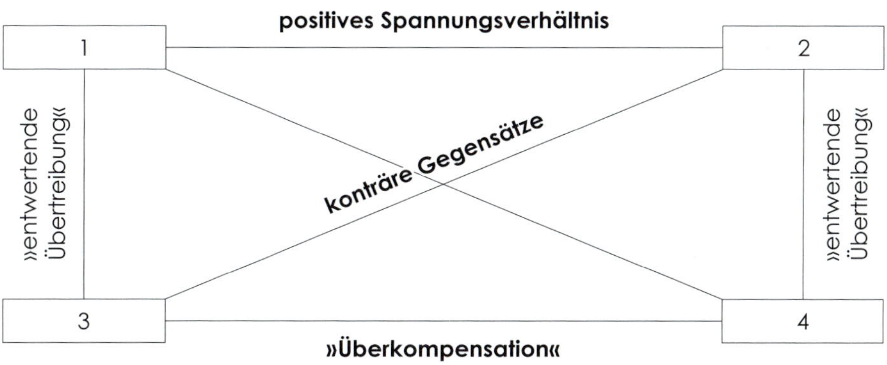

Abbildung 34: Wertequadrat (Schulz von Thun 2022b, S. 45)

Abbildung 35 zeigt ein Wertequadrat mit dem PINK-Gelingensfaktor Vertrauen.

Fachpersonen können dieses Wertequadrat auch mit Eltern gemeinsam ausfüllen, wenn sich eine Konfliktsituation ergibt oder unterschiedliche Haltungen aufeinanderprallen. Das Wertequadrat zeigt, dass die Werte in Beziehung zueinanderstehen. Es weist auch darauf hin, welche Sorgen und Ängste dazu führen, dass die Umsetzung der positiven Werte nicht möglich ist. Das Wertequadrat schafft somit einen Gesprächsanlass, sich darüber auszutauschen, was es braucht, damit alle Vertrauen haben können.

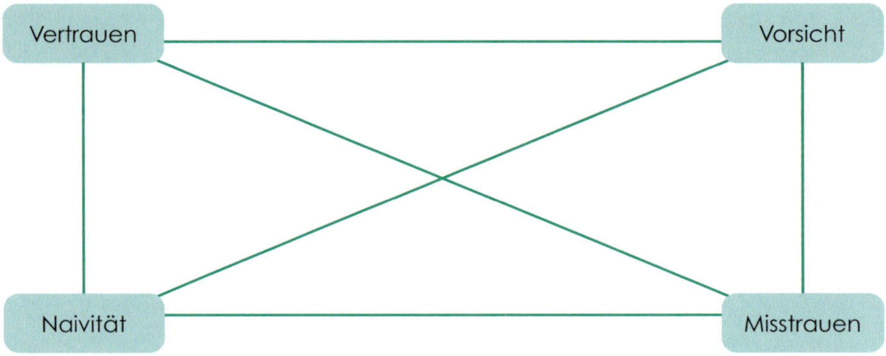

Abbildung 35: Beispiel Wertequadrat mit PINK-Gelingensfaktor Vertrauen (in Anlehnung an Schulz von Thun 2022b)

6.2.10 Motivierende Gesprächsführung

Anknüpfend an ressourcenaktivierende Fragetechniken, bietet die motivierende Gesprächsführung eine Grundlage, weitere Schwerpunkte in der Ausrichtung der Gesprächsführung zu setzen. Mit explorativen Fragen kann das Feld der Ressourcen, Wünsche, Ziele und Zukunftsvisionen eröffnet werden (z. B. »Erzählen Sie mir, was Ihnen im Leben am wichtigsten ist …«) (Weigl/Mikutta 2019). Die motivierende Gesprächsführung richtet sich danach aus, welche Ziele sich Menschen setzen, um ihre Situation, ihre Verhaltensweisen zu verändern. Sie wird somit dazu eingesetzt, den Menschen zu bestärken, sich auf eine Veränderung zuzubewegen.

Zu den Basistechniken der motivierenden Gesprächsführung gehören: Offene Fragen, Würdigungen, Reflektierendes Zuhören, Zusammenfassungen und Informationen und Ratschläge geben (Weigl/Mikutta 2019, S. 13–16). Letzteres lässt Sie unter Umständen aufhorchen: Informationen und Ratschläge geben. In der motivierenden Gesprächsführung wird Wert daraufgelegt, dass die Informationen und Ratschläge nicht ungefragt geäußert werden. Das heißt, zuerst werden die Eltern gefragt: »Darf ich Ihnen noch Informationen geben, die auch für andere Familien von Bedeutung waren?« Erst nach der Zustimmung der Eltern werden Informationen vermittelt. Es wird jedoch immer darauf geachtet, dass die Eltern mit ihren Beiträgen zum Thema integriert werden. Zum Beispiel mit der Frage: »Ich bin mir nicht sicher, ob dies für Sie auch von Bedeutung ist?«, »Möglicherweise gefällt Ihnen dieser Vorschlag, …« (Weigl/Mikutta 2019, S. 16). Danach kommt ein wichtiger Schritt, damit die Eltern in ihrer Autonomie gestärkt werden können. Nach der vermittelten Information folgt die Nachfrage: »Ist die Information für Sie nachvollziehbar?«, »Haben Sie noch Fragen?«, »Was machen Sie mit der Information?«.

In der motivierenden Gesprächsführung wird auch von unterschiedlichen »Talks« gesprochen. Diese Talks sollen beim Gegenüber die Bereitschaft für Veränderungen stärken. Dabei wird zwischen vier Arten des Talks unterschieden.

- Change-Talk: Dabei wird dazu angeregt, positiv über die Veränderung, die durch den gesetzten Schwerpunkt entstehen kann, zu reden.
- Importance-Talk: Hier steht die Wichtigkeit der Veränderung im Vordergrund.
- Confidence-Talk: In diesem Gespräch steht die positive Zuversicht in die Veränderung im Fokus.
- Readiness-Talk: An dieser Stelle wird positiv über die eigene Bereitschaft, selbst und aktiv etwas für die Veränderung zu unternehmen, gesprochen (Langosch 2015).

In Schritt 6 des 8-Schritte-Verfahrens kann die motivierende Gesprächsführung genutzt werden, um die Schwerpunkte und deren Erreichbarkeit einschätzen zu können (Siehe Kapitel 4.6 »Schwerpunkte der Begleitung festlegen«). Bereits in den Schritten 3, 4 und 5 können Äußerungen der Eltern über ihre Ziele, Wünsche und Antrieb zur Veränderung eingefangen werden.

6.2.11 Das Innere Team

Mit dem »Inneren Team« betitelt Schulz von Thun (2022c) die innere Pluralität, die wir in uns selbst tragen. In diesem Modell zeigt er auf, dass wir multiple Persönlichkeiten in uns tragen. Unser Tun und Handeln sind nicht durch eine einzelne Haltung oder Meinung geprägt, unterschiedlichste Aspekte in unserem »inneren Team« konkurrieren gegeneinander, um Vorherrschaft und führen dann zu einem entsprechenden Verhalten. Als Teamoberhaupt besteht die Aufgabe darin, die inneren Konflikte zu lösen und zu einer tragfähigen Lösung und somit Inneren Team zu gelangen. Innere Teams sind sehr individuell und können auch je nach aktueller Anforderung divergieren. So kann nach Schulz von Thun (2022c) ein Inneres Team aus mitleidigen, hartherzigen, misstrauischen, leistungsbetonten Kritikern, peinlich berührten Komponenten bestehen. Häufig wird auch von inneren Stimmen gesprochen, die untereinander ausfechten, wie die Person handelt oder fühlt. Diese Stimmen sind geprägt von »Familienwerten, Erziehungsstil und Sozialisationsinhalten« (Killersreiter/Rottlaender 2023, S. 65).

Das Wissen um das Innere Team kann sowohl helfen, das Gegenüber besser zu verstehen, als auch um sich selbst als Fachperson reflektieren und handlungsfähig machen zu können.

So kann dies zum Beispiel in Schritt 5 der Priorisierung hilfreich sein, wenn die Eltern sich nicht für eine Priorität eines Lebensraums entscheiden können. Die Fachperson kann dann das Wort ergreifen und sagen: »Ich sehe, es fällt Ihnen schwer, sich zu entscheiden. Was geht in Ihnen vor, haben Sie verschiedene Meinungen zu der Prioritätensetzung?« Ob Sie hier von inneren Stimmen reden, überlassen wir Ihnen.

Aber auch auf der Ebene der Fachperson kann diese Form eingesetzt werden. Sind Sie unschlüssig, wie Sie weiterverfahren möchten, zum Beispiel bei der Priorisierung in Schritt 5 oder der Schwerpunktsetzung in Schritt 6, können Sie in sich hineinhören und die verschiedenen Stimmen auf sich wirken lassen, um dann als Oberhaupt zu einem Schluss zu kommen. Natürlich haben Sie in diesem Moment nicht viel Zeit. Sie können diese Methode jedoch auch zur Vorbereitung vor dem Gespräch benutzen und entscheiden, welche Stimmen und mit welchem Team Sie in dieses Gespräch gehen möchten. Je klarer Sie für sich entschieden haben, welche Stimme im Beratungsgespräch vorrangig mit Ihnen unterwegs ist, und welche Stimmen nur leise sprechen oder zu Hause bleiben dürfen, desto klarer können Sie in dem Gespräch gegenüber den Eltern auftreten. So kann es zum Beispiel sein, dass Sie die Stimme des »Angsthasen« zu Hause lassen. Oder sich bereits ein Team für Konfliktsituationen zusammengestellt haben, in der die »Gelassenheitstante« die Führung übernimmt und auf der Bank in der Mitte des Inneren Teams sitzt. Die Stimme der »Vermeidung« lassen Sie zu Hause, im Wissen, dass diese für das Beratungsgespräch nicht dienlich ist. Diese Auseinandersetzung mit den inneren Stimmen beeinflusst Ihre Rollenperformanz im Gespräch. Diese Methode kann auch als anschließende Reflexion und Aufarbeitung des Beratungsgesprächs genutzt werden.

Wie können Sie nun Ihr Inneres Team PINK werden lassen? An dieser Stelle laden wir Sie ein, Ihr Inneres Team kennenzulernen, zu befragen und in Bezug auf PINK zu reflektieren.

6.3 Baustein PINK-Visualisierung

Visualisierungen eröffnen Möglichkeiten, um einer Worthülse eine Form und Farbe zu geben. Bilder können auf einen Blick erfasst und verstanden werden. Ebenso bleiben sie gut in Erinnerung (Wirth 2004). Die Welt der Eltern kann uns mit visuellen Darstellungen sichtbarer gemacht werden. Wie ergeht es

Ihnen als Fachperson, wenn Eltern vom Spielzeug oder Kinderzimmer des Kindes erzählen? Können Sie sich dieses dann vor Ihrem inneren Auge vorstellen? Wissen Sie dann, in welchem Stockwerk es liegt, ob es sich um ein Einfamilienhaus oder ein Mehrfamilienhaus handelt, und ob vor der Tür ein Garten auf die Kinder wartet oder die Bundesstraße? Oder wenn die Eltern berichten, dass die Essenssituation zu Hause schwierig ist und das Kind nicht essen möchte. Können Sie sich dann vor Ihrem inneren Auge vorstellen, ob der Esstisch in einer kleinen Küche steht und umstellt ist von Geräten und Esswaren oder in einer geräumigen Wohnküche mit Blick auf den Balkon?

Erleben Sie es in der Praxis auch so, dass Sie sich den Lebensraum aufgrund der Erzählungen des Gegenübers anders vorgestellt haben, als er tatsächlich war? Zum Beispiel, dass die dicht befahrene Straße direkt neben dem Wohnblock vorbeiführt oder der Spielplatz zwar im Wohnquartier vorhanden ist, aber sich Nachbarn an den spielenden Kindern stören und deshalb von den Familien gemieden wird. Es ist somit wichtig, dass wir unsere inneren Bilder mit dem realen Lebensraum der Familie abgleichen können. Eine »objektive Wirklichkeit« gibt es nicht, das haben Sie bereits im Kapitel PINK-Mindset gelesen. Zur Herstellung eines gemeinsamen Verständnisses helfen Visualisierungen. Die PINK-Materialien schaffen eine visuelle Ausgangslage, die im gemeinsamen Gespräch mit der Familie besprochen werden kann, inwiefern diese visuelle Darstellung (zum Beispiel Entfernung von Wohnhaus und Spielgruppe) von ihrer Lebenswirklichkeit abweicht oder auch dieser entspricht.

Betrachten Sie Ihren Berufsalltag:

Verwenden Sie bereits Visualisierungen in der Beratung von Familien?
Wenn ja, wann und weshalb setzen Sie diese konkret ein?
Wenn nein, weshalb haben Sie Visualisierungen noch nicht eingesetzt?

Welche Erkenntnisse haben Sie gewonnen?

- Sehen Sie, dass für Sie der Sinn und Nutzen von Visualisierungen in der Beratung bereits deutlich erkennbar ist und Sie visuelle Darstellungen versiert in Ihrer Praxis einsetzen.
- Sehen Sie in Ihren Antworten, dass Sie Visualisierungen einsetzen, wenn das Gegenüber Ihre Sprache nicht gut spricht.
- Sehen Sie, dass Sie in Ihrer Praxis die Visualisierungen zur Strukturierung eines Gesprächsablaufs einsetzen.
- Sehen Sie, dass Sie sich noch keine Gedanken zum Einsatz von Visualisierungen gemacht haben und sich das Zeichnen nicht zutrauen.

Wir laden Sie in den nachfolgenden Ausführungen ein, sich vertiefter mit dem Einsatz von visuellen Darstellungen in PINK auseinanderzusetzen.

6.3.1 Einsatz von visuellen Darstellungen und Sprache in PINK

In PINK legen Visualisierungen einen bedeutsamen Anker für die Umsetzung des PINK-Mindsets. Durch das Einsetzen von Visualisierungen (Fotos, Zeichnungen, Piktogramme und weitere Darstellungen) soll ein gemeinsamer Blick auf die individuelle Lebenswirklichkeit der Familien mit dem Alltag ihres Kindes hergestellt werden. Die Kombination von Bild und Sprache unterstützt die Gelingensfaktoren des PINK-Mindsets, da durch Bild und Sprache verbal, visuell und nonverbal Informationen ausgetauscht werden können.

- Hatten Sie zum Beispiel auch schon einmal eine Autopanne in einem Land, dessen Alltagssprache Sie sprechen, aber der spezifische Wortschatz für Autoreifen, Automechaniker:in etc. fehlte Ihnen?
- Oder waren Sie auch schon in der Situation, dass Ihnen Ärzte oder Ärztinnen eine Diagnose erklärt haben und Sie nichts verstanden haben?

Die Verwendung von Sprache, insbesondere von spezifischem Wortschatz, der nicht der Alltagssprache zugehörig ist, ist für das gemeinsame Verständnis und eine wechselseitige Kommunikation herausfordernd. So kann es auch Eltern gehen, die durch Fachpersonen in der Frühen Kindheit begleitet werden. »Bilder können sowohl in der schriftlichen als auch in der mündlichen Kommunikation helfen, den Inhalt zu verdeutlichen« (Gross 2023, S. 151). Die Eltern stecken in einer für sie noch undurchsichtigen Situation, alles ist neu und die Fachpersonen sprechen von Sachverhalten oder beschreiben die kindliche Entwicklung mit Wörtern, die nicht der Alltagssprache der Eltern entspricht. Zum Beispiel können Äußerungen wie »es gefällt mir zu beobachten, wie selbstverständlich Ihr Kind den triangulären Blick macht« oder »Ich beobachte, dass der Körpertonus Ihres Kindes sehr niedrig ist und es dadurch Schwierigkeiten hat, Bewegungsübergänge selbst zu initiieren und die Kraft adäquat zu dosieren« für Eltern nicht verständlich sein müssen. Es braucht eine einfache Sprache, die sich durch einfache Wörter auszeichnet, Wörter, die einen Sachverhalt genau beschreiben. Ferner sollten Fachwörter durch bekannte Wörter ersetzt und auf Abkürzungen verzichtet werden. Aus den Grundlagen der leichten Sprache ist bekannt, dass das Verstehen der Sprache einfacher gelingt, wenn aktive Wörter und Verben eingesetzt werden. Sie merken, als Fachperson ist es gut, wenn Sie genau wissen, was Sie sagen wollen. Ungenaue Aussagen verlängern die Sätze und münden oft in einem komplexen Satzbau. Gross (2023) schreibt, dass es keine klare Abgrenzung von einfacher und leichter Sprache im deutschen Sprachraum gibt und somit keine klaren Definitionen. Der Begriff »einfache Sprache« wird häufig verwendet, wenn dem vereinfachten Text kein klares Regelwerk zugrunde liegt. Grundsätzlich zielen beide Benennungen darauf ab, die Informationen möglichst einfach und verständlich darzustellen. Damit ist nicht nur die geschriebene Sprache, sondern auch die gesprochene Sprache gemeint.

Empfohlen wird hier (Gross 2023, S. 37):

- laut, deutlich und langsam zu sprechen,
- Einbau vieler Pausen,
- Gestik, Mimik und Bilder können das Gesprochene unterstützen,
- einfache Sätze, aber grammatikalisch richtig.

Bei der geschriebenen Variante sollte auf Folgendes geachtet werden (Gross 2023, S. 132 ff.):

- Bekannte Wörter verwenden,
- kurze Wörter verwenden,
- Fach- und Fremdwörter vermeiden,
- Zahlen verständlich schreiben,
- Abkürzungen und Sonderzeichen ersetzen,
- gleiche Wörter für gleiche Dinge verwenden,
- kurze Sätze,
- positiv formulieren,
- Aktiv statt Passiv verwenden,
- Texte klar strukturieren,
- den Leser, die Leserin direkt ansprechen,
- Gestaltung beachten (Schriftgröße, Abschnitte, Bilder).

Erinnern Sie sich zurück an die Beschreibung im Kapitel zur Beratung. Der Sender, die Senderin sendet eine Botschaft. Der Empfänger, die Empfängerin erhält diese und entschlüsselt und interpretiert die Informationen. Auf dem Transportweg des Gesagten kann es zu verschiedenen Störungen kommen. Durch die Störungen können Verständigungsprobleme bis hin zu Missverständnissen entstehen.

Aus unserer Sicht gibt es folgende Störungen, die sich hemmend auf das PINK-Mindset auswirken:

- Die Information kann vom Inhalt zu kompliziert sein, sodass sie nicht oder nur teilweise entschlüsselt werden kann.
- Die Informationen werden anders interpretiert als sie vom Sender, von der Senderin gedacht waren.
- Die Interpretation und das Feedback auf die Nachricht sind erschwert aufgrund von Barrieren in der Kommunikation.

Laut dem PINK-Mindset ist es uns wichtig, dass wir eine gemeinsame Sprache finden, mit der wir kommunizieren können. Im Berufsalltag haben wir als Autorinnen immer wieder erlebt, dass die gesprochene Sprache allein zu Verständigungsproblemen führen kann.

Somit hat PINK eine weitere Ebene der Kommunikation in das 8-Schritte-Verfahren eingebaut: die visuelle Ebene. Erweitern wir nun den Sprachkanal mit einem visuellen Kanal, haben wir eine weitere Möglichkeit, Störungen und Missverständnisse zu vermeiden. Nach wie vor sind diese aber nicht ausgeschlossen. Der visuelle Kanal dient als Brücke, Missverständnisse früher zu entdecken oder Störungen auch in Bildform ausdrücken zu können.

Somit wirken die PINK-Bildmaterialien als Brückenbauerinnen. Dabei liegt der Schwerpunkt zum einen auf dem Bildmaterial, aber auch auf der verwendeten Sprache, wie dieses präsentiert wird. Dabei stehen folgende Leitfragen im Mittelpunkt des Bildmaterials:

- Wie können wir die Lebenswirklichkeit des Gegenübers genauer nachvollziehen?
- Wie können wir unterstützend wirken, damit wir vom Gleichen sprechen?
- Wie können Sprachbarrieren aufgrund von Fremdsprachigkeit abgebaut werden?
- Wie kann die Fachsprache, wie auch die ICF-Sprache zu einer verständlichen Sprache für alle entwickelt werden?

Die sprachliche und die visuelle Ebene werden durch eine dritte Ebene erweitert – die handelnde Ebene. Sprechen ist bereits eine Sprachhandlung, aber damit sich Sprache und visuelle Darstellung miteinander verknüpfen, braucht es noch das Handeln der beteiligten Personen. PINK ermöglicht dies in Form des Legens der Bildkärtchen auf die PINK-Landkarte. Die Eltern legen die PINK-Lebensraumkarten auf der PINK-Landkarte aus.

Um eine bessere Verständlichkeit zu erwirken, verbinden sich die drei Ebenen (visuelle, handelnde und sprachliche). Daraus entsteht »gemeinsam visualisieren und handeln in PINK«. Dem Handeln wird eine hohe Bedeutung beigemessen, weil dadurch die Person (in diesem Fall die Eltern) selbst steuern kann und sich selbstwirksam erlebt. In der nachfolgenden Grafik wird das Kommunikationsmodell »Sender und Empfänger« mit der PINK-Landkarte verknüpft (Abbildung 36).

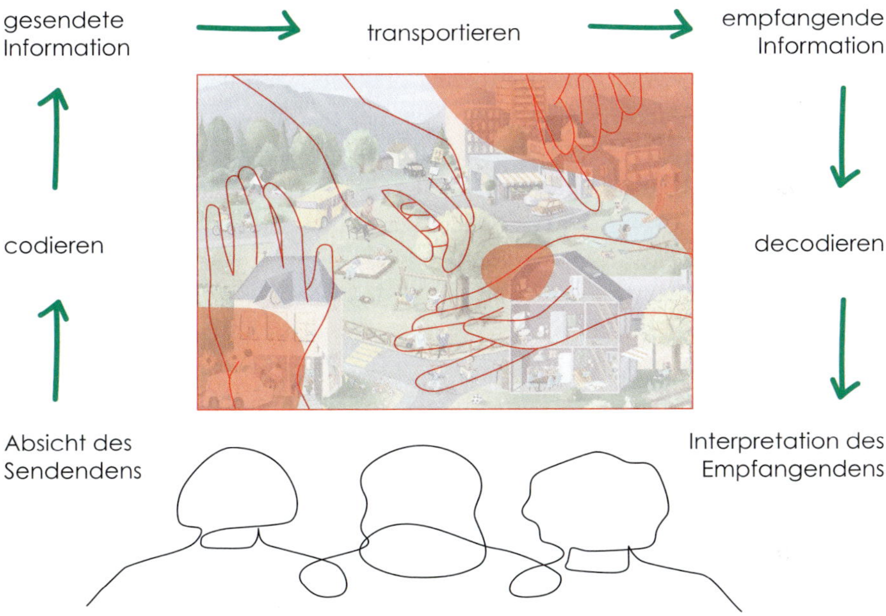

Abbildung 36: Gemeinsam visualisieren und handeln in PINK

Der Einsatz von visuellen Darstellungen verlangsamt das Gespräch, da der gemeinsame Blick auf die Sachverhalte gerichtet wird und dies oft mehr Möglichkeiten bietet, in Ruhe etwas zu betrachten oder ergänzend zu zeichnen. Die verbale Sprache ist im Vergleich zu einer Visualisierung flüchtiger, da das Wort nicht sichtbar bleibt.

6.3.2 Visualisierungen als Schleusenöffner für die gemeinsame Sprache

Der Einsatz von Visualisierungen öffnet Schleusen, sodass die Bootstour, auf der Sie mit der Familie unterwegs sind, nicht ins Stocken gerät. Visualisierungen können abstrakte Begriffe wie Lebenswelt, Barrieren, Ressourcen nachvollziehbar veranschaulichen, sodass eine gemeinsame Sprache möglich wird.

Bereits kleine Kinder können Symbolen Bedeutungen zuordnen, sogar, bevor sie in den Lautspracherwerb eintreten. Das ist ein wichtiger Schritt beim Spracherwerb. Diese Vorstufe der verbalen Sprache machen wir uns in PINK zunutze, um Barrieren, zum Beispiel bedingt durch Fremdsprachigkeit, zu überwinden. Aus der Lernpsychologie wissen wir, dass Lernen über verschiedene Sinneskanäle das Verstehen und Lernen unterstützt. Sachverhalte, persönliches Erleben in Bildern darzulegen oder abzufragen kann eine wertvolle Brücke darstellen, damit das gegenseitige Verstehen möglich ist.

Die PINK-Landkarte ist eine erste Brücke. Sie bildet wie bereits in Kapitel 5.3 »Baustein Lebensräume in PINK« beschrieben die verschiedenen Lebensräume der Familie ab. In der Visualisierung dieser Landkarte wurde sich bewusst entschieden, folgenden Dimensionen Beachtung zu schenken:

- *Farbwahl:* Die Farbwahl wurde bewusst durchmischt und fröhlich gewählt, sodass die Betrachter:innen auf der Gefühlsebene positiv erreicht werden können und sich wohlfühlen.
- *Zeit:* Die PINK-Landkarte bildet eine nachmittägliche Stimmung ab. Dies ist dem Betrachter wahrscheinlich nicht offensichtlich bewusst. Die nachmittägliche Stimmung spiegelt sich an verschiedenen Bereichen der Karte, zum Beispiel der Turmuhr, dem Sonnenstand auf den Bergen und an den Tätigkeiten. Dieser Zeitpunkt wurde von uns Autorinnen bewusst gewählt. Am Nachmittag sind häufig bereits die Geschwister zu Hause, eventuell kommt die arbeitende Person von der Arbeit zurück.
- *abgebildete Personen:* Bei der Wahl der abgebildeten Personen wurde darauf geachtet, eine hohe Diversität einzuhalten. Die Gesichter sind bewusst nicht ins Detail ausgearbeitet, um den Betrachter nicht zu umfassend zu beeinflussen.
- *Lebensräume:* Wie die PINK-Lebensräume gesetzt wurden, haben Sie im Kapitel 5.3 erfahren. Bei der PINK-Landkarte wurde sich für eine kleinstädtische Abbildung entschieden. So sahen die Autorinnen die größte Wahrscheinlichkeit, die goldene Mitte zwischen Stadt und Land zu treffen. Das Haus der Familie kann ein Mehrfamilienhaus sein, die Innenstadt liegt etwas entfernt. Es gibt Freizeitaktivitäten, die in direkter Nähe stattfinden kön-

nen, und weiter entfernte, wie das Spazieren im Wald oder fahren mit dem Fahrrad.

- *Wege und Transportmöglichkeiten:* Auch die Wege und Transportmittel sind variantenreich aufgezeigt dargestellt, um diesen Aspekt miteinbeziehen zu können.
- *Art der Darstellung:* Die Art der Darstellung zielt auf eine Mischung zwischen professioneller Darstellung, aber nicht abstrakter Darstellung ab. Sie soll einfach und verständlich sein. PINK ist es wichtig, in der Zusammenarbeit mit Eltern darauf zu achten, die Eltern auf Erwachsenenebene abzuholen, jedoch dabei auch die emotionale Ebene nicht zu vernachlässigen. Eine zu abstrakte Darstellung erschien für die Frühe Kindheit nicht als passend, da durch den PINK-Flip ein Transfer der Materialien in den Wohnbereich bzw. kindlichen Bereich der Familie entsteht. Ebenso wurde bewusst kein Material genutzt, das zur Förderung von Kindern eingesetzt wird. Dies auf dem Gedanken beruhend, dass wir den Eltern auf Augenhöhe begegnen möchten und sie nicht in einem therapeutischen Zusammenhang bei uns sind. Dabei lassen wir es Ihnen als Leser:innen frei, dass Sie das vorliegende Material mit weiteren Bildern aus Ihrer Praxis erweitern. Programme wie »METACOM« oder »Boardmaker« bieten Möglichkeiten, die Bildwelt zu erweitern, aber auch andere Abbildungen lassen sich im Internet finden und können ergänzt werden. Denken Sie daran, dass das Material bei den Eltern einen motivierenden Charakter haben sollte, damit dieses mit Freude und Lust eingesetzt wird.

6.3.3 Visualisierte PINK-Materialien schaffen Orientierung

Sie fragen sich, weshalb die PINK-Landkarte im Zentrum steht?

Der Einsatz einer Landkarte der kindlichen Räume lässt sich auf den Netzwerk-Ansatz (zum Beispiel soziale Netzwerkkarten, Person-Umfeld-Analysen, sozial-ökologisches Modell nach Bronfenbrenner) zurückführen. Mit Netzwerkkarten kann das soziale Bezugssystem eines Menschen erfasst werden, wie es sich im Augenblick aus dessen Sicht darstellt. Bei dieser Methode liegt die Haltung zugrunde, dass soziale Beziehungen Ressourcen darstellen und mit Netzwerkkarten sichtbar gemacht werden können. Die Verbindung des Netzwerkansatzes mit der PINK-Landkarte wird nun deutlicher. Die PINK-Landkarte mit den kindlichen Lebensräumen knüpft bei Teilhabeorten des kindlichen Alltags an, in denen Beziehungen gepflegt werden können und aktiv sein (zum Beispiel spielen, singen, entdecken) möglich wird. Der Ausgangspunkt für eine Netzwerkkarte ist das Kind in der Familie. Es liegt nahe, dass sich die Aktivitäten und Partizipationsmöglichkeiten auf einer visualisierten Karte besser darstellen lassen.

Die PINK-Landkarte kann aber genauso Wechselwirkungen von Aktivitäten und Partizipationsmöglichkeiten sichtbar werden lassen. Zum Beispiel könnte grundsätzlich der Besuch einer Spielgruppe für ein Kind möglich sein, aber da diese vom Wohnort in 45 Minuten mit den öffentlichen Verkehrsmitteln erreicht werden muss, stellt dies eine zu hohe zeitliche und finanzielle Belastung für die Familie dar.

Indem die Aktivitäten und Partizipationsmöglichkeiten sowie deren Ressourcen und Barrieren veranschaulicht werden, erhält auch die Familie einen Blick auf die aktuelle Situation. Die Familie sieht mit der Legearbeit auf der PINK-Landkarte, welche Lebensräume in ihrem Alltag bereits verändert sind, wie sie mit anderen Personen und Angeboten vernetzt sind und welche Lebensräume noch im Hintergrund stehen. Verändert sich an einer Stelle in den Lebensräumen etwas, hat dies auch Auswirkungen auf andere Lebensräume. Sei es zum Beispiel, dass die Familie nun eine Mitfahrgelegenheit für die Spielgruppe hat. Das Kind erhält neue Entwicklungsimpulse aus der Spielgruppe und die Eltern unterstützen sich gegenseitig auch außerhalb der Spielgruppenzeit mit der Kinderbetreuung, da die Kinder gern miteinander spielen. Von dieser systemischen Wirkdynamik lebt die Arbeit mit der PINK-Landkarte und stützt auch das Verständnis der ICF. Der gemeinsame Blick auf die Lebensräume löst oftmals erste Eindrücke und auch Erkenntnisse aus, die für den nächsten Prozessschritt hilfreich sind, welche Lebensräume eine Veränderung benötigen. Durch die Visualisierung mit der PINK-Landkarte erhält der Alltag der Familie mit ihrem Kind eine Orientierung, in welchen Bereichen die Entwicklung des Kindes gestärkt werden muss und wo die Eltern unter Umständen Entlastung benötigen, damit der Alltag gelingt.

6.3.4 Visualisierung als Verifizierungsmittel oder professionelle Beziehungsbrücke

Sprechen wir vom »Gleichen«? Haben wir uns richtig verstanden? Das sind häufig Fragen, die nach einem Elterngespräch bleiben. Aus dieser Überlegung heraus wurden die PINK-Lebensraumkarten und PINK-Bewertungskarten entwickelt, die folgende Hauptfunktionen erfüllen:

- Sie ermöglichen, dass die Eltern ihre Sichtweise zu den einzelnen Lebensräumen darlegen können.
- Sie ermöglichen, dass die Fachperson diese Sichtweisen aufgreifen und verifizieren kann.
- Sie ermöglichen, dass die Lebensräume beweglich sind und verschoben werden können.

Daraus erweitern sich die Kooperationsmöglichkeiten, die auch von Hausmann, Reith und Wimmer gestützt werden: »Visualisierung ist ein ›bildhaftes Schreiben aus Text, grafischen Elementen, Piktogrammen und Figuren‹ (Hausmann 2016b, S. 4) und erweitert damit die Interaktions- und Kommunikationsmöglichkeiten« (Reith/Wimmer 2014, S. 100).

Durch die Nutzung der Karten sind die Eltern in einer aktiven Rolle am Beratungsgespräch beteiligt. Diese aktive Rolle wird über Sprache und Handlung ermöglicht. Die Eltern befinden sich in der Selbststeuerung und können so Selbstwirksamkeit erleben. Mit den Eltern gemeinsam zu besprechen, welchem Thema sie Aufmerksamkeit geben können und möchten, findet eine Anbindung in der Kraftfeldanalyse (Kriz, 2001), die beleuchtet, was mir Energie gibt, und mit einer positiv treibenden Kraft gefüllt ist, und was an meiner Energie zerrt, und mit einer hemmenden Kraft besetzt ist. Die anschließende Verifizierung durch die Fachperson ermöglicht, das Gehörte besser nachzuvollziehen und abzugleichen. Es entsteht ein erster Dialog. Durch das gemeinsame Verschieben und Legen der Karten kommt es zu einer Interaktion, die Beziehung und Kooperation stützen kann. Sowohl Eltern als auch Fachperson sind interaktiv beteiligt. Die motivierende Wirkung von Bildmaterial wird hier genutzt, um den Beratungsprozess zu unterstützen und die Aufmerksamkeit der Beteiligten zu erhöhen. Die Schritte 3 bis 8 im 8-Schritte-Verfahren ermöglichen somit den Eltern, in die aktive Rolle zu schlüpfen und selbstgesteuert zu handeln, hin zum Selbstwirksamkeitserleben (siehe Kapitel 2 »Das PINK-Mindset«).

Aber nicht alle Begrifflichkeiten lassen sich so einfach abbilden. PINK möchte die ICF-Sprache für Eltern und Fachpersonen vereinfachen hin zu einer einfachen Sprache.

Wissen Sie noch, wie Sie gelernt haben, dass ein Tisch ein Tisch ist? Schon früh hilft uns Menschen die Verknüpfung von Gesehenem mit der Sprache, daraus entstehen Repräsentationen, wodurch beim Bild eines Tisches das Wort Tisch im Kopf hervorgerufen werden kann und umgekehrt beim Wort Tisch, sich der Mensch einen Tisch vorstellt. Auch uns ist klar, der Tisch wird nicht in allen Gedanken gleich sein. Ihr Tisch ist vielleicht rechteckig, hat eine Glasplatte und vier Beine. Deshalb ist es bei der Visualisierung wichtig, dass vor allem die Merkmale des Gegenstandes, des Raumes klar erkennbar sind, aber nicht zu speziell ausgestaltet sind, damit der Gegenstand beziehungsweise der Raum noch erkennbar bleibt. Somit fokussiert ein visualisierter Gegenstand die zentralen Merkmale und setzt sie in Bezug zu einem nachvollziehbaren Kontext. Bei einem Tisch wären die zentralen Merkmale eine Platte und Tischbeine.

Aber wie bilden Sie Worte ab, die einen hohen abstrakten Charakter aufweisen und wie lassen sich Metaphern visuell übersetzen?

Die ICF-Sprache spricht zum Beispiel von Ressourcen und Barrieren, Worte dessen Bedeutung nur schwer zu erfassen sind. Dazu wurden in PINK runde Zusatzkärtchen entwickelt, die diese Begriffe visuell übersetzen (vgl. Abbildung 37):

ein »Daumen nach oben« für Ressourcen

»Steine« für Barrieren

Abbildung 37: PINK-Bewertungskarten für Ressourcen und Barrieren

Dies soll der einfacheren Verständlichkeit dienen und doch an der Grundlage der ICF festhalten. Die Bildsprache ermöglicht somit, diesen wichtigen Aspekt der ICF mit den Eltern gemeinsam zu reflektieren. Das Erkennen von und das Wissen um Ressourcen (personelle, materielle, finanzielle, emotionale) ist für die Eltern resilienzfördernd und für die Fachperson eine wichtige Information, um diese für den Beratungs- und Begleitungsprozess nutzen zu können. Die Visualisierung zeigt auf, welche Ressourcen die Familie besitzt und an welcher Stelle Unterstützung benötigt wird. Die Visualisierung kann dazu führen, dass Eltern ihre aktuelle Situation anders erleben oder auch darstellen können.

Eingangs haben wir geschrieben, dass Visualisierungen Schleusenöffner für die gemeinsame Sprache sind. Das 8-Schritte-Verfahren zielt mit den visualisierten und illustrierten PINK-Materialien darauf ab, die Interaktions- und Kommunikationsmöglichkeiten zu erweitern. Die Sprachgewandtheit des Gegenübers soll nicht entscheidend für das gemeinsame Verständnis sein. Es ist uns ein Anliegen, dass eine einfache Sprache mit Bildern unterstützt, die Kommunikation ermöglicht und das gegenseitige Verständigen gelingt.

Wir sind überzeugt, dass grafische Elemente, Figuren und Bilder den beteiligten Personen helfen, eine gemeinsame Sprache zu entwickeln. Bilder schaffen eine Ausgangslage, damit die Inhalte nachvollziehbar sind und miteinander verbunden werden können. Sie können Stimmungen erzeugen und Erlebnisse ohne Worte ausdrücken. Bilder können Türen in Lebenswelten von

Menschen öffnen, da Bilder konkret eine Lebenswelt darstellen. Es ist einfacher aufzuzeichnen, dass die Wohnung nur erreicht wird, wenn 17 Treppenstufen überwunden werden, als wenn Betroffene dies sprachlich artikulieren müssen. Reith und Wimmer (2014) bestärken unsere Haltung und schreiben, dass sie in Beratungsprozessen verschiedene Formen der Visualisierung einsetzen und »[...] erleben befruchtende und unterstützende Effekte dieses Vorgehens« (Reith/Wimmer 2014, S. 215). Mit Zunahme der Visualisierung als Hilfsmittel im Beratungs- und Begleitungsprozess können nebst den Ressourcen und Barrieren auch neue Wege gemeinsam skizziert werden. Dadurch, dass dieser Weg beschrieben und visualisiert wird, können die Eltern prüfen, ob der dargestellte Weg als Schwerpunkt zu ihrem Anliegen passt. Der Fachperson hilft es, anhand des dargestellten Weges oder der Barrieren konkret aufzuzeigen, für welche Bereiche sie die passende Ansprechperson ist und für welche Themen, Aspekte andere Fachpersonen beigezogen werden müssten. Somit wird eine Ausgangslage geschaffen, die von jeder Person individuell beurteilt werden kann, ob diese Situation versteh-, handhabbar und auch sinnhaft ist. Die Visualisierung strukturiert somit die eigene Beurteilung der Bewältigung und Befähigung, ob dieser skizzierte Weg individuell als machbar eingeschätzt wird.

In der Beratung und Begleitung ist ein zentraler Punkt, dass die Interventionen und Gespräche als wirksam erlebt werden. Visualisierungen sind unserer Ansicht nach ein Türöffner, damit sich die Gesprächspartner:innen auf die Beratung einlassen können, sofern es eine ausdrucksstarke, attraktive und nachvollziehbare Bildsprache ist. Geissler und Klein (2011, S. 7) präzisieren: »Die Visualisierung gibt den Anstoß für eine Auseinandersetzung, und die Beteiligten können sie ›unter Nutzung ihrer individuellen Perspektive weiter ausgestalten und korrigieren‹.« Genau das soll im 8-Schritte-Verfahren mit der Landkarte bewirkt werden. Sie soll einen Anstoß für eine Auseinandersetzung geben und die individuelle Perspektive der beteiligten Personen beschreib- und sichtbar machen. Die Fachperson dient als Gegenüber, die die gesammelten Informationen auf der Karte festhalten kann und die Schilderungen zusammenfasst und durch Nachfragen verdichtet. Dadurch, dass das Gesprochene auf der PINK-Landkarte dargestellt wird, kann jede Person ihren Fokus darauf richten. Diese bildhafte Sprache wird von Enderli und Frey (2011, S. 75) auch als »inszenierte Datenfeedbacks« beschrieben. Die Worte aus dem Gespräch, Aussagen zu Erlebnissen und Situationen werden als Bild nochmals gespiegelt. Es entsteht die Möglichkeit, über den visuellen Sinn eine Rückmeldung des Gehörten zu geben und gemeinsam zu betrachten, ob alle vom selben Sprechen. »In Beratungsprozessen nehmen Beratende die Perspektive der Ratsuchenden

Abbildung 38: Exemplarische Landkarte entlang des 8-Schritte-Verfahrens

ein und regen das Verständnis in Lern- und Reflexionsprozessen durch den Einsatz von Visualisierungen an. Somit verfolgen die beispielhaft genannten Handlungsfelder alle das Ziel, Anschlussfähigkeit bei der entsprechenden Zielgruppe herzustellen« (Enderli/Frey 2011, S. 100). Den Anschluss finden ist gerade im PINK-Mindset ein großes Anliegen. Ohne dass wir gemeinsam im Boot der Eltern sind, ist auch der Anschluss nicht gewährleistet. Das ermöglicht allen Gesprächsteilnehmenden, dass sich die Sichtweise auf die Lebenswirklichkeit nahezu klärt. Die Visualisierungen präzisieren das Gesprochene. Damit intensiviert sich eine vertiefte Auseinandersetzung und Reflexion und erhöht auch die Prozesstransparenz (Enderli/Frey 2011, S. 99), da die Eltern die Inhalte nachvollziehen können und sich gehört fühlen. Im Vergleich zu einem Gespräch, dass auf einem Frage-Antwort-Gespräch basiert, in dem die Fachperson sich Notizen macht und die Eltern gegenübersitzen und auf die nächste Frage warten, ist mit der PINK-Landkarte ein Gesprächsmittel im Einsatz, dass die Eltern mitwirken lässt.

Der Einbezug von Visualisierungen stellt somit sicher, dass wir einander auf Augenhöhe begegnen, da wir einander verstehen wollen. Das heißt, wir ergänzen den auszudrückenden Inhalt entweder durch »bildsprachliche Zeichen« oder aber »übersetzen ihn ganz in die Bildsprache« (Stary 1997, zitiert nach Bergedick et al. 2011, S. 12). In PINK soll der Einsatz einer Bildsprache den beteiligten Personen ermöglichen, Anschluss zu finden und ein gegenseitiges Nachvollziehen stärken. Grundsätzlich ist die Arbeit mit Visualisierungen in der Beratung in vielfältigen Beratungsfeldern mit sehr unterschiedlichen Ratsuchenden denkbar (Ellner/Oeder 2020, S. 99).

Abbildung 38 (S. 176) zeigt ein Beispiel für eine belegte PINK-Landkarte.

Diese PINK-Landkarte zeigt die Lebensräume auf, die gelingen (Wald, Spazieren und Spielgruppe) und zwei Lebensräume, in denen die Eltern von Barrieren berichtet haben. Im Gespräch wurde der Lebensraum Schlafzimmer/ Schlafen (Kind schreit vor dem Schlafen eine Stunde durch und wacht in der Nacht schreiend auf, das Zurückfinden in den Schlaf ist schwierig) priorisiert. Diese Priorisierung wird mit einem weiteren Zusatzkärtchen dargestellt:

»Weg« als Durchbrechen der Barriere

Abbildung 39: PINK-Bewertungskarte Weg

PINK hat die Methode von Visualisierungen nicht erfunden. Visualisierungen sind kein neues Hilfsmittel. Einige Berufszweige verwenden explizit das Mittel der Visualisierung, um ihren Kundinnen und Kunden oder ihren Mitarbeitenden ihre Ideen verständlich und nachvollziehbar veranschaulichen zu können (z. B. Baupläne erstellen, Kleidermuster zeichnen und taktische Laufwege notieren). Diese visuellen Darstellungen helfen dem Gegenüber, die Ideen nachvollziehen zu können und sich ein Bild machen zu können. PINK zeigt, dass Visualisierung auch in der Prozessbegleitung in der Frühen Kindheit ein unterstützendes Mittel ist, damit der Alltag der Eltern mit ihrem Kind erfasst werden kann.

Die PINK-Landkarte wird Schritt für Schritt entlang den 8-Schritten bebildert. Die Visualisierungen strukturieren die Prozessbegleitung im Rahmen des 8-Schritte-Verfahrens, indem die fördernden und hemmenden Faktoren beim Zugang zu den Lebensräumen dargelegt und die Schwerpunkte veranschaulicht werden. In anspruchsvollen Situationen können visualisierte Auslegeordnungen eine Stütze sein, sich zu orientieren, und womöglich sind Bilder für das eigene Empfinden oder die Lebenswirklichkeit eher zu finden. Der Nutzen der Visualisierungen ist noch größer, wenn diese auch nachgelagert zur Standortbestimmung im Begleitungsprozess integriert werden. Dazu haben wir in den PINK-Materialien den PINK-Flip und in Kapitel 7 »Kreativ weiterentwickelt: Ideen zum 8-Schritte-Verfahren« weitere Ideen, wie die Visualisierungen im Prozessverlauf integriert werden können und somit die Nachhaltigkeit sicherstellen.

6.3.5 Visualisierung in Verbindung mit einfacher Sprache

Visualisierungen allein zeigen aber kaum Wirkung. Der Einsatz des Bildkonzepts für PINK verfolgt das Ziel, dass die Bilder mit einfacher Sprache begleitet werden.

Damit die Verbindung von Bild und Sprache wirkungsvoll ist, braucht es vorbereitende Gedanken, wie Bildkarten und Illustrationen im konkreten Gespräch angewendet werden. Wenn Sie als Fachperson bereits standardisierte Testverfahren durchgeführt haben, so kennen Sie die systematische Anwendung von vorgegebenen Handlungs- und Sprechweisen. In PINK gehen wir diesen Schritt nicht so weit, dass wir Ihnen als Fachperson vorgeben, wie Sie sprechen oder die Bildkarten hinlegen sollen. Wir geben Ihnen im 8-Schritte-Verfahren mögliche Satzelemente als Idee mit auf Ihren Weg. In der Gesellschaft werden die Tätigkeiten von Fachpersonen in der Frühen Kindheit oft unterschätzt, da es einfach klingt »ein Gespräch zu führen« und für Außenstehende zu wenig sichtbar ist, welche Überlegungen und welches Handwerk dazugehören, damit die Gespräche gelingen. Damit der Einsatz von Bildern und Sprache gelingt, laden wir Sie ein, sich mit den folgenden reflexiven Fragen zu beschäftigen.

Es gilt beim Einsatz von Bildern zu überlegen: Wie setze ich meine Sprache in Wort und Bild ein? Die Sensibilisierung der Fachperson für das Sprachniveau des Gegenübers sowie des Abstraktionsniveaus ist vor dem Anwenden der Visualisierungen wichtig.

Wenn wir Bilder anwenden, so ist auch verbale Sprache in der Funktion von erklären, ausführen und fragen mit dabei. Somit muss sich die Fachperson gut überlegen, für welche Funktion sie die Bilder verwendet und wie sie den Einsatz von Bildern verbal und strukturell begleitet.

Als Fachperson muss man sich in der Vorbereitung konkrete Überlegungen machen.

Reflexion konkreter Einsatz von Bildern:

- Wie gestalte ich die Sitzordnung, damit alle auf die Bilder sehen? Wer sieht die Bilder auf dem Kopf und wer passend?
- Wie erkläre ich den Eltern den Einsatz des Materials und die Handhabung? Setze einen Rahmen.
- Wie lange nehme ich mir Zeit, dass die Bilder auch wirken können? Als Fachperson warte ich, bis ich die Eltern einlade, ihre Gedanken zu äußern.
- Kann ich die Bedeutung der Bilder mit Gesten unterstreichen?

Reflexion konkreter Einsatz von Sprache:

- Baue ich ritualisierte Sätze ein?
- Bezeichne ich die Bilder immer gleich, damit sie zuverlässig mit der Bedeutung verknüpft werden können?
- Formuliere ich einfache Sätze, indem ich einfache Wörter verwende?
- Orientiere ich mich an der einfachen Sprache?

Sollte mit den PINK-Materialien etwas nicht darstellbar sein, kann auch eine Stegreifskizze helfen, die komplexen Zusammenhänge zu entwirren. PINK soll Ihnen Mut machen, Visualisierungen aktiv in der Beratung einzusetzen. Der nächste Abschnitt nimmt Sie mit, selbst Visualisierungen zu erstellen.

Jetzt sind Sie dran: Visualisieren Sie auch. Sagen Sie von sich, dass Sie nicht zeichnen können? Wir sehen Stift und Papier als wichtiges Mittel an, um direkt und nahbar Lebenswelten und Themen aufzugreifen. Machen Sie sich keine Sorgen, Sie müssen nicht Kunstmaler:in sein, um mit den PINK-Materialien zu arbeiten. Der Einsatz von Ad-hoc-Visualisierungen erfrischt und belebt die Gesprächssituation. Eine Brücke wird geschaffen und wer weiß, vielleicht beginnt auch das Gegenüber zu zeichnen.

Es gilt auch bei Visualisierungen das Prinzip wie bei der verbalen Sprache: Eine prägnante bildliche Sprache, die komplexe Zusammenhänge reduziert, aber Sachverhalte nachvollziehbar veranschaulicht, ist wirksam. Bei der Wahl von Visualisierungen gilt es, die Zielgruppe zu kennen. Die Zielgruppen bei PINK sind Eltern mit Kindern im Altersspektrum der Frühen Kindheit. Es ist auch denkbar, dass Fachpersonen in familienergänzenden stationären Einrichtungen PINK anwenden oder die PINK-Landkarte bei Gesprächen mit Kindern eingesetzt wird. Diesen Aspekt führen wir in dieser Publikation nicht näher aus, da das Altersspektrum in der Frühen Kindheit auch Kinder umfasst, die noch nicht sprechen.

Damit Visualisierungen attraktiv und prägnant wirken, bedarf es auch Überlegungen zur farblichen Gestaltung. Der Einsatz von Farben und Bildern muss den Familien ermöglichen, den Anschluss zum Thema zu finden. Die Bildsprache soll kongruent und nachvollziehbar zum Inhalt eingesetzt werden. Die Wirkung von Farben und Symbolen muss berücksichtigt und auch vor dem Hintergrund des Kulturverständnisses reflektiert werden. Symbole, die religiöse Bezüge assoziieren, sind zurückhaltend einzusetzen, außer es ist ein zentrales Thema in der Lebenswirklichkeit der Familie.

Die Wirkung von Farben ist nicht zu unterschätzen. Gerade in Bezug auf die Diversität können Farbgebungen unterschiedliche Emotionen und Assoziationen ergeben. Es bewährt sich zwei bis maximal drei unterschiedliche Farben zu wählen, die zusammenpassen. Die Kontrastierung von Farben und Bildern kann dabei ein verständnisförderndes Gestaltungselement sein.

Die Werkzeuge für Visualisierungen können einfach sein. Ganz normale Stifte und Farben aus dem Schreibwarenladen reichen völlig aus. Ob farbig oder schwarz spielt keine Rolle.

6.4 Baustein PINK-Evaluation

Kennen Sie die Situation, dass Sie nach einem Beratungsgespräch den Raum verlassen und der Eindruck bleibt, dass Ihre Beratung nicht gewirkt hat? Die Eltern nicht aus ihrer Ohnmacht und Hilflosigkeit herausgefunden haben und auch die Abmachungen für die kleinen Veränderungen im Alltag mit den Kindern nicht umgesetzt wurden? Kennen Sie die Situation, dass die Eltern nach Abschluss des Begleitungsprozesses sagen, dass sie sich mehr Informationen für unterstützende Fachstellen gewünscht hätten oder mehr über die Entwicklung des Kindes hätten wissen wollen?

In diesen Situationen sind wir als Fachpersonen in unserer (Selbst-)Reflexion gefordert. Weshalb sind wir nicht mit den Eltern in dieselbe Richtung mit dem Boot unterwegs gewesen? Weshalb haben wir nicht dasselbe Ziel erreicht? Was haben wir verpasst? Welche Signale der Familien wurden nicht erkannt? Wann kenterte der Beratungs- und Begleitungsprozess? Weshalb haben die bisher bewährten Interventionen bei dieser Familie nicht gewirkt?

Es beschäftigen die Fachperson somit viele Fragen zum Gelingen und zur Qualität ihrer Interventionen. Auch wenn wir es als Fachpersonen gewohnt sind, kleine Schritte zu feiern: Wir möchten, dass unsere Interventionen wirken und folglich mit kleinen Schritten Großes bewirkt wird. Geht es Ihnen auch so? Setzen Sie sich selbst einen Erwartungsdruck, dass Ihre Interventionen für die Beteiligten zu einem sichtbaren und spürbaren Ergebnis führen sollen? Der Erwartungsdruck ist nicht nur hausgemacht, sondern wälzt sich auch von der

Politik und den Kostenträgern auf die Beratung und Begleitung in der Frühen Kindheit ab. Der Nachweis der Wirksamkeit der Beratung und Interventionen wird heute von den Kostenträgern und der Politik stark eingefordert. Somit ist auch das Beratungs- und Fördersetting in der Frühen Kindheit gefordert, diesen Nachweis zu erbringen.

Wie gehen wir vor, wenn wir als Fachpersonen nachweisen wollen, dass unsere Interventionen und Methoden wirken? Dazu lohnt es sich, den Blick auf die Grundlage des eigenen professionellen Handelns zu werfen und diese zu analysieren. Welche Theorien legen Sie Ihrem professionellen Handeln zugrunde? Setzen Sie zum Beispiel in Ihrer Beratung und Begleitung Rituale ein mit der Annahme, dass Rituale als Coping-Mechanismen dienen? Oder geben Sie vermehrt Aufmerksamkeit und Lob nach erwünschtem Verhalten als Verstärker, damit mehr von diesem erwünschten Verhalten gezeigt wird? Gehen Sie davon aus, wenn Sie eine Handlung vormachen, dass dann die Eltern diese mit Lernen am Modell einfacher übernehmen?

Im PINK-Mindset gehört der Faktor Nachhaltigkeit zu den Gelingensfaktoren. Die Prozessbegleitung soll nachhaltig wirken. Aus dieser Wirkdynamik wird eine stabile Kompetenzerweiterung bei den Eltern und adäquate Entwicklungsbegleitung für das Kind verfolgt. Die Wirksamkeit von pädagogischen Interventionen in Einzelberatungssettings sind noch wenig erforscht. Blicken wir mit der Befähigungsbrille auf den Begleitungsprozess, so möchten wir am Ende des Prozesses erleben, dass die Eltern befähigt sind, Situationen und Aktivitäten für ihr Kind zu schaffen, die die Entwicklung des Kindes unterstützen (Pretis 2017). Als Fachpersonen möchten wir erzielen, dass die Eltern nach einem Begleitungsprozess sagen, dass sie sich nun gestärkt und kompetent fühlen, den Alltag mit ihrem Kind gelingend zu gestalten und auch in herausfordernden Situationen handlungsfähig zu bleiben. Die Themen im Begleitungsprozess sind verschiedenen Charakters, sei es die konkrete Beratung in Entwicklungsunterstützung, in Erziehungsfragen oder Angebote zur Entlastung von Organisationen und materiellen sowie finanziellen Ressourcen. Die Begrifflichkeiten rund um Beratung und Begleitung erfahren in der Frühen Kindheit keine einheitliche Verwendung. Wenn wir das Themenspektrum in der Prozessbegleitung betrachten, ist die Auslegung der Begrifflichkeiten von Thurmair und Naggl (2010) passend für PINK. Thurmair und Naggl (2010) lehnen sich an die englischen Begriffe »consulting« und »counseling« an. Das »consulting« umfasst die fachliche Beratung mit den Kernelementen Information, Anleitung der Eltern und entwicklungspsychologische Beratung (vgl. Staiger-Iffländer/Hedderich 2023, S. 112). Diese Kernelemente zeigen sich in der Praxis zum Beispiel darin, dass die Eltern in einer Alltagsaktivität mit dem Kind und der Fachperson teilhaben und beobachten sowie beratende Gespräche zwischen der Fachperson und den Eltern zur Alltagsgestaltung geführt werden. Das »counseling« wird mit »begleitende Beratung« übersetzt. Die begleitende Beratung beschreibt als Kernelement die Unterstützung der Eltern in ihrer Auseinandersetzung mit der besonderen Lebenssituation. Im Beratungsfokus steht hier, dass die Eltern für die Bewältigung und Verarbeitung ihrer neuen Lebenssituation die (externen) Hilfen erhalten, die sie benötigen (z. B. Entlastungsdienstleistungen, psychologische Unterstützung). Staiger-Iffländer und Hedderich (2023) regen gestützt auf ihre Forschungsarbeiten an, dass eine klare inhaltliche und sprachliche Differenzierung der beiden Schwerpunkte für die alltägliche praktische Arbeit gewinnbringend sein könnte. Damit wäre der Transfer ins praktische Handeln als Fachperson womöglich einfacher, da sich zwei Bereiche mit eigenständigen Arbeitsaufträgen herausbilden würden – die fachliche Beratung und die begleitende Beratung mit ihren Inhalten, Schwerpunkten und Arbeitsweisen. Die differenzierte Betrachtung von fachlicher Beratung und begleitender Beratung zeigt auf, dass Stolpersteine auftreten können. In dem Sinne Stolpersteine, dass die Eltern nicht die Informationen und Unterstützung erhalten, die sie benötigen, weil in der Beratung nicht beide Aspekte fachlich und begleitend zum Tragen kommen. Als Fachpersonen wünschen wir uns, dass unsere Prozessbegleitung wirkt und wir mit unseren Beratungsgesprächen unterstützend sind. Wenn wir auf unser PINK-Mindset blicken, so möchten wir diese beiden Bereiche der Beratung in der Prozessbegleitung aufgreifen. Die fachliche Beratung verortet sich in den Teilen des PINK-Konzepts, in denen die Förderung des Kindes zu mehr Aktivitäten und Partizipationsmöglichkeiten im Vordergrund steht und die vorhandenen Barrieren durchbrochen werden. Die Barrieren können verschiedene Themen in der begleitenden Beratung betreffen, zum Beispiel, dass die Eltern keine Energie haben, den Alltag mit dem Kind zu gestalten, da viel Zeit für pflegerische Leistungen aufgewendet werden muss. Es kann auch sein, dass sich die Eltern noch nicht zutrauen, mit dem Kind auf den Spielplatz zu gehen, weil sie selbst die Beeinträchtigung des Kindes noch nicht verarbeitet haben.

Im Fachdiskurs der heilpädagogischen Begleitung in der Frühen Kindheit wird von einem Zusammenspiel spezifischer Wirkfaktoren (Interventions-/Methodenansatz) und unspezifischen Wirkfaktoren (z. B. Beziehungsgestaltung) in der Praxis ausgegangen (Gebhard/Kuhlenkamp 2012). Deshalb ist bei PINK, bei dem die Zusammenarbeit mit den Eltern auf Augenhöhe so zentral ist, wichtig, dass auch die unspezifischen Wirkfaktoren berücksichtigt werden. Dazu gehört auch, dass wir als Fachpersonen transparent unser Handeln, respektive die nächsten Schritte formulieren. Die spezifischen Wirkfaktoren werden im 8-Schritte-Verfahren in einzelnen Schritten systematisiert und das Vorgehen modellorientiert beschrieben. Ziemen, Strauß und Falkenstörfer (2015; zitiert nach Ziemen/Hanisch 2021, S. 180) zeigen auf, dass zielorientierte Beratungskonzepte umzusetzen und Beratungsmethoden zu implementieren, zu einer größeren subjektiv wahrgenommenen Sicherheit der Fachpersonen in Beratungssituationen führt. Die Fachpersonen brauchen somit zielführende Beratungskonzepte in der Praxis, die sich auf fundierte Beratungsmethoden stützen. Damit erhöht die Fachperson ihre Selbststeuerung in Beratungssituationen.

Das PINK-Mindset macht deutlich, dass diese Kunst der Gesprächsführung, der Beratungsmethoden und der Haltung eine komplexe Aufgabe für Fachpersonen in der Prozessbegleitung in der Frühen Kindheit darstellt. Damit die Kompetenzerweiterung im beraterischen Handeln gelingt, braucht es die Selbstreflexion und die Rückmeldungen von außen. Die Kompetenz zur Selbstreflexion wirkt als resilienter Faktor. Damit stärkt sich die Fachperson mit Erkenntnissen aus der Selbstreflexion für nachfolgende Beratungssituationen, wird in ihrem Handeln sicherer und traut sich mehr und mehr zu, herausfordernde Beratungssituationen zielführend zu leiten.

6.4.1 Als Fachperson das eigene Handeln reflektieren

Ein erster Zeitpunkt für die Reflexion des eigenen Handelns ist direkt nach der Durchführung des 8-Schritte-Verfahrens. Die Fachperson kann diesen Moment nutzen, um zu reflektieren, ob das PINK-Mindset umgesetzt werden konnte. Dazu kann die Fachperson auf die Beispielfragen der Evaluation in diesem Kapitel zurückgreifen oder die Fragen aus Kapitel 2.2 »Mein Berater:innen-ICH wird PINK« heranziehen. Wenn Prozessbegleitungen abgeschlossen sind, zieht auch die Fachperson weiter. Was nimmt die Fachperson aus der Erfahrung der Prozessbegleitung mit Familie xy mit? Auch das Weiterentwickeln des eigenen professionellen Handelns durch die Rückmeldungen der beteiligten Personen stärkt den Gelingensfaktor Nachhaltigkeit. Das bedeutet, dass die Fachperson die Chance nutzen kann, bei den Eltern die Rückmeldungen zur Prozessbegleitung einzufangen.

Das 8-Schritte-Verfahren ist danach ausgerichtet, dass die Eltern mitwirken und einbezogen werden. Die Sichtweise der Eltern und ihre Lebenswirklichkeit wird im 8-Schritte-Verfahren kontinuierlich eingefangen. Nicht nur im 8-Schritte-Verfahren sollen die Eltern partizipativ eingebunden sein, sondern auch im darauffolgenden Prozess. Das professionelle Handeln der Fachpersonen stützt sich auf die Handlungsprinzipien des Berufskodexes. Beim 8-Schritte-Verfahren ist das PINK-Mindset ergänzend für das Praxishandeln leitend.

Sind Sie bereits PINK? Wir laden Sie ein, Ihr Beratungsverständnis und Ihre Beratungskompetenzen mit dem PINK-Mindset abzugleichen (Abbildung 40). Gehen Sie mit dem PINK-Mindset neugierig der Frage nach: »Wie PINK sind Sie?«

Abbildung 40: PINK-Mindset

Tabelle 5 zeigt die Fragen aus der Reflexion »Mein Berater:innen-ICH wird PINK« auf.

Fragen aus dem PINK-Mindset

Tabelle 5: Fragen aus dem PINK-Mindset

	Fragen	Skala zur Zufriedenheit 1–10
1.	… Ihre Beratungskompetenzen:	
2.	… Wie haben Sie die Eltern am Anfang des Gesprächs abgeholt?	
3.	… Wie konnten die Eltern ihre Wünsche und Bedürfnisse einbringen?	
4.	… Wie wurde über die weiteren Schritte entschieden?	
5.	… Wie wurden Ziele festgelegt?	
6.	… Hatten Sie den Eindruck, Sie haben vom Gleichen gesprochen?	
7.	… Wie viel Zeit wurde vor, während und nach dem Gespräch eingeplant?	
8.	… Wie konnte sich gegenseitiges Vertrauen zeigen?	
9.	… Welche Rolle hat wer eingenommen in dem Gespräch und wurde das zuvor kommuniziert?	
10.	… Wie viel Redeanteil hat jede Person in dem Gespräch gehabt?	
11.	… Was waren unterstützende Faktoren bei den Gesprächen?	
12.	… Was waren hinderliche Faktoren, die sich im Gespräch zeigten?	
13.	… Was hat Sie besonders herausgefordert?	
14.	… Welche Gesprächs- und Beratungstechniken haben Sie eingesetzt?	
15.	… Welche Gesprächs- und Beratungstechniken würden Sie sich für kommende Elterngespräche wünschen?	
16.	… Wie hoch schätzen Sie die Nachhaltigkeit des Elterngesprächs für die weitere Zusammenarbeit ein?	
17.	… Kennen Sie die ICF und die ICF-CY und konnten Sie diese im Elterngespräch verständlich einsetzen?	

»Beratungsprozesse mit Eltern partizipativ gestalten«, titelt dieses Buch. Ob die partizipative Elternbegleitung gelingt, benötigt in der Prozessbegleitung Momente, in denen die Fachperson reflektiert, ob die Eltern im Prozess partizipativ eingebunden sind. Die Partizipationspyramide (siehe Kapitel 2 »Das PINK-Mindset«) zeigt, dass Eltern sich in verschiedenen Stufen der Partizipation bewegen. Dafür gibt es unterschiedliche Gründe, zum Beispiel kann die Geburt eines Kindes mit einer Behinderung die eigenen Kräfte und Ressourcen aufbrauchen und die Entscheidungs- sowie Handlungsfähigkeit einschränken; ein Elternteil mit einer psychischen Erkrankung zeigt unter Umständen inkonsistente elterliche Kompetenzen, um Entscheidungen vollständig allein zu treffen. Die individuellen personalen Ressourcen sind hierbei maßgeblich richtungsweisend, auf welcher Stufe der Partizipation sich die Eltern befinden.

Für die Reflexion der Dimension »Beratungsprozesse mit Eltern partizipativ gestalten« kann die Partizipationspyramide nach Straßburger und Rieger (2019) ein mögliches Instrument sein. Diese Partizipationspyramide ist vordergründig nicht als Reflexionsmethode konzipiert worden, sondern als Modell, die Partizipation aus zwei Perspektiven zu betrachten. Die Stufen der Partizipationspyramiden bilden den Grad der Einflussmöglichkeiten ab und können unter anderem aus der Perspektive von Professionellen bzw. Institutionen betrachtet werden, die den Beteiligungsprozess verantworten. Zur Reflexion des professionellen Handelns auf den jeweiligen Partizipationsstufen eignet sich die von uns adaptierte Partizipationspyramide als Leitlinie (Abbildung 41). Die Partizipationspyramide wird in Kapitel 2 »Das PINK-Mindset« ausführlich erläutert.

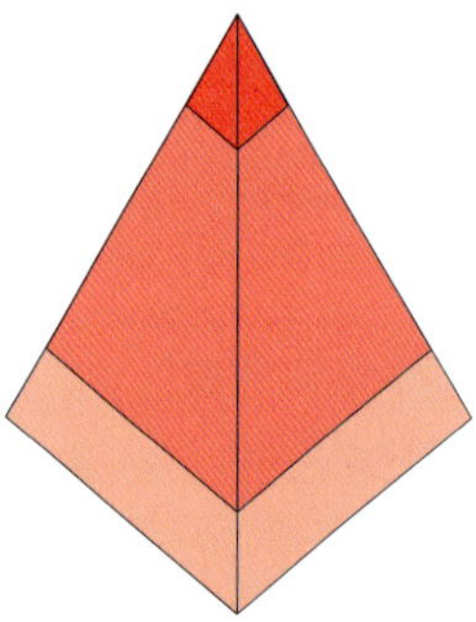

Partizipationsstufen

Stufen der Partizipation:
- Mitbestimmung zulassen
- Entscheidungskompetenzen teilweise abgeben
- Entscheidungsmacht übertragen

Vorstufen der Partizipation:
- Informationen
- Meinungen erfragen
- Lebenswelt explorieren

Abbildung 41: Partizipationspyramide (in Anlehnung an Straßburger/Rieger 2019, S. 23)

In PINK machen wir uns die Partizipationspyramide zunutze, um gestützt konkrete Fragestellungen den jeweiligen Stufen der Partizipation zuzuordnen. Wir haben diese Fragen für das PINK-Konzept erstellt und mit den PINK-Bewertungskarten erweitert. Mit den PINK-Bewertungskarten fließt auch die ICF-Philosophie in diese Reflexion der Partizipation ein. Nachfolgend werden die

Reflexionsfragen aufgelistet, die Sie sich entlang der Partizipationspyramide zur Dimension »Beratungsprozesse mit Eltern partizipativ gestalten« stellen können. Sie kennen es bereits aus Kapitel 2 »Das PINK-Mindset«. Sie können zu jeder Frage einen Skalenwert von 1 bis 10 setzen. Die Skala bezieht sich auf Ihre Zufriedenheit mit dem Ergebnis (1 = unzufrieden, 10 = sehr zufrieden).

Die Fragen aus den folgenden Tabellen 6 und 7 können Sie als Fachperson auch nach Ihrem Bedarf anpassen und erweitern.

Zu den drei Vorstufen: Informieren (1), Meinung erfragen (2) und Lebensweltexpertise einholen (3) können folgende Fragen der Fachperson zur Reflexion dienen:

Tabelle 6: Reflexionsfragen zu den drei Vorstufen der Partizipation

	Fragen	Skala zur Zufriedenheit 1–10
(1)	Habe ich die Eltern über mich als Fachperson, den Anlass des Kontaktes und meinen Berufsauftrag informiert?	
(1)	Habe ich den Eltern transparent gemacht, wie wir konkret arbeiten, die gegenseitigen Werte zur Zusammenarbeit geklärt und welches Ziel wir damit verfolgen?	
(2)	Kenne ich die Meinungen der Eltern zu ihren Vorstellungen der Begleitung?	

	Fragen	Skala zur Zufriedenheit 1–10
(2)	Habe ich den Eltern zugehört?	
(2)	Habe ich ihre Ansichten und Meinungen zu ihrer Situation/Lebenswirklichkeit erfragt?	
(2)	Habe ich Barrieren in der Zusammenarbeit erkannt und diese aktiv angesprochen?	
(3)	Habe ich mit den Eltern aktiv Wissen über ihr Kind ausgetauscht und dieses für die Begleitung genutzt?	
(3)	Habe ich den Alltag der Familie mit dem Kind erfasst? Weiß ich, welche Lebensräume gut gelingen und bei welchen sich hemmende Faktoren zeigen?	

Die Stufen der Partizipation: Mitbestimmung zulassen (4), Entscheidungskompetenz teilweise abgeben (5) und Entscheidungsmacht übertragen (6). Die drei Stufen der Partizipationspyramide werden noch mit den PINK-Bewertungskarten ergänzt, um die drei Stufen der Partizipation mit den fördernden und hemmenden Faktoren (siehe auch Kapitel 5.2 »Baustein ICF ganz praktisch«) zusätzlich zu betrachten. Gestützt auf diese Stufen können sich Fachpersonen folgende Fragen zur Reflexion stellen:

Tabelle 7: Reflexionsfragen zu den Stufen der Partizipation

	Fragen	Skala zur Zufriedenheit 1–10
(4)	Habe ich den Raum geschaffen, damit die Eltern und ich zusammen die Möglichkeiten besprechen und auch darüber abstimmen konnten, was als Nächstes passieren soll? __________ __________ __________ __________	
(5)	Habe ich die Bereiche erkannt, in denen Eltern die Entscheidung ohne mich als Fachperson fällen können? Können die Eltern die wichtigen Entscheidungen selbst treffen? __________ __________ __________ __________	
(6)	Ist es mir dabei gelungen, mich zurückzunehmen und den Eltern die Entscheidung vollständig selbst zu überlassen? __________ __________ __________ __________	

	Fragen	Skala zur Zufriedenheit 1–10
	Welche Ressourcen und Potenziale habe ich bei der Familie und im Helfer:innensystem entdeckt, die für die Prozessbegleitung bedeutsam waren oder noch werden könnten?	
	Welche Barrieren haben sich in den Stufen der Partizipation bei der Familie und im Helfer:innensystem gezeigt?	
	Welche Barrieren konnten bereits durchbrochen werden?	

Nun haben Sie Ihren Begleitungsprozess in der Dimension »Beratungsprozesse mit Eltern partizipativ gestalten« reflektiert.

Wie PINK sind Sie schon geworden und wo möchten Sie hin? Schauen Sie sich Ihre Zufriedenheitsskala zur Partizipation an und setzen Sie sich ein neues Ziel. Wo stehen Sie jetzt und wohin möchten Sie auf der Skala von 1 bis 10 in Bezug auf die Umsetzung der Partizipation in Beratungsprozessen?

Abbildung 42: PINK-Skala

Nehmen Sie sich diese Zahl als Anker in Ihren nächsten Beratungsprozess mit. Wenn Sie sich Ihre Reflexion betrachten, können Sie drei Dinge erkennen, die Sie sich für den nächsten Begleitungsprozess mitnehmen möchten?

Dies können Sachen sein, die Sie beibehalten möchten, aber auch Dinge, die Sie ändern oder verstärken möchten. Denken Sie dabei auch an das Kapitel 6.1.2 »PINK-Grundlagen der Beratung« zurück. Entscheiden Sie sich für etwas, wobei Ihre Motivation hoch genug ist, diesem auch weiter nachzugehen.

Schreiben Sie sich diese Dinge im Folgenden auf, prüfen Sie die Ziele auf Ihre Motivation und nehmen Sie diese vor Ihrem nächsten Beratungsgespräch zur Hand:

Exkurs: Was tun Sie, wenn das Boot gekentert ist?

Wir kennen es auch aus unserem Berufsalltag. Eine Prozessbegleitung kann auch kentern. Es kann passieren, dass sich die Eltern zu Beginn des Prozesses die Zusammenarbeit mit der Fachperson nicht vorstellen können und somit nicht in den Prozess eintreten. Ein anderes Szenario könnte sein, dass sich im Verlauf oder am Schluss des Prozesses herausstellt, dass sich die Eltern vieles anders gewünscht hätten. Ein weiteres Szenario wäre, dass der Prozess seitens der Eltern positiv zurückgemeldet wird, aber die Fachperson mit dem Gefühl zurückbleibt, dass der Prozess stark gestockt hat und wenige Entwicklungsschritte im Familiensystem möglich waren.

Gibt es bei Ihrem Arbeitgeber, Ihrer Arbeitgeberin ein etabliertes Vorgehen, wenn die Eltern einen Wechsel der Fachperson möchten? Welche Möglichkeiten haben Sie, gekenterte Prozessbegleitungen zu besprechen?

Welche positiven wegweisenden Erkenntnisse haben Sie aus bisherigen nicht gelungenen Prozessbegleitungen mitgenommen?

Nutzen Sie die Möglichkeiten der Selbstreflexion, der kollegialen Beratung und Supervisionsgruppen, damit Sie regelmäßig Themen aus Ihrer Praxis besprechen können. Die Erfahrungen in Worte und Bilder zu übersetzen, trägt oftmals zu einer Klärung für sich selbst bei. Indem gemeinsam im Team oder in der Supervisionsgruppe (systematisch) darüber gesprochen wird, können daraus Erkenntnisse wachsen, die das zukünftige berufliche Handeln leiten. Die PINK-Landkarte kann auch für Fallbesprechungen eingesetzt werden, damit eine gekenterte Beratungssituation analysiert werden kann.

Es ist uns allen klar: Fachpersonen sind keine unverwundbaren Heldinnen und Helden mit Superkräften, denen alles gelingt. Situationen, die ein nächstes Mal anders gehandhabt werden möchten, gibt es zuhauf in der Praxis. In Sekunden muss manchmal entschieden werden, wie die Fachperson reagieren soll. Die (Selbst-)Reflexion ist ein bedeutsames Mittel für die eigene Weiterentwicklung.

Müssen Situationen mit Familien oder dem Helfer:innensystem geklärt werden, ist ein aktives Angehen dieser wichtig. Dabei können Modelle zur Konfliktlösung, Deeskalationsmodelle und auch Gesprächsführungsmethoden herangezogen werden (siehe Kapitel 6.1 »Baustein PINK-Grundlagen der Beratung«).

6.4.2 Aus dem Boot steigen: Den Begleitungsprozess fallbezogen evaluieren

PINK legt Wert darauf, dass der Begleitungsprozess auf Augenhöhe wirksam und nachhaltig gestaltet wird. Wir wissen alle, wie herausfordernd es ist, Verhaltensweisen und Alltagsroutinen zu ändern. Deshalb fokussieren wir im Begleitungsprozess darauf, die Ressourcen des Systems zu stärken und die Kompetenzen des Kind-Familien-Systems zu erweitern. Die Kompetenzen des Kind-Familien-Systems richten wir danach aus, dass sie ihren individuellen Situationen individuell begegnen können. Unserer Ansicht nach entspricht dies dem Bestreben nach Wirksamkeit und Nachhaltigkeit, dass die Selbstständigkeit und Selbstwirksamkeit der beteiligten Personen für die Gegenwart und die Zukunft gestärkt werden. Gerade die Nachhaltigkeit ist für die Lebenslinie des Kindes und der Familie bedeutsam. Irgendwann im Verlauf der Frühen Kindheit steigen wir aus dem Boot aus, die Eltern laden neue Fachpersonen ein und fahren ihr Boot weiter auf der See. Weichen, die in Bezug auf Zusammenarbeit, Vertrauen und Beziehung zu einer Fachperson schon in der Frühen Kindheit gelegt werden können, können für nachfolgende Fachpersonen ein tragfähiges Fundament sein, auf dem sie ihre Arbeit aufbauen können. Einer positiven Erfahrung von Anfang an kommt somit eine enorme Bedeutung zu.

Bei der fallbezogenen Evaluation geht es um die Bewertung und Beurteilung des Begleitungsprozesses. Somit wird mit spezifischen Verfahren der Erfolg der Beratungsprozesse beleuchtet. Dabei steht im Zentrum, ob die gemeinsam vereinbarten Beratungs- respektive Veränderungsziele erreicht wurden und dabei die beraterischen Vorgehensweisen von der Fachperson wie auch von den Eltern als gelungen bewertet werden. Dabei ist vorrangig die Sichtweise und Bewertung des Familiensystems einzufangen. Ziel ist, die Prozesse der Begleitung zu bewerten, eine Bilanz zu ziehen und daraus Folgerungen für die weitere Arbeit abzuleiten.

Es ist hilfreich für den Prozess, wenn eine Evaluation nicht erst am Ende einer Beratung durchgeführt wird. Das bedeutet, dass sich die Fachpersonen zu Beginn einer Beratung Klarheit darüber verschaffen sollten, was und mit welchen Verfahren sie den Beratungs- und Begleitungsprozess evaluieren wird. Damit werden auch zwei zentrale Evaluationsarten ins Feld geführt: die Prozessevaluation (während) und die Ergebnisevaluation (als Abschluss) (vgl. Schubert/Rohr/Zwicker-Pelzer 2019). Eine Erfassung nach ICF ist eine Momentaufnahme. Diese kann sich schon nach einer Woche verändern oder aber erst nach einigen Monaten. Das System, in dem sich Kind und Familie bewegen, ist dauerhaft in Bewegung und durch innere und äußere Einflüsse in einem dauerhaften Veränderungsprozess. Diesen Aspekt in der Arbeit mit Familien zu berücksichtigen, ist auf verschiedenen Ebenen wichtig:

- Wie oft nehmen wir mit den Eltern eine Standortbestimmung vor, um daraus die passende Unterstützung für sie zu planen? Wie oft ist eine Standortbestimmung wichtig, um noch im gleichen Boot zu sitzen?
- Wie betrachten wir eine Standortbestimmung und hemmende Faktoren? Im Wissen, dass sich das Innen und Außen so schnell wandelt, können wir die Haltung einnehmen, dass hemmende Faktoren nicht statisch sind und somit Wochen später von den Eltern als nicht mehr hoch belastend betrachtet werden.

Der PINK-Flip unterstützt die stetigen Standortbestimmungen im Beratungs- und Begleitungsprozess, aber auch das nach einer gewissen Zeit kommende Standortgespräch mit den Eltern. Der PINK-Flip eröffnet den Gesprächsanlass über die aktuell erlebte Belastung in den festgelegten Schwerpunkten. Veränderungen und sich entwickelte Ressourcen sowie Kompetenzen können dargelegt und benannt werden. Damit diese Veränderungen sichtbarer werden, kann die PINK-Landkarte eingesetzt werden und die Inhalte des PINK-Flips auf der PINK-Landkarte visualisiert werden. Zusätzlich kann auch die fotografierte PINK-Landkarte des letzten 8-Schritte-Verfahrens auf die PINK-Landkarte übertragen werden. Nächste Handlungs- und Veränderungsschritte können dann wiederum mit der erneuten Durchführung des 8-Schritte-Verfahrens gemeinsam entwickelt werden. Bei wiederholten Durchführungen des 8-Schritte-Verfahrens kann anknüpfend am PINK-Flip beim Schritt 3 des 8-Schritte-Verfahrens das Gespräch aufgenommen werden.

Somit empfiehlt es sich, dass das Boot an einem Steg hält und die Personen gemeinsam zurück- und vorausblicken, damit der Prozessevaluation Rechnung getragen wird. Die Fachpersonen und beteiligten Personen senden Signale aus, die nur vom Gegenüber wahrgenommen werden können, da sie sich selbst oft dieser Signale nicht bewusst sind. Mit der Evaluation wird somit die Selbsteinsicht durch die Außenperspektive ermöglicht. Wie eine Evaluation konkret aussehen könnte, wird in Kapitel 6.4.4 »Werkzeuge zur partizipativen Reflexion und Evaluation« aufgezeigt.

Ihre Evaluationserfahrungen

Wann evaluieren Sie mit den Eltern und den beteiligten Personen die Prozessbegleitung?

Welche Instrumente verwenden Sie hierfür?

Sind Sie zufrieden mit Ihrem Evaluationsinstrument? Wenn nein, was müssten Sie verändern, damit es Ihren Vorstellungen eines aussagekräftigen und handhabbaren Evaluationsinstrumentes entspricht?

Konkrete Evaluationsmittel (z. B. Fragebogen, Visualisierungen), die alle beteiligten Personen involvieren, ermöglichen, dass gemeinsames Lernen institutionalisiert wird (Hochuli Freund/Stotz 2015, S. 309 f.). Die aktive Mitwirkung der Eltern ist somit unabdingbar, da deren Einschätzung wichtig ist, wie unterstützend der Begleitungsprozess war. Dabei ist das systemisch-konstruktivistische Verständnis tragend, da sich die Beschreibung und Einschätzung der Lebenswirklichkeiten aus dem individuellen Erleben unterscheiden können.

6.4.3 Wie nehme ich als Fachperson die Eltern mit zur Evaluation?

Analog zur Umsetzung des 8-Schritte-Verfahrens ist auch die Evaluation oder die gemeinsame Reflexion über die Prozessbegleitung mit den Eltern wichtig. Die Fachperson muss die Eltern auf die Evaluation vorbereiten und sich dabei überlegen, wie und zu welchem Zeitpunkt sie die Evaluation umsetzen möchte. Geben Sie den Eltern eine Vorbereitungsmöglichkeit zum Evaluationsgespräch. Die Gelingensfaktoren Kommunikation, Vertrauen und Werte sind auch beim Abschluss einer Prozessbegleitung bedeutsam.

Die Eltern benötigen die Hinführung, wie eine Evaluation ablaufen wird, was mit ihren Rückmeldungen passiert und welche Erkenntnisse für die Fachperson daraus entstehen. Bei der Evaluation mit den Eltern muss auch besprochen werden, welche Informationen an andere Fachpersonen weitergeleitet werden müssen, damit die Weiterführung des Prozesses gelingt. Während der Prozessbegleitung lernen Sie die Familie besser kennen und wissen, welche gemeinsame Sprache sie in der Zusammenarbeit nutzt. An dieser gemeinsamen Sprache knüpfen Sie an. Die Familie steht auch bei der Evaluation im Mittelpunkt mit ihrem Erleben der Prozessbegleitung.

Gestützt auf das PINK-Mindset bedarf es bei der Evaluation ein gemeinsames Bewerten des Prozesses. Bei einem etwaigen Abschluss der Prozessbegleitung oder bei einem Übertritt in andere Angebote braucht es auch wieder die Kooperation und das Mitwirken aller Beteiligten. Dabei stellen wir uns die Fragen: Wie gestalten wir gemeinsam den Abschluss? Was sind die nächsten notwendigen Schritte?

PINK sieht auch in der Phase der Reflexion und Evaluation mit den beteiligten Personen die visuelle Darstellung als Brückenbauerin für das gemeinsame Nachvollziehen. Die Selbstaussagen der Familienmitglieder mit einer visuellen Brücke einzufangen, ermöglicht, Rückmeldungen auf der sichtbaren und unsichtbaren Ebene zu erfahren. Es liegt auch bei der Evaluation dieselbe Haltung zugrunde wie beim 8-Schritte-Verfahren. Die Eltern sollen inhaltlich mithilfe von visualisierten Darstellungen Anschluss finden.

Denken Sie an eine Familie, die Sie begleiten. Welche Bilder, kreativen Methoden könnten Sie verwenden, um eine Rückmeldung zur Prozessbegleitung einzufangen?

6.4.4 Werkzeuge zur partizipativen Reflexion und Evaluation

Kennen Sie diese Situation auch, Sie besuchen eine Weiterbildung oder eine Tagung und werden am Ende der Veranstaltung direkt oder per E-Mail aufgefordert, eine Rückmeldung zu geben. Nachgelagerte Evaluationen haben oft kleinere Rücklaufquoten als direkte Evaluationen bei der Veranstaltung. In der Prozessbegleitung in PINK trägt die Evaluation dazu bei, die Gelingensfaktoren des PINK-Mindsets zu evaluieren. Wir vermuten, dass es Ihnen da wie uns geht: Das Interesse an den Rückmeldungen aus den Familien ist sehr hoch. Die Fachperson möchte in Erfahrung bringen, ob die Prozessbegleitung wirksam war. Die Form der Evaluation kann hierbei auch wieder individuell und kreativ sein. Im Folgenden werden Ideen skizziert, welche Werkzeuge sich sehr gut mit dem PINK-Konzept verbinden lassen.

Bei der Evaluation können unterschiedliche Methoden angewendet werden (z. B. standardisierte Fragebogen, Skalen zu spezifischen Themen). Auch die konkrete Umsetzung der Evaluation lässt sich vielfältig und kreativ umsetzen.

PINK soll dazu ermutigen, nicht nur Papier-Evaluationen oder klassische Gespräche im Stil von Frage-Antwort-Situationen zu nutzen. Evaluieren in Bewegung (z. B. Skalierung im Raum), mit Symbolen (z. B. Bilder, Metaphern) oder mit künstlerischen Materialien (z. B. Knete, Malen) öffnen neue Zugänge. Die Evaluation soll kreativ und nahbar gestaltet werden.

Unabhängig von der Wahl der Evaluationsmethoden sollen sich die ausgewählten Fragen in der Evaluation auf die einzelnen Schritte der Prozessbegleitung beziehen. Bei PINK wird die Basis partizipativ, individuell und kooperativ mit den Gelingensfaktoren Zeit, Vertrauen, Rollen und Zuständigkeiten, Werte, Kommunikation, Ziele und Nachhaltigkeit unterlegt. Als Einstieg für die Evaluation können die erarbeiteten Dokumente aus dem 8-Schritte-Verfahren PINK-Flip und individueller PINK-Prozessbegleitungsplaner gewählt werden. Dadurch wird ein vertrauter Bezug für alle Beteiligten geschaffen. Die Prozessbegleitung bleibt für die Eltern nachvollziehbar und damit wird dem Gelingensfaktor Nachhaltigkeit Rechnung getragen.

Somit laden wir Sie an dieser Stelle nochmals ein, zu Stift und Papier zu greifen und in die Evaluationsphase einzusteigen. Sei dies gerade nach einem Elterngespräch, bei einer Zwischenanlegestelle oder auch beim letztendlichen Ausstieg aus dem Boot. Jede Evaluation und die damit verbundene Reflexion bringt Sie einen Schritt weiter in der Weiterentwicklung Ihrer professionellen Rolle.

Im Folgenden finden Sie Werkzeuge, die für die Evaluation des Beratungs- und Begleitungsprozesses mit PINK eingesetzt werden können. In Bezug auf die gewählte Metapher von PINK »gemeinsam ins Boot steigen« bietet sich auch bei den Werkzeugen eine Bildsprache an, die auf diese Metapher Bezug nimmt oder sich auf die verwendeten PINK-Grafiken stützt. Die Werkzeuge können zu unterschiedlichen Zeitpunkten als Zwischen- oder Schlussevaluation im Begleitungsprozess eingesetzt werden.

6.4.5 Werkzeug für die Evaluation der Prozessbegleitung

Im Folgenden wird das PINK-Boot als Werkzeug für die Ergebnis- und Prozessevaluation der Prozessbegleitung in PINK hervorgehoben (Tabelle 8). Das PINK-Boot kann in Kombination mit dem PINK-Flip eingesetzt werden. Wenn bei einem Evaluationsgespräch der PINK-Flip als Einstieg gewählt wird, kann das PINK-Boot als Skalierungswerkzeug dienen. Die PINK-Bewertungskarten haben bei Evaluationen unterstützende Funktion, indem die Schwerpunkte beim PINK-Flip durch die PINK-Bewertungskarten eingeschätzt werden. In Kombination mit dem PINK-Flip sind auch andere Skalierungsmittel möglich, Ihrer Kreativität sind dabei keine Grenzen gesetzt. Weitere Ideen zur Evaluation sind im Kapitel 7 »Kreativ weiterentwickelt: Ideen zum 8-Schritte-Verfahren« beschrieben.

Die Fragen für die jeweilige Zielgruppe finden sich im Anschluss an das PINK-Boot.

Tabelle 8: Das PINK-Boot als Werkzeug der Ergebnis- und Prozessevaluation

Werkzeug Boot	Einsatz
	**Zielgruppe**
	Bei den Eltern Bei sich selbst als Fachperson
	Wie
	Das Boot weist eine Skalierung von 1 bis 10 auf. Skala: 1 = trifft gar nicht zu, 10 = trifft sehr zu. Den Fragebogen von den Eltern individuell ausfüllen lassen. Für jede Frage, Aussage ein Boot. Die Boote in der Größe von A5 ausdrucken (z. B. auch laminieren), damit die Skalierung gut sichtbar wird. Die Skalenpunkte können zum Beispiel mit Klebepunkten oder Muggelsteinen gelegt werden.

Fragen für die Evaluation der Prozessbegleitung mit Eltern

Die Evaluation wird durch die Eltern individuell ausgefüllt. Daraus ergibt sich für die Fachperson und die Eltern ein Bild, ob sie den Prozess gleich erlebt haben oder es Unterschiede gibt. Diese Unterschiede können dann Anlass geben, um die nächsten Schritte individuell zu bestimmen.

Selbstverständlich können auch die Fragen für die Evaluation individuell ergänzt werden. Je nach Schwerpunkt der Begleitung ist es wichtig, dass zum Beispiel zu spezifischen Fragen zum Schwerpunktthema noch Rückmeldungen eingeholt werden. Tabelle 8 steht als Grundlage zur Verfügung, kann jedoch von jeder Fachperson für ihren Berufsalltag angepasst werden. Die Zusammenstellung der Fragen ist abhängig von den Schwerpunkten, der Prozessdynamik und spezifischen Themen.

Die Evaluationsfragen in Tabelle 9 können mit der Skala 1 = trifft nicht zu, 10 = trifft zu, eingeschätzt werden.

Tabelle 9: Evaluation der Prozessbegleitung mit Eltern

	Dimension	Aussagen
1.	Einstieg	Mein Umfeld hat sich seit der letzten Standortbestimmung verändert.
2.	Vertrauen	Die Fachperson hat mir zugehört.
3.	Vertrauen	Ich fühlte mich in meinen Anliegen ernstgenommen.
4.	Partizipation	Die Ziele/Schwerpunkte der Begleitung waren für mich klar.
5.	Partizipation	Ich konnte als Elternteil im Prozess Entscheidungen selbst treffen.
6.	Befähigung	Ich fühle mich kompetent, herausfordernde Situationen zu meistern.
7.	Befähigung	Ich habe neue Möglichkeiten für die Alltagsgestaltung mit dem Kind.
8.	Befähigung	Ich fühle mich sicherer, mit dem Kind aktiv zu sein und partizipieren zu können.
9.	Kooperation	Die Zusammenarbeit mit der Fachperson war angenehm.
10.	Kooperation	Die Zusammenarbeit mit der Fachperson hat meine Erwartungen erfüllt.
11.	Kommunikation	Die Fachperson hat klar und transparent kommuniziert.
12.	Werte	Die gemeinsam festgelegten Werte wurden im Prozess umgesetzt.
13.	Gesamteinschätzung des Prozesses	Der Schwerpunkt der Begleitung wurde erreicht.
	Ressourcen	Welche Ressourcen und Potenziale haben Sie bei sich, beim Kind und im Helfer:innensystem entdeckt und nutzen können?
	Barrieren	Welche Barrieren haben sich im Prozess ergeben?
	Durchbrechen der Barriere	Welche Barrieren konnten in der Prozessbegleitung durchbrochen werden?

Fragen für die Evaluation als Fachperson

Die Fragen zur Evaluation der Prozessbegleitung als Fachperson stützen sich auf die Basis und die Gelingensfaktoren des PINK-Mindsets. Die Aussagen greifen spezifische Beratungskompetenzen auf, die im 8-Schritte-Verfahren wichtig sind.

Die Aussagen in Tabelle 10 können mit der Skala 1 = trifft nicht zu, 10 = trifft, zu eingeschätzt werden.

Tabelle 10: Evaluation der Prozessbegleitung als Fachperson

	Dimension	Aussagen
1.	Einstieg	Meine Beratungskompetenzen haben sich seit der letzten Standortbestimmung verändert.
2.	Vertrauen	Ich habe den Eltern zu Beginn des Gesprächs klare Informationen gegeben, was sie erwartet und was das Ziel ist.
3.	Vertrauen	Ich habe mir Zeit genommen, den Eltern zuzuhören.
4.	Vertrauen	Ich habe die Wünsche und Bedürfnisse der Eltern ernstgenommen.
5.	Kommunikation, Werte	Ich habe die Ressourcen der Eltern gespiegelt, gewürdigt, wertgeschätzt.
6.	Kommunikation	Meine Kommunikation war klar.
7.	Kommunikation	Es ist mir gelungen, einfache Sprache und Sätze zu verwenden.
8.	Kommunikation	Ich konnte die visuellen Darstellungen passend im Prozess einsetzen.
9.	Kommunikation	Ich habe den Eindruck, dass wir eine gemeinsame Sprache gefunden haben.
10.	Kommunikation	Meine Gesprächs- und Beratungsmethoden haben zum Gelingen der Prozessbegleitung beigetragen.
11.	Partizipation	Ich habe die Eltern in die Entscheidungen der nächsten Schritte aktiv miteinbezogen.
12.	Partizipation	Ich habe dort wo nötig, die Eltern unterstützt, Entscheidungen zu treffen.
13.	Partizipation, Rolle und Zuständigkeiten	Ich konnte mich zurücknehmen und habe den Eltern Entscheidungen im Prozess überlassen.
14.	Rolle und Zuständigkeiten	Ich war in meinen Rollen in den jeweiligen Situationen klar.

	Dimension	Aussagen
15.	Kooperation	Die Zusammenarbeit mit den Eltern war angenehm.
16.	Kooperation	Ich konnte herausfordernde Gesprächssituationen gelingend leiten.
17.	Kooperation	Ich habe den Eltern entsprechende Informationen zu externen Unterstützungshilfen gegeben (falls notwendig).
18.	Werte	Die gemeinsam festgelegten Werte wurden im Prozess umgesetzt.
19.	Nachhaltigkeit	Ich habe den Eindruck, dass ich die Eltern in ihren Kompetenzen für die Alltagsgestaltung mit dem Kind stärken konnte.
20.	Nachhaltigkeit	Die nächsten Schritte habe ich mit den Eltern gemeinsam vereinbart.

Wenn die Evaluation der Prozessbegleitung mit den Eltern und anderen involvierten Personen durchgeführt wird, so stehen auch hier die Eltern mit ihrem Erleben zur Prozessbegleitung im Mittelpunkt. Wir gehen davon aus, dass die Fachpersonen ihre Selbstreflexion zur Prozessbegleitung mit ihren vertrauten Instrumenten machen.

Oftmals ist es in einem Prozess schwierig retrospektiv einzuschätzen, wo ich als Person vor dem Prozess gestanden habe und welchen Entwicklungsprozess ich durchlaufen habe. Manchmal sind die Entwicklungen nicht so deutlich, da sie sich von Tag zu Tag, von Woche zu Woche, von Monat zu Monat kontinuierlich veränderten. Deshalb erscheint es zu Beginn des Begleitungsprozesses wichtig, eine Standortbestimmung auf kreative Weise einzuholen. Sei es mit einer Skala zur Einschätzung der Belastung oder den elterlichen Kompetenzen, mit einem symbolischen Bild, mit einem konkreten Gefühl.

Auch die videobasierte Reflexion ist eine Möglichkeit, um Prozesse vom Ist- zum Soll-Zustand aufzuzeigen. Der Blick in Videos kann auf das Kind und sein Spielverhalten oder weiteren Entwicklungsbereichen, auf die Eltern-Kind-Interaktion, auf die Kind-Kind-Interaktion oder auch auf die Fachkraft-Kind-Interaktion gelegt werden. So können gezielte Veränderungen über eine längere Zeitspanne retrospektiv wieder betrachtet werden. Methodengeleitete Videobetrachtungen sind eine wichtige Stütze, um Beratungsthemen aufzugreifen und die Eltern wirksam zu befähigen.

7 Kreativ weiterentwickelt: Ideen zum 8-Schritte-Verfahren

Das 8-Schritte-Verfahren zeigt in dieser Form auf, wie ein Gespräch mit dem Einsatz von Visualisierungen geführt werden kann. Es gibt Impulse, um Gespräche und den Einsatz von Visualisierungen in Prozessberatung und -begleitung neu zu denken. Ein großes Potenzial liegt in der Orientierung an den Interessen und der Lebenswelt der Familien. Wenn die Familie zum Beispiel gemeinsame Themen interessieren (Fan von Achterbahnen, bestimmten Tieren oder Bergen), so können diese Themen als Metaphern für die 8 Schritte verwendet werden.

Die Materialien können zu unterschiedlichen Zeitpunkten im Begleitungsprozess eingesetzt werden und lassen sich somit vielfältig verwenden, schaffen Anknüpfungspunkte für ein breites Spektrum an Begleitungsanlässen.

Im Folgenden finden Sie zu einzelnen Bereichen Ideen von uns, welche kreativen Möglichkeiten mit den PINK-Materialien geschaffen werden können.

Verwendung von Metaphern für die 8 Schritte:
Haben Sie es erkannt? Wir lieben Metaphern, die Emotionen schaffen und den Gegenüber anknüpfen lassen. Aus Metaphern können auch entsprechende Materialien erstellt werden, die den Beratungsprozess dynamisch, attraktiv und interessant gestalten.

- Zur Metapher »gemeinsam im Boot« ein Miniaturboot mitnehmen, welches auf der Landkarte eingesetzt werden kann. Themencluster: Segel hissen, Rollenverteilung, was unterstützt uns, damit wir nicht über Bord gehen, Destinationen etc.
- Anstelle von »gemeinsam im Boot« können Sie eine andere Metapher wählen, die mit der Lebenswelt des Kindes und der Familie einhergeht, eventuell sind die Familien in den Ferien gern am Meer, sind passionierte Fußballfans oder leidenschaftliche Gärtner:innen.

Gestaltung des Settings während des 8-Schritte-Verfahrens

Wir sind beim 8-Schritte-Verfahren nicht näher darauf eingegangen. Aber, haben Sie sich auch automatisch vorgestellt, dass dieses Gespräch sitzend stattfindet? Unsere Erfahrungen prägen uns und auch unsere Vorstellung, wie ein professionelles Gespräch sein sollte. Es mag die Gesprächsteilnehmenden irritieren, wenn das Gespräch nicht nur sitzend stattfindet. Wir möchten Sie jedoch dazu ermuntern, auch nicht-sitzende Elemente in einem Gespräch einzubauen.

- Die Arbeit mit Skalen kann auch im Raum angewendet werden, zum Beispiel mit einem Seil am Boden oder sich anhand eines Zahlenstrahles im Raum aufstellen und den Schritt z. B. von der 5 zur 6 aktiv gehen. Dies ermöglicht neue Sichtweisen und kann die Gefühlswelt beeinflussen. Durch die Bewegung werden die Eltern auf der handelnden Ebene angesprochen.
- Rituale, wie Beratungsgespräche starten und enden, können Orientierung und Sicherheit schaffen. Für sich wiederholende Elemente eignet sich der PINK-Flip gut, indem man zum Beispiel zu Beginn der Beratung ein Blitzlicht zum PINK-Flip macht (Wie waren ihre Erfahrungen mit dem Schwerpunkt? Was lief gut? Wo zeigten sich Schwierigkeiten?).

Erweiterter Einsatz der PINK-Landkarte

Die PINK-Landkarte lässt sich aus unserer Sicht auch losgelöst vom 8-Schritte-Verfahren verwenden. Landkarten sind auch im Bereich der Supervision und der systemischen Arbeit ein erprobtes Mittel. Die PINK-Landkarte lässt sich auch für die direkte Arbeit mit Kindern einsetzen.

- Die Landkarte verwenden, um die Familie zu fragen, was sie letzte Woche erlebt hat.
- Die Landkarte verwenden, um die Familie zu fragen, was ihnen letzte Woche gelungen ist.
- Die Landkarte verwenden, um ein Gespräch mit dem Kind zu führen (z. B. Was hat es gern gemacht? Was hat es erlebt? Wo geht es gern hin?)
- Die Landkarte in die einzelnen Lebensräume zerschneiden und danach diese Teile so zusammensetzen, dass es die konkrete Lebenswelt der Familie darstellt. Konkrete Lebenswelt meint z. B., wie nah oder weit die Lebensräume voneinander entfernt sind, oder ob es Lebensräume gibt, die in ihrem Alltag nicht bedeutsam sind.
- Die Landkarte verwenden, um die Familie kennenzulernen, eventuell auch für die Anamnese.
- Die Landkarte zur Gestaltung von Übergängen verwenden. Was wird dann anders sein? Woran müssen wir denken?
- Die Landkarte für eine gemeinsame Fallbesprechung im Team verwenden.

Erweiterte Ideen für Werkzeuge zur Beratung

Kreativer Einsatz von Skalierungen:

- Skalierung trägt in der Übersetzung die Bedeutung »die Treppe«. Wenn Sie schon etwas geübter mit der Skalierung sind, können Sie diese diverser einsetzen.
- Erweiterungsmöglichkeiten sind zum Beispiel Multiskalen. Das bedeutet, dass Sie zu einer Frage verschiedene Ebenen bewerten können, zum Beispiel das Belastungserleben der momentanen Situation und gleichzeitig die Zufriedenheit. Aber nicht nur die Skalierung können Sie anpassen. Sie können auch mit der Form der Umsetzung spielen.
- Das PINK-Mindset schlägt für das 8-Schritte-Verfahren eine Skalierung über einen Zahlenstrahl vor. Die Einschätzung kann zum Beispiel über einen Stein (Muggelstein oder über ein Symbol wie das Boot) erfolgen.
- Die Visualisierung der Skala unterstützen, indem eine Treppe gezeichnet oder eine Schnur für die Skalierung genommen wird. Eine weitere Form ist, den Raum zu nutzen. Legen Sie eine Skala auf dem Boden zum Beispiel mit einem Seil und fordern Sie die Eltern auf, sich auf die eingeschätzten Stufen zu stellen oder nutzen Sie Treppen, die in der Wohnung oder im Haus sind. Eigenes Handeln führt zu eigener Lösung. Das unterstützt die Haltung des PINK-Mindsets. Denken Sie aber daran, nicht alles passt zu jeder Person. Es kann auch sein, dass Sie die Eltern damit überfordern. Wählen Sie sorgsam aus, was zu welchen Eltern passt.

Aktivierung von Ressourcen:

- Sie können die Ressourcen bei den Eltern mit Bildern, Fotos, Mottos oder Sätzen aktivieren. Vielleicht berichten Ihnen die Eltern, dass ihnen das Bild von einer Blumenwiese hilft, dranzubleiben und optimistisch zu sein. Dann könnte es in der Prozessbegleitung passend sein, wenn Sie ein solches Bild an einem gut sichtbaren Ort für die Eltern befestigen, damit sie sich daran erinnern können. Oder einen Motto-Satz an einem Ort platzieren, der häufig benutzt wird (z. B. beim Öffnen des Badezimmerschranks »wenn du es dir vorstellen kannst, dann kannst du es auch tun«).
- Der PINK-Flip kann auch assoziativer umgesetzt werden, indem zum Beispiel zu jedem gewählten Schwerpunkt noch ein Leitsatz dazugeschrieben wird, oder eben ein Bild, das die eigene Motivation stärkt.

Erweiterte Ideen für die Evaluation

Je nach Anwendungszeitpunkt ist die Evaluation eine Prozess- oder eine Abschlussevaluation (siehe Kapitel 6.4 »Baustein PINK-Evaluation«). Es gibt zahlreiche Möglichkeiten, wie einzelne Aspekte des Prozesses oder anlässlich einer Standortbestimmung der Prozess evaluiert werden können. Im 8-Schritte-Verfahren haben wir das Boot als Skalierungsmittel gewählt. In der Prozessbegleitung ist es möglich, dass Sie mit anderen Mitteln eine Rückmeldung von den Eltern einholen. Weitere Ideen könnten sein:

- Zu jeder Frage ein Symbol oder ein Bild verwenden, das den Inhalt der Frage abbildet. Für die Skalierung erhalten die Eltern zum Beispiel Muggelsteine, Klebepunkte, Traubenzucker. Sie können dann so viele Gegenstände auf das Symbol legen, wie es ihrer Einschätzung entspricht. Die Skala wird von der Fachperson vorgegeben.
- Die Symbole können auch als Formen verwendet werden, um die Rückmeldungen zu den dazugehörigen Fragen einzuzeichnen. Dies kann ein Mittel sein, damit die Eltern nicht schreiben müssen, sondern die Rückmeldung in einer assoziativen und bildlichen Sprache geben können (z. B. die Form eines Sternes für die Frage »Was ist in der Prozessbegleitung gelungen?«).
- Eine Evaluationskommode aus Holz: Diese Holzkommode hat mehrere kleine Schubladen, wobei jede Schublade für eine Frage oder für eine Evaluationsdimension (z. B. Vertrauen) steht. Die Fragen zu den einzelnen Schubladen können den Eltern im Vorfeld zur Vorbereitung mitgegeben werden. In der Schublade befindet sich ein passender Gegenstand oder passende Gegenstände zur Evaluationsdimension. Diese Gegenstände schaffen eine Brücke zur Frage und regen dadurch verschiedene Sinne an. Es wird nicht nur eine Frage gelesen oder gehört, sondern mit einem Gegenstand verbunden, der eine Brücke zum gegenseitigen Verstehen schaffen kann. Gegenstände unterstützen genauso wie Bilder die einfache Sprache.

8 Ausblick vom Leuchtturm

Geht es Ihnen wie uns? Sind Sie auch PINK geworden?
Sie sind zu uns ins Boot gestiegen und haben die Reise bis hierhin mit uns erlebt. Wir freuen uns, dass Sie bis zum Schluss mit uns unterwegs waren. Wir hoffen, dass Sie an den verschiedenen Anlegestellen, die Ihnen die Bausteine von PINK ermöglicht haben, wertvolle Erkenntnisse gewonnen haben. Es ist nun an der Zeit, sich zu verabschieden und den nächsten Schritt zu wagen.

Während wir dieses Buch geschrieben haben, haben wir viele Anlegestellen besucht. Die PINK-Reise hat als Idee im Frühjahr 2021 begonnen, danach ging es an die Reiseplanung und Reisebuchung. Die Vorfreude auf die gemeinsame Reise ist von Treffen zu Treffen gewachsen. Wir haben unsere Rucksäcke gepackt, das Umfeld über die Abreise informiert und uns bedankt, dass sie sich um die Post kümmern. Tage, Monate und mittlerweile Jahre später betrachten wir das Buch. Und jetzt sehen wir überall PINK.

Die gemeinsame Reise hat uns viele Leuchttürme geschenkt, die uns den Weg zur nächsten Anlegestelle gewiesen haben. Diese Leuchttürme stehen stellvertretend für die partizipative und kooperative Zusammenarbeit der Autorinnen.

Wie sieht der PINK-Leuchtturm der Zukunft aus?
Das 8-Schritte-Verfahren ist ein strukturiertes Vorgehen. Es hat eine bestimmte Zielgruppe im Blick und wurde auch für diesen Kontext konzipiert.
Aus unserer Sicht ist das PINK-Konzept auf andere Beratungssettings, auf andere Zielgruppen übertragbar und unterstreicht dadurch die Transferfähigkeit von PINK.

Für uns ist klar, der Schritt 8 beinhaltet eine vielfältige Prozessbegleitung. Die Settingwahl und die inhaltliche Gestaltung der Prozessbegleitung werden durch das 8-Schritte-Verfahren nicht umfassend abgedeckt. Mit den Eltern bis zum Abschluss der Prozessbegleitung partizipativ, individuell und kooperativ unterwegs zu sein, bedarf eines reichhaltigen Rucksacks an beweglichen, achtsamen und wirkungsvollen Beratungsmethoden.

Wir sind uns bewusst, dass das 8-Schritte-Verfahren mit dem 8. Schritt die Prozessbegleitung nicht abschließt. Die Prozessbegleitung beginnt. Die PINK-Materialien können für den weiteren Begleitungsprozess individuell eingesetzt und mit der Prozessgestaltung verzahnt werden. Die wiederholte Einbindung derselben Materialien schafft für die Eltern eine Orientierung und Sicherheit. Sie kennen die Materialien bereits und können die Aktivität mit dem Material eher voraussagen. Die Materialien anders zu verwenden, unterstützt den Effekt zu überraschen, einmal etwas neu zu denken oder anders zu handeln.

Damit sagen wir Schiff »ahoi«!

Wir denken PINK in der Prozessbegleitung weiter und freuen uns über Ihre Reisebotschaften.

Wir wünschen Ihnen bereichernde PINK-Erfahrungen.

Sarah Wabnitz und Marianne Bossard

9 PINK-Lebensraumposter (ICF-CY)

Kita/Spielgruppe

Die Kita/Spielgruppe ist ein Ort, an dem die Kinder miteinander in Kontakt kommen und Alltagshandlungen teilen können.

ICF-CY-Klassifikation

- d1 Lernen und Wissensanwendung
- d2 Allgemeine Aufgaben und Anforderungen
- d3 Kommunikation
- d4 Mobilität
- d7 Interpersonelle Interaktionen und Beziehungen
- e Umweltfaktoren

Aktivitäten

- singen
- spielen
- lachen
- streiten
- erzählen
- zuhören
- essen
- Musik machen
- basteln
- malen
- zeichnen
- sprechen
- kommunizieren
- spazieren

____

____

____

____

____

____

Partizipation

Wie bin ich mit meinen Aktivitäten in meinen Lebensräumen/-situationen eingebunden?

Förderliche Umweltbedingungen

- Spielmaterial
- Räume
- Bezugspersonen

____

____

____

____

Einkaufen

Einkaufen gehört zum Alltag dazu und kann alle miteinbeziehen. Beim Einkaufen können der Umgang mit Lebensmitteln, Zuordnungen der Lebensmittel, der Wert des Geldes und auch die Selbststeuerung gelernt werden.

ICF-CY-Klassifikation

d1 Lernen und Wissensanwendung

- bewusste sinnliche Wahrnehmungen
  - zuschauen, zuhören
- elementares Lernen
  - nachmachen, nachahmen
  - lernen durch Handlungen mit den Gegenständen
- Wissensanwendung
  - Aufmerksamkeit fokussieren

d2 Allgemeine Aufgaben und Anforderungen

- eine Einzelaufgabe übernehmen
- sein Verhalten steuern

Aktivitäten

- Einkaufswagen schieben
- Lebensmittel finden
- herausnehmen und einpacken
- Kraft dosieren
- zählen
- Zahlen
- Impulse steuern

Partizipation

Wie bin ich mit meinen Aktivitäten in meinen Lebensräumen/-situationen eingebunden?

Förderliche Umweltbedingungen

- Aufgabe übergeben
- Zeit, Geduld, Klarheit
- Zutrauen
- Klare Regeln
- Einkaufszettel

Spielstraße/Garten

Die Spielstraße/der Garten regt zum Spielen und Entdecken an. Im Garten/in der Spielstraße ist der Kontakt zu anderen Kindern möglich. Dieser Lebensraum lässt die Kinder sich selbst in Bewegung erleben, die Natur und ihre Kreativität entdecken.

ICF-CY-Klassifikation

d4 Mobilität

- Körperpositionen ändern und aufrechterhalten
- Gegenstände tragen, bewegen und handhaben
- gehen und sich fortbewegen
- sich mit Transportmitteln fortbewegen

Aktivitäten

- klettern
- springen
- hüpfen
- kriechen
- schaukeln
- Naturmaterial pflücken
- Ballspiele
- Kreide malen
- Parcours
- Bobbycar
- Trottinett und Velo fahren

Partizipation

Wie bin ich mit meinen Aktivitäten in meinen Lebensräumen/-situationen eingebunden?

Förderliche Umweltbedingungen

- Freiraum zum Experimentieren
- Kletterhilfen
- Fallschutzmatten
- Adaptierte Spielmaterialien
- Adäquater Bodenbelag
- Zugängliche Spielmaterialien und Transportmittel

Badezimmer

Im Badezimmer werden die täglichen Bedürfnisse wie Körperausscheidungen, sich waschen oder wickeln erledigt. Es ist ein interessanter Ort für Kinder. Sie entdecken ihren Körper und lernen, wie sie für ihre körperliche (hygienische) Gesundheit sorgen können.

ICF-CY-Klassifikation

d5 Selbstversorgung
- sich waschen
- seine Körperteile pflegen
- die Toilette benutzen
- sich kleiden

Aktivitäten

- Hände waschen
- Zähne putzen
- Toilette benutzen (sitzen, Po putzen, spülen)
- Haare waschen
- Haare trocknen
- duschen
- baden
- shampoonieren
- Seife drücken
- Wasserhahn an- und abstellen

Partizipation

Wie bin ich mit meinen Aktivitäten in meinen Lebensräumen/-situationen eingebunden?

Förderliche Umweltbedingungen

- Zutrauen
- Zeit
- Handlung in Teilschritte unterteilen
- Tritthocker
- Kinder-WC-Sitz
- Badelift
- kindgerechte Zahnbürste

Schlafzimmer/Schlafen

Ausreichend Schlaf ist ein elementares Bedürfnis des Menschen und wichtig für die Gesundheit und das Wohlbefinden. Der Schlafplatz stellt auch einen Rückzugsort dar. Schlafen und Durchschlafen ist eine kindliche Entwicklungsaufgabe.

ICF-CY-Klassifikation

b1 Globale Mentale Funktionen
- Funktionen des Schlafens

d5 Selbstversorgung
- sich kleiden

d2 Allgemeine Aufgaben und Anforderungen
- die tägliche Routine durchführen

Aktivitäten

- Pyjama anziehen
- einschlafen
- aufstehen
- durchschlafen
- sich orientieren in der Nacht

Partizipation

Wie bin ich mit meinen Aktivitäten in meinen Lebensräumen/-situationen eingebunden?

Förderliche Umweltbedingungen

- Innere Einstellung, dass das Kind es schafft
- beide Elternteile (nicht gleichzeitig) begleiten das Kind in den Schlaf
- Ritual einsetzen
- regelmäßige Zu-Bett-Gehzeiten
- Nachtlicht
- Einschlafhilfe (z. B. Kuscheltuch, Kuscheltier, Musik)

Küche/Essen

Die Küche ist der tägliche Lebensraum, in dem das Essen der Familie zubereitet wird. Für Kinder finden hier die ersten Schritte zum selbstständigen Essen/Trinken statt. Ebenso helfen sie mit, das Essen zuzubereiten.

ICF-CY-Klassifikation

d5 Selbstversorgung
- essen
- trinken

d2 Allgemeine Aufgaben und Anforderungen
- eine einfache Aufgabe übernehmen
- eine einfache Aufgabe abschließen

e1 Produkte und Technologien

Aktivitäten

- essen
- trinken
- schneiden
- löffeln
- aufgabeln
- rühren
- raffeln
- stampfen
- klopfen
- kneten
- abmessen
- riechen
- tasten
- einfüllen
- waschen

Partizipation

Wie bin ich mit meinen Aktivitäten in meinen Lebensräumen/-situationen eingebunden?

Förderliche Umweltbedingungen

- Zutrauen
- Zeit
- Handlung in Teilschritte unterteilen
- kindgerechter Arbeitsplatz
- Kinderbesteck
- rutschfeste Unterlage

Wohnzimmer

Das Wohnzimmer ist ein Ort, an dem sich die Familie trifft, sich austauscht und gemeinsamen Aktivitäten nachgeht (z. B. spielen).

ICF-CY-Klassifikation

d1 Lernen und Wissensanwendungen
- bewusste sinnliche Wahrnehmungen
- elementares Lernen
  - Nachmachen, nachahmen
  - Lernen durch Handlungen mit den Gegenständen
- Wissensanwendung
  - Aufmerksamkeit fokussieren

Aktivitäten

- sitzen
- sprechen
- spielen
- fernsehen
- Musik und Geschichten hören
- streiten
- tanzen
- lesen
- zeichnen
- malen
- rätseln
- Geschichten erzählen

Partizipation

Wie bin ich mit meinen Aktivitäten in meinen Lebensräumen/-situationen eingebunden?

Förderliche Umweltbedingungen

- Zeit
- Präsenz
- Interesse
- Spielsachen
- klare Regeln im Miteinander
- Orientierung, wo die Sachen sind

Spielplatz

Spielplätze sind ein Ort der Begegnung und ein wichtiger Ort für Kinder, um Fertigkeiten für unterschiedliche Lebensbereiche zu entwickeln.

ICF-CY-Klassifikation

d4 Mobilität
- Körperpositionen ändern und aufrechterhalten
- Gegenstände tragen, bewegen und handhaben
- gehen und sich fortbewegen
- sich mit Transportmitteln fortbewegen

d7 Interpersonelle Interaktionen und Beziehungen
- soziale Zeichen in Beziehungen
- soziale Interaktionen initiieren
- soziale Interaktionen aufrechterhalten
- Verhalten in Beziehungen regulieren
- sozialen Regeln gemäß interagieren

Aktivitäten

- klettern
- kriechen
- verstecken
- schaukeln
- rutschen
- Ball spielen
- Sandspiel
- bauen
- hüpfen

Partizipation

Wie bin ich mit meinen Aktivitäten in meinen Lebensräumen/-situationen eingebunden?

Förderliche Umweltbedingungen

- zugängliche Spielgeräte
- freie Öffnungszeiten
- Begleitpersonen
- Wartung und Instandhaltung Spielplatz

Ärztliche Versorgung

Der Besuch bei Ärztinnen und Ärzten kann für Kinder und Familien mit Sorgen und Ängsten verbunden sein. Für die physische und psychische Versorgung ist es eine wichtige Anlaufstelle.

ICF-CY-Klassifikation

e1 Produkte und Technologien
e3 Unterstützung und Beziehungen
e4 Einstellungen

Aktivitäten

- sprechen
- gehen
- still sitzen
- stehen
- warten
- spielen
- Bewegungen vor-/nachmachen
- kriechen
- zeichnen

Partizipation

Wie bin ich mit meinen Aktivitäten in meinen Lebensräumen/-situationen eingebunden?

Förderliche Umweltbedingungen

- zugewandte Art
- Zeit
- kindgerechte Einrichtungen
- Hilfsmittel, Rezepte

Wald/Park

Im Wald entdecken Kinder das Tier- und Pflanzenreich und können Naturmaterialien tasten. Der Wald/Park ist auch ein Rückzugsort. Das Sammeln und Beobachten von Pflanzen und Tieren fasziniert Kinder.

ICF-CY-Klassifikation

d1 Lernen und Wissensanwendungen

- bewusste sinnliche Wahrnehmungen
- elementares Lernen
  - nachmachen, nachahmen
  - lernen durch Handlungen mit den Gegenständen
- Wissensanwendung
  - Aufmerksamkeit fokussieren

d4 Mobilität

- Die Körperpositionen ändern und aufrechterhalten
- Gegenstände tragen, bewegen und handhaben
- gehen und sich fortbewegen

Aktivitäten

- balancieren
- sammeln
- beobachten
- lauschen
- klettern
- verstecken
- springen
- suchen

Partizipation

Wie bin ich mit meinen Aktivitäten in meinen Lebensräumen/-situationen eingebunden?

Förderliche Umweltbedingungen

- kinderwagentaugliche Waldwege
- Zeit
- Erreichbarkeit von Wald, Park

Fortbewegung

Fortbewegungsmittel, mit denen das Kind und seine Familie von einem Ort an den anderen gelangen.

ICF-CY-Klassifikation

d4 Mobilität

- sich mit Transportmitteln fortbewegen

Aktivitäten

- Bus, Tram, Zug fahren
- Fahrrad
- Trottinett fahren
- Bobby Car fahren
- Auto fahren
- Seilbahn
- ein-/aussteigen
- sich angurten
- Verkehrsregeln kennen

Partizipation

Wie bin ich mit meinen Aktivitäten in meinen Lebensräumen/-situationen eingebunden?

Förderliche Umweltbedingungen

- finanzielle Mittel
- hindernisfreier Zugang
- passende Größe an Fahrzeugen für Kinder
- notwendige und passende Schutzausrüstung (z. B. Fahrradhelm, Kindersitz)

Zuhause

Das Zuhause ist der alltägliche Lebensraum von Kind und Familie. Es bezieht sich auf das Zusammenleben als Familie. Das Teil-sein in der Familiengemeinschaft ist eine bedeutsame Basis für die Entwicklung.

ICF-CY-Klassifikation

- d1 Lernen und Wissensanwendungen
- d2 Allgemeine Aufgaben und Anforderungen
- d3 Kommunikation
- d4 Mobilität
- d5 Selbstversorgung
- d6 Häusliches Leben
- e3 Unterstützung und Beziehungen

Aktivitäten

- gemeinsam am Tisch sitzen
- sprechen
- spielen
- singen
- Bilderbücher betrachten
- Besuch empfangen
- Geburtstage feiern
- Haustiere pflegen
- Regelspiele spielen

Partizipation

Wie bin ich mit meinen Aktivitäten in meinen Lebensräumen/-situationen eingebunden?

Förderliche Umweltbedingungen

- gemeinsame Zeit
- passende Spielmaterialien
- freier Platz
- Kinderhochstühle

Nachbarschaft/Freundschaft

Beziehungen zur Nachbarschaft und zu Kindern im Quartier zu pflegen, erweitert den Lebensraum Zuhause und sind bedeutsame Ressourcen für die Kinder. Die Freundschaften aus der Vorschule und dem Bekanntenkreis sind wertvolle Entwicklungsbegleiter.

ICF-CY-Klassifikation

- d7 Interpersonelle Interaktionen und Beziehungen
- d3 Kommunikation
- e4 Einstellungen

Aktivitäten

- grüßen
- plaudern
- helfen
- abmachen
- telefonieren
- Nachrichten schreiben
- streiten
- gemeinsam unterwegs sein
- Feste feiern
- lachen
- trösten

Partizipation

Wie bin ich mit meinen Aktivitäten in meinen Lebensräumen/-situationen eingebunden?

Förderliche Umweltbedingungen

- Offenheit
- Vertrauen
- Kommunikationshilfsmittel

Dank

Dieses Buch wäre nicht entstanden, wenn sich die Autorinnen nicht regelmäßig an Weiterbildungen, Kongressen, Verbandsanlässen und bei Lehraufträgen an Hochschulen wiedergesehen und ausgetauscht hätten. Die Begegnungen entwickeln sich immer zu sehr reflektierenden Diskussionen zum beruflichen Handeln und den Herausforderungen. Wir danken unserem Umfeld, dass sie uns den Raum gegeben haben, uns diesem Buch widmen zu können.

Nicht zuletzt gilt unser Dank Vandenhoeck & Ruprecht, der dieses Buch engagiert und flexibel mit uns auf den Weg gebracht hat.

Literatur

Asshauer, M./Burow, F./Hanewinkel, R. (1999): Fit und stark fürs Leben. 3. und 4. Schuljahr. Persönlichkeitsförderung zur Prävention von Aggression, Stress und Sucht. Ernst Klett.

Balz, H./Spieß, E. (2009): Kooperation in sozialen Organisationen. In: J. Hartung/K. Fröhlich-Gildhoff (Hg.): Kooperation in sozialen Organisationen. Grundlagen und Instrumente der Teamarbeit. Ein Lehrbuch (S. 51–92). Kohlhammer.

Bamberger, G. (2015): Lösungsorientierte Beratung: Praxishandbuch (5. Aufl.). Beltz.

Bauer, J. (2014): Prinzip Menschlichkeit: Warum wir von Natur aus kooperieren (7. Aufl.). Heyne.

Behringer, L./Höfer, R. (2005): Wie Kooperation in der Frühförderung gelingt. Ernst Reinhardt.

Bergedick, A./Rohr, D./Wegener, A. (2011): Bilden mit Bildern: Visualisieren in der Weiterbildung. Bertelsmann.

Biene, M. (2009): Systemische Interaktionstherapie und -beratung. Kohlhammer.

Blinkert, B./Höfflin, P./Schmider, A./Spiegel, J. (2015): Raum für Kinderspiel! Eine Studie im Auftrag des Deutschen Kinderhilfswerkes über Aktionsräume von Kindern in Ludwigsburg, Offenburg, Pforzheim, Schwäbisch Hall und Sindelfingen. FIFAS Schriftenreihe, Bd. 12. LIT Verlag.

Bourdieu, P. (1974): Zur Soziologie der symbolischen Formen. Suhrkamp Verlag.

Bronfenbrenner, U. (1981): Die Ökologie der menschlichen Entwicklung. Klett-Cotta.

Bundesinstitut für Arzneimittel und Medizinprodukte (BfArM) (2022): Internationale Klassifikation der Funktionsfähigkeit, Behinderung und Gesundheit ICF. https://www.bfarm.de/DE/Kodiersysteme/Klassifikationen/ICF/_node.html#:~:text=Die%20ICF%20dient%20fach%2D%20und,der%20relevanten%20Umgebungsfaktoren%20eines%20Menschen (Zugriff am 22.04.2024).

Cohn, R. (2016): Von der Psychoanalyse zur Themenzentrierten Interaktion. Klett-Cotta.

Delfos, M. F. (2004): »Sag mir mal ...« Gesprächsführung mit Kindern (4–12 Jahre). Beltz.

Doppler, K./Lauterburg, C. (2019): Change Management: Den Unternehmenswandel gestalten. (14., aktual. Aufl.). Campus.

Eberling, W. (2013): Kapitel 2: Lösungsorientiertes Coaching. In: M. Loebbert (Hg.): Professional Coaching. Konzepte, Instrumente, Anwendungsfelder (S. 49–63). Schäffer-Poeschel.

Ellner, H./Oeder, K. (2020): Reflexionsprozesse sichtbar machen – Visualisierung in der Beratung. In: S. Benedetti/S. Lerch/H. Rosenberg (Hg.): Beratung pädagogisch ermöglichen?! Bedingungen der Gestaltung (selbst-)reflexiver Lern- und Bildungsprozesse (S. 93–108). Springer VS.

Enderli, L./Frey, U. (2011): Symbol und Organisation – dem Versteckten auf der Spur. Organisationsentwicklung, 1, 71–77.

Epstein, S. (1990): Cognitive-experiential self -theory. In: L. A. Pervin (Ed.): Handbook of personality: Theory and research (pp. 165–192). Guilford.

Epstein, S. (1993): Implications of cognitive-experiential self-theory for personality and developmental psychology. In: D. C. Funder/R. D. Parke/C. Tomlinson-Keasey/K. Widaman (Eds.): Studying lives through time: Personality and development (pp. 399–438). Washington, DC: American Psychological Association.

Erpelding, L. (2012): Die 14 Therapeutischen Wirkfaktoren der Integrativen Therapie in der Kindertherapeutischen Theorie und Praxis. POLYLOGE Materialien aus der Europäischen Akademie für biopsychosoziale Gesundheit. Eine Internetzeitschrift für »Integrative Therapie«, 9, 1–164. https://www.fpi-publikation.de/downloads/?doc=polyloge_erpelding-14-therapeutische-wirkfaktoren-integrative-therapie-kinder-polyloge-09-2012.pdf (Zugriff am 29.01.2024).

Fischer-Epe (2021): Coaching: Miteinander Ziele erreichen (9. Aufl.). Rowohlt.

Foerster, H. von (1993): KybernEthik. Berlin.

Friedl, G. (2020): Eisbergmanagement. Gruppen mit Dynamik leiten. hep Verlag.

Fröhlich-Gildhoff, K./Dörner, T./Rönnau-Böse, M. (2019): Prävention und Resilienzförderung in Kindertagesstätten-PRiK. Ein Förderprogramm (4. Aufl.). Ernst Reinhardt.

Fröhlich-Gildhoff, K./Rönnau-Böse, M. (2019): Resilienz (5. Aufl.). UTB.

Fuller, C./Taylor, P. (2012): Therapie-Tools. Motivierende Gesprächsführung. Beltz Verlag.

Gebhard, B./Kuhlenkamp, S. (2012): Psychomotorik in der Frühförderung – Überlegungen aus den Perspektiven Wirksamkeit und Inklusion. In: B. Gebhard/B. Hennig/Ch. Leyendecker (Hg.): Interdisziplinäre Frühförderung: exklusiv, kooperativ, inklusiv (S. 219–225). Kohlhammer.

Geissler, J./Klein, U. (1999): Nur einfache Darstellung kann Komplexität vermitteln – und sie erhalten. Darstellungsmedien in der Organisationsentwicklung. OrganisationsEntwicklung, 18 (3), 42–50.

Grawe, K. (2004): Neuropsychotherapie. Hogrefe.

Grawe, K. (2005): (Wie) kann Psychotherapie durch empirische Validierung wirksamer werden? Psychotherapeutenjournal, 4 (1), 4–11.

Gross, S. (2023): Leichte Sprache. Grundlagen und Anleitung für eine barrierefreie Kommunikation. Hogrefe.

Haupt, U. (2011): Behindert und gefördert. Kinder mit Körperbehinderungen in unserer Gesellschaft. Allitera.

Hobfoll, S. E./Buchwald, P. (2004): Die Theorie der Ressourcenerhaltung und das multitaxiale Copingmodell – eine innovative Stresstheorie. In: P. Buchwald/Ch. Schwarzer/S. E. Hobfoll (Hg.): Stress gemeinsam bewältigen. Ressourcenmanagement und multiaxiales Coping (S. 11–26). Hogrefe.

Hochuli Freund, U./Stotz, W. (2015): Kooperative Prozessgestaltung in der Sozialen Arbeit: ein methodenintegratives Lehrbuch (5., erw. und überarb. Aufl.). Kohlhammer.

Hollenweger, J./Kraus de Camargo, O. (2017). ICF-CY. Internationale Klassifikation der Funktionsfähigkeit, Behinderung und Gesundheit bei Kindern und Jugendlichen (2., korr. Aufl.). Hogrefe.

Kauffeld, S. (2014): Arbeits-, Organisations- und Personalpsychologie für Bachelor. Springer-Verlag.

Killersreiter, B./Rottlaender, E. (2023): Beratung – Begleitung – Empowerment. Kommunikationsgrundlagen für Sozial- und Gesundheitsberufe (2. Aufl.). UTB.

König, O./Schattenhofer, K. (2016): Einführung in die Gruppendynamik (8. Aufl.). Carl-Auer.

Kriz, J. (2001): Grundkonzepte der Psychotherapie (5., vollst. überarb. Aufl.). Beltz.

Kumbier, D./Schulz von Thun, F. (2017): Interkulturelle Kommunikation: Methoden, Modelle, Beispiele (9. Aufl.). Rowohlt.

Lamers, W. (2018): Teilhabe von Menschen mit schwerer und mehrfacher Behinderung an Alltag, Arbeit, Kultur. Unter Mitarbeit von Tina Molnár. ATHENA-Verlag.

Langosch, A. (2015): Ressourcenorientierte Beratung und Therapie. Ernst Reinhardt.

Lazarus, S. (2005): Stress, Bewältigung und Emotionen: Entwicklung eines Modells. In: V. H. Rice (Hg.): Stress und Coping. Lehrbuch für Pflegepraxis und Wissenschaft (S. 231–263). Huber.

Loebbert, M. (2013): Kapitel 10: Was meint Verhaltenscoaching? In: M. Loebbert (Hg.): Professional Coaching. Konzepte, Instrumente, Anwendungsfelder (S. 203–207). Schäffer-Poeschel.

Mahoney, G./Wiggers, B. (2007): The role of parents in early intervention: Implications for parental involvement. Children & Schools, 29 (1), 7–15.

Maturana, H./Varela, F. (1996): Die Autopoiese. In: W. Böcher (Hg.): Selbstorganisation, Verantwortung, Gesellschaft (S. 136–145). Opladen.

Meier Magistretti, C./Topalidou, A./Meinecke, F. (2019): Sense FOR Coherence – der Sinn FÜR Kohärenz: Annäherungen an ein mögliches Konzept. In: C. Meier Magistretti (Hg.): Salutogenese kennen und verstehen. Konzept, Stellenwert, Forschung und praktische Anwendung (S. 119–135). Hogrefe Verlag.

Meier Magistretti, C./Topalidou, A./Meinecke, F. (2022): Salutogenese Beratungspraxis. Unterlagen. In: M. Hafen/C., Meier Magistretti, Netzwerke als Medium der Früherkennung und Frühintervention durch salutogene Begleitung. Tagung Früherkennung und Frühintervention, 48–74, alliance enfance.

Meyer, F. (2012): Expertise zu Lebensräumen und Lebenswelten junger Kinder. In: Marie Meierhofer Institut für das Kind (MMI) (Hg.): Fremd- und Selbstevaluation der Lebensqualität von Kindern zwischen 3 und 6 Jahren in urbanen und ländlichen Lebenswelten des Kantons Zürich, Teil A. Marie Meierhofer Institut für das Kind.

Miller, W. R./Rollnick, S. (2002): Motivational interviewing – Preparing people to change (2nd ed.). Guilford Press.

Niechzial, S. (2023): Hallo Schulanfang. Den Übergang vom Kindergarten in die Schule beziehungsorientiert begleiten (3. Aufl.). Beltz.

Pretis, M. (2017): Familienorientierte Unterstützung: gemeinsames Verständnis, Effekte und zukünftige Herausforderungen. In: F. Hänsenberger/U. Schäfer (Hg.): Eltern sein plus! Begleitung von Kindern mit Unterstützungsbedarf. Seismo.

Radatz, S. (2018): Beratung ohne Ratschlag. Systemisches Coaching für Führungskräfte und BeraterInnen (10. Aufl.). Verlag Systemisches Management.

Reith, F./von der Wimmer, R. (2014): Organisationsentwicklung und Change Management. In: R. von der Reith/R. Wimmer (Hg.): Praktische Organisationswissenschaft. Lehrbuch für Studium und Beruf (S. 139–166). Carl-Auer.

Retzlaff, R. (2016): Familien-Stärken. Behinderung, Resilienz und systemische Therapie (2. Aufl.). Klett-Cotta.

Rogers, C. R. (1972): Die nicht direktive Beratung. Fischer Verlag.

Rogers, C. R. (1998): Entwicklung der Persönlichkeit (12. Aufl.). Klett Cotta.

Rosenberg, M. B. (2021): Giraffensprache: Gewaltfreie Kommunikation im Alltag. Junfermann.

Rothlaender, P./Kuschel, A. (2014): Elternpartizipation in der Frühförderung. Empirische Sonderpädagogik, 4, 313–332. https://www.psychologie-aktuell.com/fileadmin/download/esp/4-2014_20141028/esp_4-2014_313-332.pdf (Zugriff am 15.01.2024).

Rüttinger, B./Sauer, J. (2016): Konflikte und Konfliktlösen. Kritische Situationen erkennen und bewältigen. Springer Gabler.

Sarimski, K./Hintermair, M./Lang, M. (2013): Familienorientierte Frühförderung von Kindern mit Behinderung. Ernst Reinhardt.

Schlee, J. (2012): Kollegiale Beratung und Supervision für pädagogische Berufe. Hilfe zur Selbsthilfe. Ein Arbeitsbuch (3. Aufl.). Kohlhammer.

Schubert, F. C./Rohr, D./Zwicker-Pelzer, R. (2019): Beratung: Grundlagen – Konzepte – Anwendungsfelder. Springer.

Schulz von Thun, F. (2022a): Miteinander reden: 1. Störungen und Klärungen. Allgemeine Psychologie der Kommunikation (60. Aufl.). Rowohlt.

Schulz von Thun, F. (2022b): Miteinander reden: 2. Stile, Werte und Persönlichkeitsentwicklung. Differenzielle Psychologie der Kommunikation. Allgemeine Psychologie der Kommunikation (60. Aufl.). Rowohlt.

Schulz von Thun, F. (2022c): Miteinander reden: 3. Das »Innere Team« und situationsgerechte Kommunikation: Kommunikation, Person, Situation (60. Aufl.). Rowohlt.

Seidel A./Schneider S./Steinborn P. A. (2021): Praxishandbuch Autismus. ICF-orientiertes Arbeiten: Beratung, Diagnostik und Unterstützungsplanung für Menschen mit Autismus-Spektrum-Störung. Beltz.

Shannon, C. E./Weaver, W. (1949): The mathematical theory of communication. University of Illinois Press.

Spieß, E. (1996): Kooperatives Handeln in Organisationen. Rainer Hampp.

Staatsinstitut für Schulqualität und Bildungsforschung (2010): Unterricht und Förderung von Schülern mit schwerer und mehrfacher Behinderung. Reinhardt.

Staiger-Iffländer, R./Hedderich, I. (2023): Fachliche Beratung und begleitende Beratung von Eltern – Eine systematische Literaturanalyse. Frühförderung Interdisziplinär, 3, 110–121.

Straßburger, G./Rieger, J. (2019) (Hg.): Partizipation kompakt. Für Studium, Lehre und Praxis sozialer Berufe (2., überarb. Aufl.). Beltz Verlag.

Theunissen, G. (2013): Empowerment und Inklusion behinderter Menschen – Eine Einführung in Heilpädagogik und Soziale Arbeit. Lambertus Verlag.

Thomas, K. W./Kilmann, R. H. (2008): Thomas-Kilmann Conflict Mode Instrument. Profile and Interpretative Report. https://kilmanndiagnostics.com/wp-content/uploads/2018/03/TKI_Sample_Report.pdf (Zugriff am 29.01.2024).

Thurmair, M./Naggl, M. (2010): Praxis der Frühförderung (4. Aufl.). Ernst Reinhardt.

UNICEF Schweiz und Liechtenstein/Paul Schiller Stiftung (2020): Planung und Gestaltung von kinderfreundlichen Lebensräumen. Grundlagen, Checklisten, Fallbeispiele. UNICEF Schweiz und Liechtenstein.

Weigl, T./Mikutta, J. (2019): Motivierende Gesprächsführung – eine Einführung. Springer Verlag.

Welge, K. (2013): Kapitel 7: Eine Coaching-Haltung entwickeln. In: M. Loebbert (Hg.): Professional Coaching. Konzepte, Instrumente, Anwendungsfelder (S. 147–152). Schäffer-Poeschel.

Wilmes, C./Loebbert, M. (2013): Kapitel 1: Coaching als Beratung. In: M. Loebbert (Hg.): Professional Coaching. Konzepte, Instrumente, Anwendungsfelder (S. 17–48). Schäffer-Poeschel.

Wirth, T. (2004): Missing Link: Über gutes Webdesign. Hanser.

World Health Organization (WHO) (2001): International Classification of Functioning, Disability and Health: Children and Youth version (ICF-CY). World Health Organization.

Ziemen, K./Hanisch, C. (2021): Übergänge professionell gestalten. In: B. Gebhard/L. Simon/K. Ziemen/G. Opp/A. Groß-Kunkel (Hg.): Transitionen – Übergänge in der Frühförderung gestalten (S. 178–184). Schulz-Kirchner Verlag.

Ziemen, K./Strauß, S./Falkenstörfer, S. (2015): Forschungsprojekt: Individuelle Bildungsplanung von Anfang an für Kinder mit Behinderung und drohender Behinderung – Studie in zwei Modellregionen im Land Nordrhein-Westfalen. https://www.lvr.de/media/wwwlvrde/schulen/berdasdezernat/dokumente_103/tagung_individuelle_bildungsplanung/Forschungsbericht_Individuelle_Bildungsplanung_von_Anfang_an_LVR_-_Summary.pdf (Zugriff am 29.01.2024). Landschaftsverband Rheinland/Universität Köln.

Zinth, C.-P. (2010): Organisationales Lernen als Lernweg des Subjekts. REPORT. Zeitschrift für Weiterbildungsforschung, 2, S. 65–74.

Hinweis auf Download-Material

Das Material finden Sie im Verlagswebshop beim Buchtitel im Downloadbereich.
Code: 58SvGKBj